해도의 세계사

—해상의 도로가 역사를 바꾸다—

미야자키 마사카츠 지음

이근우 옮김

어문학사

제3장 대항해시대를 지탱한 포르톨라노 해도

제4장 '제2의 세계'의 형성

머리말―라스팔마스에서 떠오른 생각

해도는 세계사에서 매우 중요한 역할을 해왔다. 이렇게 말하면 다소 과장되게 들릴 수도 있으나 조금만 생각해보면 그렇지 않다는 것을 알 수 있다. 양피지나 종이 조각에 그려진 해도는 육지와 육지를 서로 연결하고, 부감적 시점에서 지구를 바라보는 거시적 관점을 사람들에게 보여주는 특수한 지도인 것이다.

애초에 대건조 지대에서 시작된 문명이 지구 규모로 확대되는 데 큰 장애가 된 것은 지표의 7할을 차지하는 바다였다. 해상에는 길이 없었기 때문에 멀리 떨어진 육지로 건너갈 수 없었다. 당연한 이야기지만 세계지도를 보면 유라시아와 아프리카는 육지로 이어져있지만 유라시아와 남북아메리카 그리고 오스트레일리아 사이에는 큰 바다가 자리하고 있다.

그러나 바다 위의 길을 만드는 것은 그렇게 간단한 일이 아니었다. 항로를 '해상의 도로'라고 해 보면 훨씬 분명해질 것으로 생각하는데, '해상의 도로'는 육상의 도로와 달리, 항해 때마다 신기루처럼 나타났다가 사라져버린다. 그래서 '해상의 도로'를 복원하기 위해서 항해에는 반드시 해도가 필요하다. 해도의 집적을 통해서 바다의 네트워크가 유지되었던 것이다. 이른바 해도의 작성이 육상의 도로, 도로망의 건설과 동일한 기능을 수행하였다고 할 수 있다.

나에게 이러한 당연한 사실을 새삼스럽게 느끼게 해준 것은 라스팔마스의 '콜론의 집'에서 만난 화려한 색채의 해도와 세계지도였다.

모로코 앞바다에는 7개의 섬으로 이루어진 카나리아 제도가 가로놓여 있다. 그 주도(主島)인 그란카나리아 섬의 라스팔마스에 '콜론의 집'이라는 콜럼버스(스페인어로 크리스토발 콜론)와 관련이 있는 작은 박물관이 있다.

박물관 건물은 파티오(중정)가 있는 2층 건물인데, 원래는 행정을 위한 건물로 쓰였다고 한다. 콜럼버스는 1492년에 스페인의 팔로스 항을 출항하여, 카나리아 제도에서 약 1개월간 체재하였고, 그 후 대서양의 횡단에 나섰다. 그때 콜럼버스는 이 건물에서 지냈다고 전한다.

콜론의 집에는 여러 장의 콜럼버스 초상화, 항로도, 콜럼버스와 관련된 문서, 카나리아 제도와 콜럼버스의 관계를 보여주는 서류, 서적,

배에서 사용하는 도구, 제1회 탐험에 참가한 범선 3척의 모형, 복원된 니냐호의 선실, 항해 전후의 다양한 지도 및 해도, 마르틴 베하임(Martin Behaim)이 세계 최초로 만든 지구의의 복제품, 카나리아 제도에 관한 자료 등, 콜럼버스의 항해와 관련된 많은 물품들이 전시되어 있다. 물론 박물관 전시품의 대부분은 복제품이다. 그러나 그 장소가 빚어내는 분위기 때문인지, 기묘한 현실감을 느꼈다. 마음가짐에 따라 사물은 달리 보이는 것이다.

전시품 중에서 특히 나의 눈길을 끈 것은 대항해시대와 관련된 일련의 지도와 해도, 지구의였다. 평소에도 역사책 등에서 자주 본 지도들이었지만, 좁은 방 속의 전시장에 들어 있는 채색지도는 전혀 다르게 보였다. 그리고 그 지도와 해도를 들여다 보면서, 문득 나의 뇌리에 떠오르는 말이 있었다. '리스크(risk)'였다.

리스크는 현재는 위험, 예상한 대로 진행되지 않을 가능성이라는 의미로 쓰이지만, 원래는 아라비아어에서 유래한 항해 용어로, 해도가 없는 항해를 의미하였다. 육상으로 치면, 도로가 없는 길을 걷는 것과 같다. 믿을 만한 지도가 없었던 콜럼버스 시대의 대양 항해는, 어둠 속에서 손으로 더듬으면서 앞으로 나아가는 것과 마찬가지로 의지할 데 없는 모험이었음이 분명하다. 그러나 비록 처음에는 불안한 항해였더라도, 일단 해도가 그려지면 미지의 해역이 통상적인 항해 영역으로 모습을 바꾸게 된다. 그런 의미에서 해도는 참으로 흥미로운 존재다.

이 책은 말 그대로 리스크를 돌아보지 않고, 해도를 단서로 세계지도의 변천, 해상의 도로망 형성과정을 확인해 보려는 시도이다. 해상의 도로의 실상을 보여주는 해도가 어떻게 생겨났으며, 세계지도의 작성과 세계의 일체화에 어떻게 기여해 왔는지를 그려 보고자 한다.

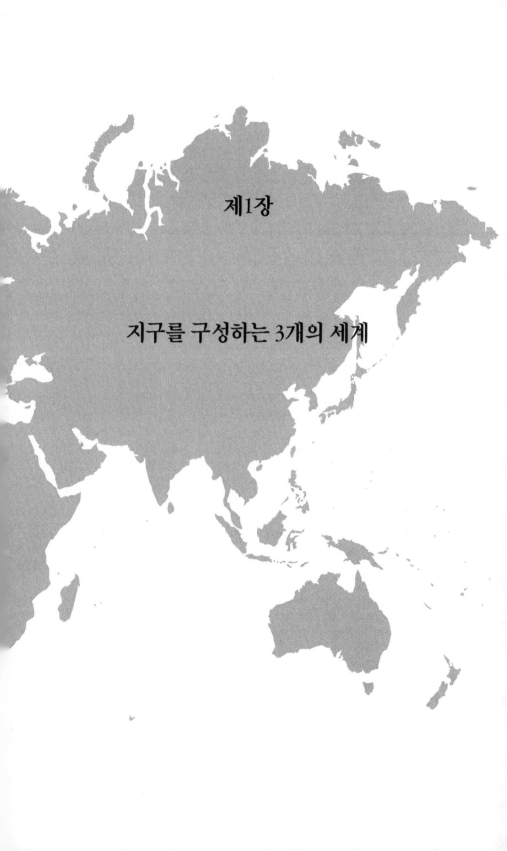

제1장

지구를 구성하는 3개의 세계

1. 세계지도와 차트(chart), 그리고 마파(mappa)

세계를 부감하려는 시도

북아프리카에서 서아시아로 이어지는 대건조 지대에서 탄생한 여러 문명은, 이윽고 지역적인 제국을 만들어 내었으며, 유목민과의 항쟁 속에서 유라시아 규모의 대제국을 형성하기에 이르렀다. 그러나 이 유라시아를 중심으로 한 역사의 공간은 아직 지표의 3분의 1에도 미치지 못하였으며, 지구 전체가 역사의 현장이 되기 위해서는 3대양과 5대륙이 하나가 될 필요가 있었다. 바다에 '바다 위의 길'이 열리면서, 비로소 현재와 같은 세계가 탄생한 것이다.

그런데 배가 인도양, 대서양, 태평양과 같은 미지의 대양(ocean)을 건너기 위해서는 맞든 틀리든 먼저 세계의 윤곽을 파악해야만 한다. 부감적 시점의 세계지도가 필요했던 것이다. 그러나 미지의 대양을 항해하기 위해 필요한 세계지도가 출현한 것은, 5000년 전에 문명이 탄생하고 나서 다시 3000년 이상의 시간이 지난 다음의 일이었다. 부감적 시점의 세계지도가 나오기까지 참으로 많은 세월이 필요했던 셈이다. 참고로 세계지도란 지구상의 여러 사상(事象)이나 여러 사물 사이의 관계를 포괄적, 객관적으로 그리고 부감적 시점에서 그 이미지를 도상화시킨 특수한 지도를 말한다.

고대의 세계지도 중 많은 지도들은 상상에 의존하는 종교적 세계지도였으며, 육지와 바다 사이의 관계를 부감적으로 그린 세계지도는 아니었다. 내륙에서는 걸어 다니면서 생활하는 사람들이 인식할 수 있었던 공간은 개발이 이루어진 생활의 장과 그 주변에 국한되어 있었으며, 그 외부의 일은 상상에 맡길 수밖에 없었다. 심지어는 바다는 사람들의 시야에서 제외되는 일이 빈번했다. 역사서에는 세계라는 말이 자주 등장하는데 세계라는 말은 지역, 시대에 따라 그 의미가 매우 다양하게 쓰였다. 영어에서 세계를 'world'라고 하는데 이 단어의 원래 의미는 '생활의 무대'라는 뜻이다. '생활의 무대'가 확장되어 세계라는 이미지로 바뀐 것이다.

그러나 그러한 제한된 생활의 무대가 지배적이었던 고대에 있어서도, 바다나 사막을 이용하여 넓은 지역을 서로 연결하는 상인들이야말로 여러 개의 '세계(world)'를 복합적으로 아우를 수 있는 가능성을 쥐고 있었다. 특히 세계 최대의 내해인 지중해에는 동부에 이집트, 시리아, 메소포타미아 등 고도의 문명들이 있었고, 독특한 기후나 지세(地勢) 때문에 항해하기 쉬웠던 덕분에 복수의 문명, 문화가 서로 연결될 가능성이 열려 있었다. 이러한 지중해의 요지를 차지하고 있었던 해상 무역민인 그리스인들이 부를 얻기 위해서는 해상의 길을 만들지 않을 수 없었다. 이들이 세계지도 형태의 해도 작성에 적극적으로 임했던 것은 필연적이었던 셈이다.

그리스인들의 세계지도 작성에 도움을 준 것은 무엇보다도 천문학이었다. 고대 그리스는 서아시아 문명의 영향으로 별에 대한 관심이 많았으며 이는 부감적인 세계지도의 밑거름이 되었다. 그리스인들의 철학관에는 '카오스'와 '코스모스'가 근본에 깔려 있었으며 별들로 구성된 천체에서 코스모스를 추구했다. 완전수[1]인 10개의 천체로 구성된 우주의 질서에서 조화와 이상을 발견한 철학자 피타고라스(B.C. 582~B.C. 497경) 이후로 별들이 만들어내는 질서야말로 완벽하다는 인식이 생겨났다. 또한, 기원전 4세기에 수학자이자 천문학자인 에우독소스는 "천체는 움직이지 않는 지구를 중심으로 하는 구체이다"라고 설파하자, 우주의 중심으로서의 '지상의 세계'에 대한 관심도 높아졌다. 하늘 위에서 천구(天球)의 중심이 되는 지구 표면의 상황을 부감적으로 파악하고 싶다는 지적 호기심이 생겨나 부감적 세계지도의 성립의 밑거름이 만들어졌다.

차트(chart), 세계지도의 근간

부감적이고 거시적 시점에서 세계지도를 작성하기 위해서는, 보다 '생활의 무대'에 근접한 미시적 시점의 지도가 먼저 필요했다. 이러한 지도에는 두 가지 종류가 있다. 해상에서 항해에 도움을 주는 차트(chart)와 육상의 생활에서 비롯된 마파(mappa)가 그것이다. 그런데 앞서 말했듯이 세계지도에서 보다 중요한 것은 육지와 바다의 배치를 기초로 하

---

1 숫자 n의 약수의 곱이 n²과 같아지는 수를 (승법적) 완전수라고 한다.

는 차트 쪽이었다. 지도를 의미하는 영어 'map'의 어원이 천 조각을 의미하는 중세 라틴어 'mappa'에서 비롯된 것처럼 세계지도 또한 육상 지도에서 시작된 것이 아닐까 생각할 수 있지만, 지표면의 7할을 차지하는 바다가 배제된 마파는 부감적 시점의 세계지도로 발전되기 어려웠다. 생활공간이 한정되어 있는 육상에서의 생활감각으로는 드넓게 펼쳐진 대지의 광활함을 부감할 수 없었기 때문이다. 반면 배가 왕래하는 바다는 육지와 대비되는 넓은 공간이므로, 차트는 '바다 위의 길'의 위치를 반복적으로 상기시키기 위한 정보의 집적을 필요로 했다. '바다 위의 길'은 상대적으로 육지를 파노라마처럼 연속적으로 파악하는 것을 가능하게 했다. 차트에서는 육상의 'world'가 외부에서 객관화·상대화되면서 부감적인 시점을 획득하는 것이 비교적 용이했다.

그러나 초기의 차트는 안전한 항해에 필요한 여러 정보를 열거하는 수로지(水路誌)의 부속 지도에 불과했다. 세계지도와는 거리가 먼 소박한 지도에 지나지 않은 것처럼 보였을 것이다. 그런데 항해가 빈번하게 행해져 교역권이 넓어지면서 복수의 차트를 조합하는 방식으로 광대한 공간을 부감적으로 그릴 수 있게 되었다. 수로지는 특정의 항로에 관한 문자정보지만, 지도화된 차트는 변환이 자유롭고 항로와는 독립된 것으로서 넓은 공간을 표현할 수 있었다. 차트가 기록한 육지와 바다의 분포, 해안선의 형상, 도시의 분포 등은 부감적 세계지도의 기본적인 요건이었다.

참고로 차트의 모태인 수로지란 해안선, 항구, 육지의 목표물, 거리 등의 구체적 정보를 모은 항해 안내서이다. 고대 그리스에서는 수로지란 '배로 돌아다닌다'라는 뜻인 '페리플로스(periplous)'라고 불렸다. 현재 가장 오래된 수로지는 기원전 4세기에 이오니아 지방의 밀레투스 근교,

카리안다의 스킬락스(Scylax of Caryanda)라는 인물이 지중해와 흑해에 대해서 편집한 '주항기(周航記)'이다. 이 책에는 동지중해와 흑해의 목표물, 급수장, 항구, 특산물, 암초 등의 위험한 장소, 해안선, 항구와 항구 사이의 거리 등이 상당히 자세하게 적혀있었다.

한편 범선의 시대에 배의 동력원은 바람이었다. 그래서 차트를 이용해서 항해하는 선원들은 바람에 대해 많은 관심을 가질 수밖에 없었다. 선원들은 여러 해역에 부는 바람의 공통점을 민감하게 감지하였고, 차트는 마치 바람에 의해 서로 연결되듯이 대상 해역을 확대해 갔다. 그리스인들은 특히 바람에 민감했다. 바람과 계절을 연결시켜 바람의 명칭을 상세하게 나누었다. 계절에 따라 부는 바람은 의인화되어 방위를 의미하는 용어가 되었다. 차가운 바람이 북쪽에서 불기 때문에 북쪽은 북풍의 신의 이름을 따서 '보레아스(Boreas)'라고 불렸고, 따뜻한 바람이 불어오는 방위는 남풍의 신 '노토스(Notos)', 동쪽은 동풍의 신 '에우스(Eurus)', 서쪽은 서풍의 신 '제피로스(Zephyros)'라고 불렸다. 그리고 차트에 공통적으로 나오는 이러한 방위 이름은 차트를 다른 해역의 차트와 합칠 때 큰 도움이 되었다. 기원전 250년경 알렉산드리아에서 해군의 조타장으로 활약한 아리스토텔레스 티모스테네스는 12개의 방위로 이루어진 '풍배도(風配圖)'를 고안했다.

선원들은 바람 이외에도 곶의 끝에 무엇이 있는지, 해안선이 어떤 형태를 띠고 있는지, 조류가 어떤지 등의 정보를 필요로 했으며 이러한 정보들은 수로지, 차트에 집약되었다. 항해의 안전을 지키기 위해 차트는 객관적이어야 했고 최대한 공상을 배제해야 했다. 세계지도를 만들 때에는 차트의 특징인 공상의 배제가 매우 중요했던 것이다.

실용과 공상이 합쳐진 마파

사람이 두 다리로 이동하는 내륙에서는 사회가 좁은 지역으로 분단되어 있어 부감적 시점이 도입되기 어려웠다. 그래서 영역지도, 도로지도 등 실용적인 지도가 마파의 주류가 되었다. 세계지도도 만들어지긴했지만 대부분이 공상을 도상화한 종교적 세계지도였으며 부감적 세계지도와는 전혀 달랐다는 점은 앞서 언급한 바 있다.

마파에서 자주 보이는 구도는 'world'를 거인, 거북이, 코끼리 등이지지하는 평평한 판 또는 원반으로 표현하고, '개발된 공간'의 주위에는 미지의 산이나 바다를 그린 다음 다시 그 주위에는 상상 속의 동물을 그려 가상의 공간을 표현한 것이다. 고대의 세계지도의 대부분은 공상의 산물이었던 것이다.

참고로 현존하는 세계 최고(最古)의 마파는 기원전 700년경에 제작한 것으로 추측되는 바빌로니아의 '점토판 세계지도'이다. 점토판 세계지도의 중심에는 유프라테스 강이 관통하는 도시 바빌론과 주변의 여러 도시들이 그려져 있으며, 그것을 감싸듯이 쐐기문자로 '쓴(苦) 강'[2]이라고 설명이 적혀진 둥근 고리 모양의 대양과 '섬'이라고 적혀진 하늘을 지지하는 삼각형의 육지가 기하학적 도형으로 그려져 있었다.

국가가 탄생하자 자연 속의 공간이 인공적 공간으로 분리되어 마파의 주된 대상이 되었다. 중국에 '판도(版圖)'라는 말이 있는데 판(版)은 호적, 도(圖)는 농촌이 펼쳐진 공간을 말한다. 판도는 권력에 의해 질서

---

2 짠 맛이 나는 강이라는 뜻으로 바다를 의미한다(역자주).

가 수립된 토지를 의미하며 마파의 주 대상이 되는 인공 공간과 같은 개념이다. 즉, 고대의 마파는 국가에 의해 인위적으로 질서가 만들어진 공간을 해석하기 위한 안내서라고 말할 수 있을 것이다.

로마제국의 마파로 유명한 것은 초대 황제 아우구스투스(재위 B.C. 27~B.C. 14)의 명을 받은 장군 아그리파(B.C. 63~B.C. 12)가 20년의 세월을 바친 측량에 근거하여, 5세기경에 만들어진 '포이팅거 지도'이다. 가도를 따라 설치된 이정표를 기준으로 그려진 포이팅거 지도는 여행 시에 돌돌 말아 휴대할 수 있도록 만들어진 도로 지도로서 길이 약 7m, 폭 약 30cm의 양피지에 그려졌다.

【그림 1】 세계 최고의 마파(기원전 700년경), 바빌로니아의 '점토판 세계지도'(대영박물관 소장)

포이팅거 지도는 로마를 기점으로 하는 도로를 따라 555개의 도시, 역참, 군단, 길, 나아가 도로 주변의 강, 산맥, 삼림 등이 적혀있지만 역참과 역참 사이의 거리가 가장 중요시되었다. 상인이나 관리, 군대가 왕래하기 위해서는 그러한 정보가 필요했기 때문이다. 지도의 범위는 이베리아 반도에서 인도에 이른다.

다른 한편, 종교적 세계지도는 성속(聖俗)의 지배자의 권위를 위해 그려졌으며 때로는 민중교화의 수단으로 사용되었다. 예를 들어 중세 유럽에서 '마파 문디(문디는 세계라는 뜻)'라는 종교적 세계지도가 만들어졌다. 마파 문디는 해안선이나 산맥 등이 지극히 애매하게 그려져 있으며 세계를 종교적으로 이해하는 데 초점을 두었다. 세계는 아시아, 아프리카, 유럽의 3부분으로 구분되었고, 세계지도의 중심에는 천국으로 가는 입구로 여겨진 성도 예루살렘이 그려져 있었다.

【그림 2】 점토판 지도의
복원도(영어)

현존하는 최대의 마파 문디는 1300년경에 만들어진 세로 1.5m, 가로 1.3m의 영국 해리포드 대성당의 '해리포드 지도'이다. 간단한 세계의 윤곽 안에 192개의 도시, 주요한 하천, 바벨탑, 노아의 방주 등 성서의 이야기가 표현되어 있으며 주변에는 괴물, 괴인 등이 그려져 있다.

【그림 3】 현존하는 최대의 마파 문디(해리포드 대성당) 상단에 에덴동산이 그려져 있다.

2. '단일한 세계'에서 '해상의 도로'가
연결한 '복합적 세계'로

3개의 세계로 나뉜 지구

실질적으로 첫 세계지도를 완성시킨 인물은 2세기의 이집트 알렉산드리아에서 활약한 지리학자 프톨레마이오스였다. 프톨레마이오스는 세계를 부감하고 '에쿠메네(ecumene, 그리스어로 사람이 사는 모든 토지라는 뜻)'를 그렸다. 즉, 인류의 생활권의 주요 부분을 도상화하려는 시도였다. 이것은 실로 획기적인 일이다. 좀 더 뒤에서 언급해야 될 사항이지만 이 프톨레마이오스의 세계지도는 후에 유럽에서 확고한 표준으로서의 지위를 얻었으며 세계 각지에 해상의 도로가 건설될 때에 중요한 기준이 된다.

프톨레마이오스가 처음으로 세계지도를 완성시켰다고는 하지만 현대적 시점에서 보면 그 대상은 어디까지나 이집트의 대상업 도시 알렉산드리아의 상인, 선원, 학자의 시야 속에 들어온 공간에 불과했다. 프톨레마이오스는 단일의 'world'의 전체를 평면상에 그리려고 했으나, 그 'world'는 지표면 전체의 불과 20% 정도였던 것이었다.

시점을 바꿔서 지구상의 육지와 바다를 세트로 지표를 부감하면 다음과 같은 (1)에서 (3)의 거의 균등한 면적의 3개의 세계로 구분될 수 있다. 프톨레마이오스가 작도의 대상으로 삼은 세계는 전체의 30%에도 미치지 못하는 좁은 공간에 지나지 않은 점이 새삼 명백해진다.

긴 세월 동안 세계사 연구, 세계사 교육에 종사하면서 실감하는 것이 있다. 서양사의 계보를 잇는 현재의 세계사는 아직 프톨레마이오스의 세계지도에 나타난 좁은 세계사의 발상에서 벗어나지 못했다는 점이다. 유라시아와 북아프리카를 중심으로 하는 세계의 팽창 과정이 세계사의 주 대상인 것처럼 여기고 있다. 세계사에 있어서 지구 규모의 연결고리에 주목하여 도로망과 해상의 도로망의 연결고리가 어떤 식으로 만들어졌는지, 세계사의 무대가 어떤 식으로 펼쳐졌는지를 생각하는 시점이 필요할 것이다. 다음과 같이 지표의 3개의 세계를 구분하는 것도 그 때문이다(지표의 7할을 차지하는 바다의 넓이는 실감하기 어려우므로 동해와 비교하여 각각의 대양의 넓이를 표시하기로 한다).

(1) 제1의 세계: 유라시아, 아프리카와 인도양(동해의 75.5배)
(2) 제2의 세계: 콜럼버스의 탐험 이후 존재가 밝혀진 남북아프리카와 대서양(동해의 88.5배)
(3) 제3의 세계: 마젤란의 항해 이래 18세기에 걸쳐서 존재가 밝혀진 오세아니아와 태평양(동해의 159배)

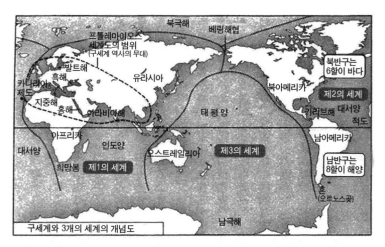

【그림 4】구세계와 3개의 세계의 개념도

3개의 세계는 긴 세월 동안 해도가 기록하는 해상의 도로에 의해 상호 관계를 구축하고 현재와 같은 인류 사회를 출현시켰다. 동쪽에서 서쪽으로 3개의 세계가 바다에 의해 연결되는 과정을 세계사에서 중요한 부분으로 주목할 필요가 있다.

서로 떨어진 세계의 연결에 주목하면 세계가 광역화되는 과정을 밝혀내는 열쇠가 집적된 해도에 있는 것이 아닐까 하는 생각이 든다. 해도야말로 3개의 세계를 연결하는 해상의 도로를 구축하고 현재의 세계를 만들어낸 것이다.

종래의 세계사는 일관되게 (1)의 세계의 역사과정을 고찰의 중심에 두고 거기에 남북아프리카, 사하라 이남 아프리카, 오세아니아를 기계적으로 덧붙이는 경향이 강했다. 'world'라는 시각이 (1)의 세계에 편향되어 있었던 것이다.

그러나 유럽이 제2의 세계, 제3의 세계를 집어삼켜간 것으로 볼 것인지 아니면 해도가 안정시킨 해상의 도로에 의해 3개의 질적으로 다른 세계가 상호 연결된 것으로 볼 것인지에 따라서, 세계사의 이미지는 완전히 다른 것이 되어버린다. 전자의 시점은 비기독교 세계를 주인 없는 땅으로 단정짓는 것이며, 로마법의 선점(occupatio)의 개념을 차용하여 기독교국가가 영유의 의지를 가진 실효적 점유를 행하면, 그 땅을 지배할 수 있다는 유럽 여러 나라의 무차별적인 세력확대를 긍정할 위험이 있다.

　　그러나 'world'의 지구화가 진행되는 현재에선 그러한 견해는 설득력을 잃어가고 있는 것처럼 보인다. 해도에 의해 제1의 세계와 연결되는 제2의 세계는 각각 해상의 도로에 의해 연결된 독자의 세계를 가지고 있었으며 세계사 전체 중에서 독자적인 부분을 지니고 있었다.

　　더 나아가서 세계사를 여태까지처럼 제1의 세계의 동심원적 확대의 과정 혹은 유럽의 팽창 과정으로 보면, 세계사의 활력이 약해지고 본래 거칠고 동적이었던 세계사가 답답하고 정적인 역사로 바뀌어 버리게 된다. 도로망과 해상의 도로망에 의해 제1의 세계, 제2의 세계, 제3의 세계가 연결되는 과정을 긴 시간축에서 파악하고, 3개의 세계가 긴 시간에 걸쳐 독자적인 세계를 형성하고 서로 영향을 끼치는 것으로 보는 것이 역동적 역사이해의 시금석이 될 것이다. 무엇보다 긴 시간 속에서 역사를 보는 것이 중요하다. 해도가 보여주는 해상의 도로는 시대와 함께 존재형태를 바꾸었고, 마찬가지로 각각의 세계는 지금도 모습을 바꾸고 있는 것이다.

　　이는 세계의 현상 인식으로도 이어질 것이다. 육상과 해상, 더 나아가서 대기권의 네트워크에 의해 연결되는 제1의 세계, 제2의 세계, 제3의 세계는 지금도 상호 밸런스를 변화시키며 세계 전체의 양상을 바꾸고 있다. 지구 규모의 네트워크는 역동적으로 형태를 바꾸어 왔으며, 현재도 세계는 변화의 과정을 겪고 있다.

육지의 제국에서 '해도가 연결하는 대세계'로

범선의 시대에서 북위, 남위 30도에서 65도 사이의 편서풍 해역은 악천후가 주기적으로 반복되어 항해가 어려우며 세계사의 중심해역이 되지 못했다. 한편, 적도와 북위·남위 30도 사이의 주기적으로 풍향이 바뀌는 몬순해역은 배의 동력이 되는 풍력을 얻기 쉬워서, 주된 해상의 도로가 지나는 세계사의 주무대로서 오랫동안 활용되었다. 몬순해역에서의 탐험과 항해는 'world'의 확대를 가져다 주었으며 그 해역의 해도가 쌓여 3개의 세계가 연결된 것이다. 편서풍해역이 세계사를 주도하게 된 것은 19세기 후반 증기선 시대 이후이다.

참고로 제1의 세계를 중심으로 한 세계사의 이미지가 고착된 것은, 문명과 제국의 형성이 아프리카 북부와 서아시아 사이의 대건조 지대에 집중되어 있었기 때문이다. 사하라 사막에서 아라비아 사막, 시리아 사막을 건너 타르 사막(대인도 사막)에 이르는 대건조 지대에서 이집트, 메소포타미아, 인더스의 3대문명이 탄생했다.

이미 본인의 저서 '바람이 바꾼 세계사'에서 언급한 적이 있지만 문명의 형성은 1년 내내 반복되는 적도와 중위도 고압대(북위, 남위 30도 부근) 사이의 지구 규모의 대기순환과 관련이 깊다. 북위 30도선을 따라 북아프리카에서 서아시아, 인도 서부의 지역에서는 적도 해역에서 상승한 습한 대기가 이동과정에서 수분을 잃고 건조해져 1년 내내 하강을 반복한다. 사막을 포함한 대건조 지대는 이 때문에 형성된 것이다.

그러한 대건조 지대에서는 수렵·채집사회를 유지할 수 없기 때문에, 건조에 강한 볏과 식물인 보리의 재배가 시작되었다. 곧 인구가 증가하자 대하유역에서는 관개농업이 필요해졌고 관개를 위한 인프라 정비의 과정에서 도시와 문명이 탄생하게 되었다.

기원전 6세기에서 기원전 1세기에 걸쳐 출현한 서아시아, 북아프리카의 아케네메스 제국(B.C. 550~B.C. 330), 동아시아의 진(秦)제국(B.C. 221~B.C. 206), 지중해의 로마제국(B.C. 27~A.D. 395) 등의 고대의 여러 제국, 7세기에서 14세기에 걸쳐 활약한 아랍인, 터키인, 몽골인에 의해 수립된 이슬람 제국(1206~14세기 후반) 등 유라시아 규모의 유목제국은 전부 대건조 지대와 그 주변에 집중되어 있다.

그에 비해 고대제국, 유목제국의 틀을 아득히 뛰어넘는 몬순 해역을 매개하는 대세계의 형성의 계기가 된 것이 (1) 몬순을 이용한 8세기 중엽 이후 범선 다우(Dhow)[3]에 의한 이슬람 상인의 유라시아 규모의 교역 (2) 송(宋)에서 원(元)에 이르는 정크(Junk)선에 의한 중국상인의 교역 (3) 포르투갈, 스페인을 중심으로 하는 15세기 이후의 소위 대항해시대였다.

3개의 움직임은 모두 장대한 해상의 도로의 건설을 동반한 경제 활

---

3 dhow. 고대 이슬람 세계에서 사용된 소형 범선의 이름이다.

동이었지만, 앞의 2개가 제1의 세계 내부의 움직이었던 것에 비해, 유럽에서 일어난 대항해시대는 프톨레마이오스의 세계지도에서는 공백이었던 해역을 서에도 동으로 해상의 도로를 새로 건설하려는 시도였다. 대서양에 인접한 지리적 우위를 살린 포르투갈과 스페인의 활동으로 대서양·태평양이 개척되어 제1의 세계, 제2의 세계, 제3의 세계가 각각 크게 변모한 시대였다. 근·현대사는 제2의 세계, 제3의 세계가 그 내실을 바탕으로 고유한 세계로 성장하여, 제1의 세계에 충격을 준 시대라고 볼 수 있다. 그렇게 생각하면 해도가 보여주는 해상의 도로의 확충이야말로 프톨레마이오스가 그린 세계에서 현재 우리들이 떠올릴 수 있는 세계로의 대전환을 매개했다고 할 수 있다.

그렇다면 이제 해도를 이정표 삼아 그 여정을 되짚어 보도록 하자

제2장

'제1의 세계'를 부감한
프톨레마이오스의 세계지도

1. 세계를 그리는 데 열정을 기울인 그리스인

세계에 대한 호기심

공상에 의존하지 않고 객관적으로 세계지도를 그리려는 시도는 그리스인들에 의해 처음 시작되었다. 그들은 배를 이용하는 넓은 생활범위를 가지고 있었으므로 세계를 그리려는 의욕을 갖게 되었고, 대문명이나 대제국의 주변에 위치했던 점도 거시적 시점에 대한 관심을 키웠다. 게다가 여름의 3개월간 무풍상태가 되는 지중해의 특수성과 적절하게 분포된 섬과 만이, 넓은 해역을 연결하는 해도·지도의 작성을 용이하게 해주었다.

페르시아 전쟁 때에 소아시아의 밀레투스의 유복한 상인이었던 헤카타이오스(B.C. 550~B.C. 476경)는 풍부한 여행체험을 바탕으로 배의 항해기록 '페리플로스(배로 돌아다니다라는 뜻)'의 형식으로 2권으로 이루어진 '게스 페리오도스(지구를 도는 여행)'를 간행했다. 헤카타이오스가 사용한 기술 형식이 배의 항해기록이었던 점에서도 그리스 상인에게 있어 안전한 항해를 보장하는 수로지와 해도가 중요한 역할을 하고 있었음을 알 수 있다.

헤카타이오스는 배에서 육지를 바라보는 형식으로 제1권에서는 에
우로페(유럽), 제2권에서는 리비아(아프리카), 아시아의 지리·생활·문화
에 대해 기술했다. 바다에서 파노라마처럼 육지의 여러 상황을 기술한
것이다. 육지의 상대화는 부감의 전제조건이었다. 헤카타이오스는 또
한 자연철학자 아낙시만드로스(B.C. 610경~B.C. 547)가 작성한 지도를 바
탕으로 리비아, 아시아, 에우로페의 3대륙으로 이루어진 세계지도를 그
렸으며 리비아와 에우로페 사이에 지중해, 리비아와 아시아 사이에 나
일강, 아시아와 에우로페 사이에 흑해, 파시스 강(리오니 강)을 그렸다.

【그림 5】 소아시아, 밀레투스 상인 헤카타이오스가 만든 '게스 페리오도스'의 부속 지도

또한 육지의 주변에는 원형의 오케아노스(Oceanus, 대양)를 그렸다. 그러나 '게스 페리오도스'의 부속 지도인 헤카타이오스의 세계지도는 일부분만 남아있다. 현재의 헤카타이오스 지도는 그 단편을 모아 후세에 재구성한 것이다.

그보다 조금 시기가 지난 다음, 상인으로서 이집트·바빌로니아·페르시아·스키타이 등의 여러 지역을 여행한 소아시아의 도시 할리카르낫소스 출신의 역사학자 헤로도토스(B.C. 485~B.C. 420경)는 대저 『역사』로서 널리 알려져 있지만, 그 또한 동쪽 인더스강부터 서쪽 모로코로 이어지는 세계지도를 그린 바 있다.

헤로도토스는 헤카타이오스처럼 대륙을 리비아, 아시아, 에우로페의 3부분으로 나누었으나 상상의 산물인 오케아노스를 배제하고 대륙을 둘러싸는 바다를 서쪽의 아틀란티스해, 남쪽 바다, 동쪽의 에리트라해의 3개의 바다로 그렸다. 그의 세계지도는 본인의 여행에 의한 견문, 상업 정보에 기반한 지리적 지식, 해도를 바탕으로 하였다.

지구는 구형임이 틀림없다.

해도, 지도를 만들 때 최대의 문제는 지역과 지역, 지점과 지점, 상대적 위치관계의 측정과 표기였다. 이를 해결하기 위한 가장 간편한 기준이 된 것이 태양과 북극성이다. 지표의 어디에서든 보이는 태양과 특정한 별이 각각의 토지의 상대적 위치를 결정지을 때 공통의 기준으로 사용된 것이다.

각각의 지역의 위치 관계를 결정하는 작업은 태양과 북극성의 고도의 관측과 선원·상인·여행자가 가져다주는 지리적 정보가 결합됨으로써 달성되었다. 이때 결정적 역할을 한 것이 태양과 북극성의 고도를 기준으로 하는 위도와 자오선을 기준으로 하는 경도였다. 참고로 자오선의 자(子)는 북, 오(午)는 남을 뜻한다. 자오선은 지구상의 북극과 남극을 연결하는 선을 말하는 것이다.

또 하나의 기본문제는 육지와 해양의 전체적인 형상의 파악이었다. 그리스에서는 기원전 5세기경에 "구체야말로 완전하다"라고 생각한 피타고라스 교단의 사람들이 지구구체설을 제창하였고, 그러한 인식이 점차 퍼져갔다. 기원전 4세기가 되자 피타고라스 교단의 철학자 필롤라오스(B.C. 470경~B.C. 385)가 우주의 중심에는 '보이지 않는 불'이 있고 그 주위를 지구·태양·별이 회전한다는 설을 제기했다. 그러나 그러한 지동설은 고대에는 지극히 예외적인 생각이었으며 지구를 우주의 중심에 두는 천동설이 압도적으로 우세했다. 태양과 행성을 비롯한 작게 보이는 무수한 별들이 구체인 지구의 주위를 돈다는 설이 설득력이 있었던 것이다.

고대 그리스철학을 집대성한 아리스토텔레스(B.C. 384~B.C. 321)도 대지는 구체이며 움직이지 않는 존재라고 생각했다. 그는 그 논거로서 다음과 같은 사항을 들었다.

(1) 월식 때 달에 비치는 지구의 그림자가 곡면이다.

(2) 남북으로 이동하면 지평선의 모습이 바뀌며 보이는 별의 상태가 변한다.

(3) 선원이 전하는 바에 의하면, 지브롤터 해협(헤라클레스의 기둥)과 인도의 동해안은 하나의 바다로 이어져 있으며 각각의 땅에 코끼리가 있다.

(4) 수학자들은 지구의 주위를 40만 스타디온(1스타디온은 약 151.2m이므로 약 60,480km)이라고 계산했다.

기원전 2세기가 되자 에라토스테네스(B.C. 275경~B.C. 194)가 거의 정확히 지구의 둘레를 측정했다. 북아프리카의 그리스인 식민도시 키레네 출신의 천문학자로 알렉산드리아의 무세이온(통합연구시설, 뮤지엄의 어원)의 도서관장을 맡은 에라토스테네스는 지구는 구체라는 가설에 근거하여, 하지(夏至)에 알렉산드리아와 시에네(현재의 아스완)의 태양의 남중고도가 다르다는 사실을 이용하여 지구의 둘레를 측정했다. 에라토스테네스가 측정한 지구의 둘레는 46,250km로 실제 둘레인 4만km보다 16% 정도 길었을 뿐이었다.

이렇게 지구가 구체라고 한다면 구면상의 대지나 바다를 부감하여 지도 위에 표현하는 일이 가능하다. 에라토스테네스는 지브롤터 해협과 로도스 섬을 연결하는 선을 횡 기본축(위선), 나일강 중류의 시에네와 알렉산드리아를 연결하는 선을 종 기분축(경선)으로 두고 그것과 평행하게 임의로 많은 선을 그어서 틀을 만들고 세계지도의 작성을 시도했다.

에라토스테네스의 세계지도 자체가 어떤 것이었는지 분명하지 않지만, 기원전 5년경에 소아시아 출신의 지리학자 스트라본(B.C. 64~A.D.

21경)이 저술한 『지리서』에 그 지도의 일부를 인용하였다. 그 내용을 통해서 지도의 개요를 추측할 수 있다. 에라토스테네스가 그린 'world'는 알렉산드로스의 군대가 진출한 인도까지이며 동남아시아까지는 미치지 못했지만 그가 위선과 경선으로 지도의 틀을 만든 발상은 매우 참신했다.

그러나 구형인 지구상의 대지, 바다의 배치 그리고 지역의 위치관계가 경선과 위선을 이용한 세계지도로서 본격적으로 그려지기 위해서는 또 다른 한 사람을 기다려야 했다. 그 인물이야말로 이 책에서 여러 차례 등장하게 되는 알렉산드리아에서 활약한 클라우디오스 프톨레마이오스(83년경~168년경)이다.

프톨레마이오스는 지구가 우주의 중심이며 태양과 행성이 지구의 주변을 회전한다는 천동설을 주장한 천문학자이지만 그의 관측은 정확도가 떨어졌다. 그는 지구의 둘레를 실제의 70% 정도로 계산했다. 에라토스테네스의 계산이 훨씬 정확도가 높았던 것이다.

그러나 그러한 점은 제쳐두면, 그의 가장 큰 위업은 고대 그리스의 지리학을 집대성한 『지리학(Geographia)』을 집필한 것이다. 이 책은 대서양 상의 행복의 섬(카나리아 제도) 위에 본초 자오선을 두고 경선과 위선의 틀 안에서 약 8,000개의 지명을 질서정연하게 정리한 획기적인 저작이었다. 그는 등간격의 경선과 위선을 이용하여 서쪽의 모로코에서 동쪽의 중국에 이르는 광대한 영역을 부감적으로 그렸던 것이다. 고대의 천문학, 지리학과 국제상업도시 알렉산드리아에 집적돼있던 해도, 지도가 프톨레마이오스에 의해 연결된 것이다. 최초의 부감적 세계지도의 완성이라고 볼 수 있다.

그렇다면 어떻게 프톨레마이오스는 세계지도를 작성할 수 있었을까? 기본적으로 프톨레마이오스 개인의 자질과 알렉산드리아의 경제적 번영의 결합이 이를 가능하게 만들었다. 일단 세계지도의 제작의 기초가 되는 많은 해도가 어떻게 알렉산드리아에 집적되었는가를 살펴보도록 하자.

세계지도를 만든 알렉산드리아의 대상권

'프톨레마이오스의 세계지도'를 탄생시킨 배경으로 먼저 살펴봐야 할 것은 지중해와 에리트라 해의 중간에 위치한 대상업 항구 알렉산드리아의 경제적 번영이다. 세계지도가 그린 광대한 해역은 바로 알렉산드리아의 교역 공간이었다. 참고로 에리트라 해는 그리스어로 '붉다'란 뜻이다. 에리트라 해는 홍해, 아라비아 해, 뱅갈 만, 인도양의 넓은 해역을 한 묶음의 바다로 인식한 말이다.

알렉산드리아의 융성을 만들어낸 것은 마케도니아의 왕, 알렉산드로스(B.C. 356~B.C. 323)이었다. 기원전 4세기에 알렉산드로스는 페르시아 제국(아케메네스 왕조)으로 출정을 나갔는데 그 과정에 그때까지 동지중해의 교역을 장악하고 있던 페니키아인에 대하여 치명적인 타격을 주었고, 상업상의 주도권이 그리스인의 수중으로 넘어오게 되었다.

알렉산드로스가 해안선에서 조금 떨어져있는 작은 섬에 거점을 둔 페니키아인의 중심항구인 티레를 공격했을 때 7개월에 걸쳐 약 1km의

둑을 쌓고 총공격을 가해 도시를 철저하게 파괴했다. 겨우 살아남은 티레의 시민 3만 명은 노예가 되었고, 중심을 잃은 페니키아 세력은 단번에 그 기세가 꺾였다. 여담이지만 그러한 철저한 파괴의 방식은 후에 로마군이 카르타고를 공격할 때도 반복되었다. 포에니 전쟁(B.C. 264~B.C. 146)에서 로마에 패배한 페니키아인의 도시 카르타고도 살아남은 사람들은 노예가 되었고 도시는 초토화되어 지도에서 한동안 소멸되었다.

중심도시 티레를 잃으면서 동지중해는 '페니키아인의 바다'에서 '그리스인의 바다'로 변모했다. 그러한 와중에 그리스 상인의 새로운 거점으로서, 알렉산드로스는 나일강의 삼각주에 계획도시 알렉산드리아를 건설했다. 지중해와 에리트라 해, 아프리카와 소아시아를 연결하는 십자로에 위치한 알렉산드리아는 세계의 7대 불가사의의 하나가 된 넓은 해역을 비추는 높이 약 134m의 대등대를 랜드마크로 하는 인구 100만 명의 대경제 도시로 성장했다. 해상의 도로의 새로운 기점이 된 알렉산드리아는 "없는 것은 눈뿐이다"라는 말을 들을 정도로 활황을 보였다.

시간이 흘러 로마제국이 발흥하자 해상교역은 더욱 활발해졌다. 로마의 초대황제 아우구스투스(재위 B.C. 27~B.C. 14)가 아라비아반도 남부의 아덴(에우다이몬 아라비아)을 정복하고 홍해에 로마함대가 배치되어 항해의 안전이 확보되자 알렉산드리아의 상인이 본격적으로 에리트라 해로 진출하게 된다.

로마의 지리학자 스트라본(B.C. 64~B.C. 21경)은 『지리서』에서 "프톨레마이오스왕조의 시대에는 불과 수 척의 배가 인도로 교역하러 갔지만, 로마제국 초기에 로마인은 사치스러운 경향이 강해져 홍해 서안의 미오스-호르모스에서 한 해 120척의 대형선이 인도로 향하게 되었다" 라고 기록했다. 과장도 있겠지만 연간 120척의 대형선이 사용된다고 하면 상당히 대규모의 교역이 이루어졌던 셈이다.

또한 거의 동시기에 박물학자 대(大) 플리니우스(23년경~79)는 "이집트를 출항해서 인도로 가기 위해서는 아라비안 남안의 오케리스에서 출항하는 것이 가장 편하며 '히파로스의 바람'을 이용하면 40일 만에 후추의 산지인 남인도의 항구 무지리스에 도착할 수 있다"고 기록했다. '히파로스의 바람'은 그리스인의 조타수 히파로스에 의해 밝혀진 인도양의 몬순(계절풍)을 말한다. 이러한 인도와의 교역을 배경으로 알렉산드리아에는 지중해의 항해정보뿐만 아니라 에리트라 해의 수로지, 해도, 여행기 등이 축적되었고, '프톨레마이오스 세계지도'에 풍부한 지리적 정보를 제공하게 되었다.

2개의 대양을 연결하는 국제항

그 이름은 세계에 널리 알려져 있지만, 『지리학』의 저자 프톨레마이오스(83년경~168년경)의 생애에 대해서는 사실 알려진 바가 거의 없다. 알 수 있는 것이라고는 그가 활약한 시기가 로마제국의 최전성기, 오현제(五賢帝)시대(96~180)시대라는 사실뿐이다. 그의 생애가 알려지지 않은 것은 의문이지만 이 시기의 학자의 사회적 지위를 생각하면 어쩔 수 없는 일일지도 모른다.

인구 100만 명을 넘은 도시 로마는 막대한 양의 식량을 자급자족할 수 없어 지중해 연안의 여러 지역에 의지할 수밖에 없었다. 로마에 운반되는 식량 중 4개월치는 곡창지대인 이집트에 의존했다고 한다. 즉, 로마제국 아래에서는 해상의 도로에 의해 연결된 지중해 전체가 거대한 상업권으로서 기능하고 있었고, 그것이 일그러진 군사제국을 떠받치고 있었던 것이다. 알렉산드리아는 곡물의 수입항일 뿐만 아니라 홍해, 아덴 만, 페르시아만, 아라비아 해와도 관계를 강화하면서 지중해의 산물과 인도양의 산물이 만나는 국제항이 되었다.

앞서 언급했듯이 기원전 1세기에 이집트의 조타수 히파로스가 매년 규칙적으로 풍향이 바뀌는 인도양의 몬순의 존재를 밝히자, 몬순은 '히파로스의 바람'으로 불리면서 지중해세계에 널리 알려지게 되었다. 히파로스가 실재한 인물인지 아닌지는 확실하지 않지만, 이 즈음에는 이미 인도양에 부는 몬순의 존재가 알려졌고 이집트와 남인도를 연결하는 에리트라 해의 무역이 활발해졌다. 세계지도를 작성하기에 알맞은 조건이 알렉산드리아에 갖추어져 있었던 것이다.

로마 제국의 최절정기, 새로운 것을 좋아하고 물질문명에 매몰된 많은 젊은이들은 지위상징[4]으로서 인도에서 수입되는 향신료, 면포, 비단을 추구했다. 그 결과, 에리트라 해와의 무역량이 증대했다. 인도 붐이 시대의 풍조가 되고 로마 제국의 금·은이 인도를 향해서 거침없이 흘러들어갔다.

---

4 상업용어의 하나. 사회적 지위를 나타내주는 외적 표시물.

한편, 지중해와 에리트라 해는 근접해있지만 전혀 이질적인 바다이며 항해의 방법에 큰 차이가 있었다. 지중해에서는 사막의 영향으로 무풍상태가 계속되는 여름의 3개월간은 갤리선 등에 의한 연안항해가 이루어졌던 것에 반해, 에리트라 해에서는 몬순을 이용한 원양항법이 이용되었다. 항법의 차이에 의해 에리트라 해의 정보는 지중해에 비해 어쩔 수 없이 성글 수밖에 없었고, 양적인 면에서나 질적인 면에서나 두 바다의 정보에는 큰 차이가 있었다.

2. 지적 호기심이 탄생시킨 세계지도

이미 존재했던 세계지도 작성의 흐름

부감적인 시야에서 만들어진 세계지도의 기원을 '프톨레마이오스의 세계지도'에서 찾는 데는 아마 이론이 없을 것이다. 2세기에 알렉산드리아에서 활약한 프톨레마이오스(B.C. 83~B.C. 168년경)는 그때까지 집적된 해도와 지리적 지식을 정확히 평면상에 투영시키면서 부감적 세계지도를 그렸다.

프톨레마이오스는 지적 호기심이 왕성한 인물이었던 듯, 천문학·점성술·수학·지리학·음악 등 다양한 방면에 저작을 남겼다. 천문학과 지리학을 결합하여 새로운 통합을 이루어낸 것도 폭 넓은 교양이 있었기 때문일 것이다. 프톨레마이오스의 공적은 독창적인 발상으로 새로운 분야를 개척했다기보다 넓은 시야에 근거한 새로운 통합을 달성했다는 점이다. 프톨레마이오스는 알렉산드리아에 모이는 여러 정보 전반을 살펴보고 부감적인 세계의 이미지를 만들어낸 것이다.

세계지도를 만들 때 사용된 위선과 경선도 실은 프톨레마이오스의 독창은 아니고, 선구적인 사례가 있었다. 에라토스테네스가 위도와 경도에 착목한 것은 앞서 언급했지만, 한 명 더 언급해야 할 인물이 있다. 프톨레마이오스가 활약하기 조금 전에 레바논 남서부 티레의 지리학자 마리노스(A.D. 70~A.D. 130)는 본초 자오선을 대서양상 행복의 섬(카나리아 제도)에 두고, 경선과 위선이라는 2개의 좌표축에 기반한 세계지도를 이미 작성하였다.

프톨레마이오스 자신이 『지리학』의 제1권 6장에서 마리노스가 에라토스테네스의 기록을 상세히 조사하여 뛰어난 세계지도를 만들고, 몇 차례 개정을 한 사실에 대해 언급하며 그 기술을 보완하는 차원에서 『지리학』을 집필한다는 취지를 밝힌 바 있다. 마리노스가 활약한 티레는 지중해의 횡단항로를 개척한 페니키아인 최대의 거점항구이며 해도와 항해지식이 풍부하게 축적되어 있었다. 마리노스가 장기간 집적된 수로지와 해도를 참고 삼아 세계지도(티레의 세계지도)를 작성하려 한 것은 지극히 당연한 수순이었다.

마리노스가 작성한 해도는 10세기까지 사용되었다고 하는데 아쉽게도 현재에는 남아있지 않다. 참고로 티레는 앞서 언급했듯이 기원전 4세기에 알렉산드로스에 의해 철저하게 파괴되었지만(B.C. 332), 마리노스의 시대에는 알렉산드로스의 허락을 받아 이미 재건되었고, 로마의 지배 하에 들어가 있었다.

위도와 경도에 대한 착상

프톨레마이오스의 세계지도에서는 현실의 지구와 닮은꼴을 그리기 위해 원추투영도법이 사용되었다. 간단하게 말하면 구체인 지구의 일부분에 원추 모양의 덮개를 덮어 그것을 전개하는 방식으로 지표를 평면상에 표현하는 기법이다. 그러한 부감적 발상은 지구를 상대화하려는 시점에 기반한 것으로 천문학의 소양이 없으면 불가능한 것이었다.

프톨레마이오스는 마리노스를 따라 지중해와 에리트라 해를 잇는 알렉산드리아가 아니라 세계의 서쪽 끝이라고 여겨지는 행복의 섬(카나리아 제도)에 본초 자오선을 두고 동쪽 끝의 세리카(중국)에 이르는 넓은 공간을 경도 180도, 위도 68도로 구분하여 1장의 지도에 그렸다. 그는 지도에 서쪽에서부터 순서대로 번호를 매겨 경도를 표시하였는데 물론 그 경도는 매우 자의적이었다. 경도의 정확한 측정이 가능하게 된 것은 후술할 18세기의 크로노미터의 출현 이후이다. 프톨레마이오스 자신도 말했듯이 세계지도는 부감된 지구의 이미지를 대략적으로 나타내는 것이 한계였다.

프톨레마이오스는 인간이 거주 가능한 공간은 남북으로는 좁고 동서로는 넓다고 생각하였고, 세계지도의 틀을 카나리아 제도의 위를 지나는 본초 자오선을 기준으로 하여 평행한 36개의 경선으로 만들었다. 그리고 위도에 대해서는 "개별 지역의 위도는 천구와의 관계에 의해 밝혀진다"라고 말하여 천체관측에 의해 확정될 거라고 보았다. 그는 경도와 위도를 도구로 삼아 우주의 질서를 지표면으로 옮기려고 하였던 것이다.

세계의 전체상을 그리려는 시도

프톨레마이오스의『지리학』은 그 자신이 책의 첫머리에서 말한 것처럼, 인간이 거주하는 세계의 전체를 부감하는 것을 목적으로 하고 있었다. 프톨레마이오스는 지리학의 대상을 "세계를 통일체로 보기 위한 전체"로 보고 지리학의 학문으로서의 성격이 "이미 알려진 것을 하나로 이어진 것으로 보고 그 형상과 특질을 우주 안에 자리잡게 하는" 데에 있다고 했다. 그는 세계를 우주의 일부로 보고 상대화·통일화시키려고 했던 것이다. 그 결과, 세부적인 것보다 해안선의 주요한 굴곡, 대도시, 민족, 주요한 하천 등이 고려의 대상이 되었다.

프톨레마이오스는 지리학과는 대조적인 학문으로 지지학(地誌學)을 거론하면서, 부분을 탐구하는 지지학은 전체에서 각각의 공간을 분리하여 하나하나의 독립공간으로서 묘사하는 것으로, 항구·마을·구역·주요한 하천의 지류 등 세부를 고찰의 대상으로 삼는다고 하였다. 수로나 해도는 어느 쪽인가를 굳이 말하자면, 지지의 대상이 되는 세부의 정보를 제공하는 재료이지만, 여러 정보를 넓은 시야로 새롭게 포착하면 지리학의 유력한 재료도 될 수 있는 것이었다. 프톨레마이오스의 지리학은 지구(geo) 전체와 관련되는 정보를 도상(graphia)으로 만드는 학문이었던 것이다. 프톨레마이오스는 기지(既知)의 세계를 하나로 이어진 것으로 표시하기 위해서는 거리의 측정, 태양과 별의 고도의 관측에 의한 위도, 경도의 측정, 이것들의 체계화가 필요하다고 주장하였다.

그러나 그 당시 『지리학』에 등장하는 모든 지역의 태양의 고도를 관측하는 일은 도저히 불가능했다. 『지리학』에서 약 8,000개의 지명이 다루어지고 있지만 그 중 태양의 고도·위도 등이 명시되어 있는 지명은 불과 400개 정도이다. 대부분의 지명에 대해서는 수로지, 해도, 여행안내서, 상인의 정보, 군사정보 등을 통하여 대체적인 위치를 정하여 세계지도 상에 배치하였다.

한편, 현존하는 프톨레마이오스의 세계지도는 15세기의 르네상스 시기에 복원된 것으로 현재는 나폴리의 국립도서관에 소장되어 있다. 에크메네를 전체로서 그린 세계지도는 실은 지도첩의 일부로, 그 외에 유럽의 지도 10장, 아프리카의 지도 4장, 아시아의 지도 12장이 세트로 되어 있었다.

15세기에 복원된 세계지도는 원지도가 실재했는지 아닌지, 혹은 실재했다고 해도 프톨레마이오스의 자필인지 아닌지에 대해서는 많은 설이 있어 확실하지 않다. 현재로서는 프톨레마이오스와 동시대에 알렉산드리아에서 활약한 아가소다이몬(Agathodaemon of Alexandria)이 작자라는 설이 유력하다.

3. 프톨레마이오스가 그린 세계

세계지도 안의 지중해

프톨레마이오스의 세계지도는 16세기에 플랑드르 지방에서 오르텔리우스가 편찬한 지도 「세계의 무대」가 간행되기까지 실로 긴 기간 동안 표준적 세계지도로서 유럽은 물론 아시아에서도 큰 영향력을 미치게 되었다. 프톨레마이오스가 그린 세계의 윤곽(실제로는 알렉산드리아의 상업권이지만)은 미지의 바다의 세계를 해석하기 위한 안내서로서 널리 이용된 것이다.

프톨레마이오스의 세계지도에는 지도 주위의 12명의 윈드 헤드가 지도면을 향해 바람을 불고 있으며, 돛에 바람을 받은 범선이 연결하는 지중해와 에리트라 해(인도양, 남중국해) 두 개의 대해를 중심으로 하는 구도로 그려져 있다. 이 책에서는 세계의 약도로서 프톨레마이오스의 세계지도가 자주 등장하므로 세계지도 위에 지중해, 에리트라 해, 대서양이 어떻게 묘사되어있는가를 구체적으로 살펴보도록 하자.

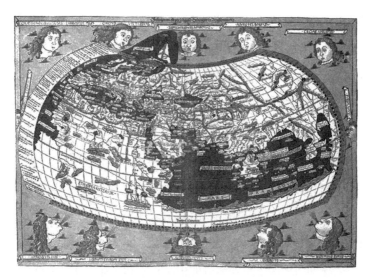

【그림 6】 프톨레마이오스의 『지리학』, 통칭 프톨레마이오스의 세계지도(현존하는 것은 15
세기에 복원한 것. 나폴리국립도서관 소장)

먼저 지중해 부분이다. 로마제국에서는 로마시의 외항인 오스티아
를 중심으로 하는 지중해, 흑해에 대다수의 해상의 도로망이 펼쳐져 있
어 배의 왕래가 정기화되어 있었다. 이런 이유도 있어서 지중해에 대
해서는 상당히 자세한 수로지, 해도가 이미 집적되어 있었으며 해안선
도 정확하게 파악되어 있었다. 예를 들어 알렉산드리아에서도 기원전
3세기에는 프톨레마이오스 왕조의 제2대 왕 프톨레마이오스 2세(B.C.
308~B.C. 246)의 해상 안내인 티모스테네스가 지중해의 수로지를 작성했
다고 한다. 아쉽게도 그 수로지의 대부분은 사라졌지만, 그러한 수로지
해도를 프톨레마이오스도 이용했던 것 같다. 또한 1세기 로마의 박물학
자 대 플리니우스의 『박물지』는, 지중해의 각 항구를 다니는 배의 항해
일수에 대해서 알렉산드리아에서 로마의 외항인 오스티아까지는 9일,

시칠리아에서 알렉산드리아까지는 6일, 이베리아 반도의 카디스에서 오스티아까지는 7일, 똑같이 이베리아 반도의 말라가에서 오스티아까지는 4일, 아프리카에서 오스티아까지는 2일, 크레타 섬에서 북아프리카의 키레나이카까지는 2일이라고 구체적으로 적고 있다. 지중해에 정기적으로 이용되는 해상의 도로망이 발달된 상황을 엿볼 수 있다.

이러한 이유 때문에 프톨레마이오스의 세계지도에서도 로마인이 '우리들의 바다'라고 부른 지중해의 해안선이 실제의 형상에 가깝게 묘사되어 있으며 많은 지명이 상세히 기입되어 있다. 그러한 알렉산드리아의 사람들의 생활과 밀착된 바다였기 때문인지, 이 세계지도에서는 지중해가 실제보다 강조되어 세계지도의 3분의 1에 달하는 동서로 긴 편평한 바다로 그려져 있다. 이렇게 지중해가 동서로 길게 늘어진 것 때문에 이탈리아 반도도 같은 방향으로 늘어났고 아프리카 북안도 거의 직선에 가깝게 그려져 있다.

유럽 내륙부에는 갈리아 지방이나 이베리아 반도 이외에는 거의 부정확하며, 이베리아 반도의 서북 끝에는 주석의 섬(카시테리데스)이라는 가공의 섬이 그려져 있다.

세계지도에서의 에리트라 해

이어서 에리트라[5] 해에 대한 부분을 보자. 프톨레마이오스의 세계

---

5 Erythraean Sea 또는 Eritrean Sea. 그리스어로 홍해라는 뜻이지만 인도양과 걸프만을 포함하는 용어로 쓰였다.

지도가 묘사한 아시아의 해역은 유럽의 선원이 아시아로 항해할 때 약
도로 장기간 사용되었다. 콜럼버스도 마젤란도 프톨레마이오스의 세계
지도를 정보원으로 사용해 잘못된 항해를 하였고 그 결과 제2의 세계와
제3의 세계를 발견하게 되었다.

에리트라 해에서는 인도 반도가 북위 8도까지 남쪽으로 튀어나와
있어서 몬순을 이용한 원양항해가 비교적 용이했다. 위도를 측정하며
대양을 항해하는 일이 그렇게 어렵지 않았던 것이다. 에리트라 해에서
는 원양 항법이 가능했던 점, 항해의 빈도가 많지 않았던 점, 몬순에 의
지하는 항로가 거의 고정돼 있었던 점 등에 의해 주변의 육지정보에 대
해서는 극히 애매하게 묘사할 수밖에 없었다.

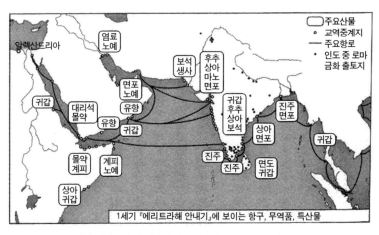

【그림 7】 1세기 '에리트라 해 안내기'에 그려진 항구, 무역품, 특산물

에리트라 해의 상업권에 대해서는 1세기 알렉산드리아에 거주하던
그리스인 선원 또는 상인에 의해 『에리트라 해 안내기』라는 상업안내

서가 쓰였다. 로마제국과 남인도의 사타바하나의 왕조(B.C. 1~B.C. 3세기 초) 간의 무역이 활발했던 것이다. 이 책에는 "이집트의 베레니케 항을 기점으로 하여 동쪽으로는 인도, 갠지스강, 서쪽으로는 아프리카 동안에 이르는 항로, 홍해, 페르시아만, 아라비아만, 뱅갈만을 중심으로 아프리카 동안에서 말레이반도에 이르는 해역의 항구, 무역품, 특산품"을 상세히 기록하고 있다.

프톨레마이오스의 세계지도에서는 아라비아반도 남부와 시리아, 이집트 사이의 유향무역이 활발하여 아라비아반도의 윤곽이 굉장히 정확히 묘사되어 있다. 반도를 감싸는 홍해, 아덴 만, 페르시아만도 실제보다는 좀 크지만 잘 묘사되어 있다.

그러나 인도 반도는 반도로 그려져 있지 않다. 에리트라 해로 약간 튀어나오듯 그려져 있을 뿐이다. 로마상인이 여름의 몬순을 이용하여 인도 반도 남부를 건너 상업항이 많은 동쪽 해안을 우회하였으므로 육지에 대한 상황을 정확히 몰라서 반도인 사실을 제대로 인식하지 못하였기 때문일 것이다. 그에 비해 실론 섬(타프로바네)은 매우 거대한 섬으로 그려져 있다. 로마 상인은 직접 실론 섬에는 가지 않고 인도상인이 가져다주는 실론 섬의 상품을 인도 서북단의 항에서 구입했기 때문에 풍부한 산물의 산출지인 실론 섬이 과대평가되었다는 설이 유력하다. 그러나 단순히 프톨레마이오스가 인도반도와 실론 섬을 혼동했다는 설도 있다.

인도반도 동쪽에 위치한 뱅갈 만은 실제보다는 가로로 거대한 후미로 그려져 있으며 만의 북쪽에는 갠지스강의 삼각주가 그려져 있다. 프톨레마이오스는 갠지스강을 경계로 인도를 '갠지스 안쪽의 인도'와

'갠지스 바깥쪽의 인도'로 양분하고, '바깥쪽의 인도' 너머의 언저리에 '금의 나라', '은의 나라'를 두었다. 세계의 끝에 금, 은, 보석을 산출하는 나라를 상상하는 것은 고대의 공통된 사고방식이었다.

또한 동쪽에는 적도를 넘어 남하하는 말레이 반도(황금반도)가 그려져 있다. 말레이 반도는 실제 형상과 전혀 다르게 역삼각형에 가까운 형태를 하고 있으며 바다가 서쪽에서 반도 속으로 깊이 만입되어 있는 형태로 묘사되어 있다. 당시 동남아시아에서는 항해가 어려웠던 믈라카 해협을 피해 말레이 반도의 가장 좁은 끄라 지협[6]을 넘어 태국 만에 이르는 인도상인의 무역 루트가 개척되었는데, 이러한 지식이 반영된 것으로 보인다. 황금 반도라는 명칭도 세계의 끝에서 대량의 금이 산출된다는 발상에 근거한 이름이다.

그 동쪽에는 시누스 마그누스(큰 만)가 있으며 이 만의 끝에서 에리트라 해의 남안을 서에서 동쪽으로 향해 가로 놓인 '미지의 남방 대륙'과 중국이 만나듯이 그려져 있다. 중국에 대해서는 매우 애매하며 히말라야 산맥으로 추정되는 이마우스 산맥인 동쪽의 세라(장안으로 추정된다)를 수도로 하는 세리카(비단의 나라라는 뜻)가 그려져 있으며, 그 남쪽에는 적도에 걸쳐서 티나에를 수도로 하는 시나에가 그려져 있다. 전자는 실크로드를 통한 정보를 바탕으로, 후자는 인도를 경유하여 전해지는 진(秦) 나라의 정보를 바탕으로 그린 것으로 생각된다. 참고로 시나에란 대국, 진의 명칭이었던 '친'이 인도에서 말이 바뀌어 '치나'가 되었다는

---

6 태국 남부와 말레이 반도 북부 사이에 있는 지협으로 너비 약 40km이다. 말레이 반도를 횡단하는 가장 적합한 지역으로 동서를 잇는 통로 역할을 하였다.

것이 통설이다. 영어의 'China', 프랑스의 'Chine', 일본의 지나(支那) 등이 '치나'에서 유래했다.

또한 프톨레마이오스는 지중해를 연상하여 적도 이남의 아프리카를 거대한 '미지의 남방대륙(테라 아우스트랄리스 인코그니타, Terra Australis Incognita)으로서 동방으로 길게 그려서 에리트라 해를 내해로 묘사했다. 거대한 유라시아 대륙과의 밸런스를 의식했던 것이겠지만 그리스상인들이 항해하지 않았기 때문에 적도 이남의 인도양의 정보가 적었던 점도 애매한 정보의 원인이 되었던 것 같다. 적도 이남의 인도양은 당시의 몬순을 이용한 인도 무역로의 범위 바같이었기 때문이다.

시야 밖에 놓인 대서양

마지막은 대서양에 대한 부분이다. 프톨레마이오스의 세계지도에는 서쪽의 주변부에 좁은 띠 모양의 대서양이 그려져 있다. 경제의 중심에서 멀리 떨어진 까닭도 있어서 일단 그려놓고 보자는 식으로 다루고 있다. 아프리카 서안도 정보가 부족해, 묘사가 극히 애매하다. 식민지 케르네를 만든 카르타고인들의 정보를 바탕으로 북위 11도의 알시나리움 곶까지의 아프리카 서안이 거의 10도의 경선을 따라 남북으로 일직선으로 그려져 있다. 프톨레마이오스가 알시나리움 곶의 서쪽에 위치한 것으로 착각하였던 행복 제도(Fortunatae Insula) 위로 경도 0도의 자오선이 지나가도록 그렸다. 행복 제도란 북위 29도에 위치한 카나리아 제도를 지칭하는 것으로 생각된다.

카나리아 제도는 그리스의 전승에서 영원한 생명을 보장하는 '황금 사과' 나무가 있다는 세계의 끝에 위치한 헤스페리데스 섬으로 추정된 다. 그리스인은 헤스페리데스 섬에 있는 황금의 사과를 '하늘을 지탱하 는 아틀라스'의 딸들과 백개의 머리가 달린 용인 라돈이 지키고 있다고 생각했다.

애초에 황금의 사과나무란 그리스 신화의 주신인 제우스가 헤라와 결혼할 때 대지의 여신 가이아가 선물로서 준 것으로 그 사과를 먹은 사 람은 영원히 죽지 않는다고 한다. 그런데 바람둥이 제우스가 황금사과 를 사랑의 선물로서 여러 여성들에게 나누어주고 말았다. 이에 화난 헤 라가 제우스가 손댈 수 없도록 바다 끝의 고도인 헤스페리데스 섬에 사 과 나무를 옮겨 심어버렸다고 한다.

그러한 전승에서도 알 수 있듯이 카나리아 제도는 세계의 서쪽 끝에 위치한 신화 속의 섬으로 인식되었고, 대서양도 '신화의 바다'로서 시야 의 바깥에 놓이게 된 것이다. 후에 포르투갈의 엔리케왕자가 카나리아 제도의 남쪽으로, 콜럼버스가 서쪽으로 항로를 잡았기 때문에, 대서양 이 세계사의 무대로 나올 수 있게 되었지만 이는 조금 뒤의 이야기이다.

4. 이슬람 대상권에서 부활한 세계지도

바그다드에서의 번역

세계사에서는 문명의 부흥과 쇠퇴가 반복되었으며, 문명의 장이 된 각각의 지역이 그 세력의 흥망에 따라 지리적 팽창과 수축을 반복해 왔다. 사회의 팽창기에는 당연한 일이지만 자신들의 생활권 바깥의 미지의 세계에 대한 관심이 강해진다.

프톨레마이오스의 세계지도는 로마제국이 동서로 분열되어 지중해에서의 해상 교역이 날로 쇠퇴하자 전혀 관심을 끌지 못했다. 지중해 주변, 특히 알프스 이북의 유럽의 사람들의 눈이 점점 내륙으로 향한 것이다. 중세가 되자 종교적 세계지도만 만들어지고 '세계지도'는 잊혔다. 그러나 이 프톨레마이오스의 세계지도를 부활시킨 곳이 있었다. 아바스 제국(750~1258)의 수도 바그다드이다. 페르시아만의 안쪽에 건설된 새로운 수도 바그다드는 동방으로 상업권을 확대하여 유라시아 규모의 육지와 바다 상업권의 중심이 되는 9세기에 인구 150만 명을 넘는 세계

굴지의 대도시가 되었다.

이슬람상인은 인도양이나 지중해의 무역을 부활시켰을 뿐만 아니라, 새로운 인도양 무역권을 동쪽의 중국, 남쪽의 마다가스카르 섬 사이의 모잠비크 해협까지 확대했다. 다우 범선이 광역에 걸쳐 아시아의 몬순해역을 연결하는 이슬람상인의 대교역 시대가 도래한 것이다. 이러한 광역 무역은 유라시아 규모의 세계의 약도를 필요로 하였다. 그래서 바그다드에서는 세계를 부감하는 프톨레마이오스의 『지리학』이 여러 차례 아라비아어로 번역되기에 이르렀다. 『지리학』은 8세기 이후 바그다드의 '지혜의 집'에서 아랍어로 번역되기 시작한다. 참고로 '지혜의 집'(아랍어로 바이트 알 히크마)은 사산왕조 페르시아의 제도를 모방한 기관으로 여러 문명의 문헌을 체계적으로 아랍어로 번역하였다.

많은 그리스어 문헌을 아랍어로 번역한 아바스(압바스) 왕조 제7대 칼리프 알마문(재위 813~833)은 특히 세계지도에 많은 관심을 가지고 있었으며 경도 1도의 거리를 계산할 것을 학자들에게 명했다. 그때에 행해진 계산에서 경도 1도가 약 123km라고 산출하였는데 그 수치는 거의 정확한 것이었다. 대수학을 의미하는 영어 '알제브라(algebra)'의 어원이 '수의 이항(ai-jabr)'을 의미하는 아랍어인 점에서도, 이슬람 세계에서 수학·천문학 등의 학문 수준이 매우 높았던 사실을 알 수 있다.

고대의 알렉산드리아의 상업권을 한 단계 더 확대한 바그다드의 상업권에 대해서는 8~9세기에 바그다드에서 그 원형이 만들어진 『천일야화』를 통해서 그 모습을 상상할 수 있다. 이 이야기 속에서는 아바스 제국의 최전성기인 칼리프, 하룬 알라시드(재위 786~809) 시대의 번영에 대해 "하룬 알라시드의 이름과 영광이 중앙아시아의 언덕에서 북유럽의 숲 구석까지 또한 마그레브(북아프리카) 및 안달루시아(이베리아 반도)에서 시나(중국) 및 달단(韃靼, 유목세계)의 변경에까지 알려졌다"고 한 대목이 들어 있다.

밝혀지는 아시아의 바다

이슬람제국의 상업권의 확대에 공헌한 것은 다우 범선에 의한 해상무역이었다. 페르시아만 안쪽의 바그다드가 대교역권의 중심이 되자 인도양과 남중국해의 몬순해역에서 다우 범선의 교역이 활성화되었고, 특히 중국에 이르는 정기항로와 이어지는 여러 해역에 대한 이해가 깊어졌다. 해상의 도로가 동쪽으로 크게 확대된 것이다.

10세기의 바그다드 출신의 지리학자 야크비는 이슬람 세계의 수로지와 해도를 통합하여 페르시아만에서 중국 남부에 이르는 해역을 다음과 같은 7개의 해역으로 나누었다. 이를 통해 해역의 연속으로 인도양과 남중국해가 인식되었음을 알 수 있다.

(1) 해역이 좁고 진주의 채취장이 많은 파르스 해(페르시아 만)

(2) 해면이 넓고 별자리를 의지하지 않으면 안되는 라르위 해(아라비아 해)

(3) 바다에 보석과 다이아몬드 등의 보배가 나오는 섬 살란딥(실론 섬)이 있는 하르칸드 해(벵갈 만)

(4) 해면이 좁고 강한 바람이 부는 항해가 곤란한 칼라 해(믈라카 해협)

(5) 해역이 극히 넓고 진귀한 보물이 산출되는 살라히토 해(남중국해)

(6) 해상에서 비가 많이 내리는 쿤드란 해(베트남 남부의 해역)

(7) 중국의 바다라고 할 수 있는 상하이(창해漲海의 음역) 해(통킨 만)

이처럼 아바스 제국의 시대에는 프톨레마이오스 세계지도에서 애
매하게 그려졌던 중국까지의 아시아 해역이 점차 자세해지고 해도 정
보도 확충되었다. 인도양, 벵갈 만, 남중국해가 전체로서 파악된 것이
다. 해역의 확대에 대응하여 바그다드에서는 프톨레마이오스의『지리
학』의 아랍어 번역이 수 차례에 걸쳐 이루어졌으나, 현존하는 것은 중
앙아시아 출신의 수학자이자 지리학자인 알 콰리즈미(780년경~850년경)[7]
가 프톨레마이오스의 저작을 번역한 경·위도집『대지의 형태』뿐이다.
콰리즈미는 프톨레마이오스의 세계지도에 무슬림의 선원과 상인의 수
로지, 해도, 지리적 지식을 추가하여 동쪽으로 길게 놓인 '미지의 남방
대륙(아프리카 남부)'과 동아시아를 분리하였고, 종래에는 내해로 인식되
었던 인도양을 외양(外洋)으로 파악했다. 아바스 제국의 이슬람 상인은
당(唐)의 광주(廣州)에 이르는 항로를 연장하여 중국 연안을 북상하는
항로도 개척했다.

9세기에는 정기항로가 개발된 결과로서 많은 이슬람 상인이 광주
의 외국인 거주구(번방, 蕃坊)에 거주하게 되었으며 성회사(聖懷寺)라는

---

7 페르시아의 수학자로 사칙연산을 만들었고 인도에서 도입된 0과 위치값을 이용하였다. 알
고리즘은 그의 이름에서 유래하였다.

모스크(mosque)가 지어졌다. 이주한 이슬람 상인의 수는, 당 말기에 농민 반란의 지도자 황소(黃巢, ?~884)가 이끄는 반란군이 광주를 점령했을 때 12만 명의 이슬람교도, 조로아스터교도를 살해했다는 아랍측의 기록에서 추측할 수 있다.

아바스 제국의 제15대 칼리프, 알 무타미드(재위 870~902) 밑에서 제국의 도로 및 역참을 관리하는 역체장을 지낸 이븐 후르다드베(820년경~912년경)는 『여러 도로와 여러 나라에 관한 책』을 펴내어 수도 바그다드를 중심으로 하는 도로망과 920개의 역참, 유라시아 규모의 상업망, 페르시아만의 바스라에서 중국의 광주에 이르는 항로에 대한 기록을 남겨두었다. 이 책에서 후르다드베는 시나(중국)의 끝에 위치한 황금을 풍부하게 산출하는 '와쿠와쿠(왜국)', 시나의 대무역항 '칸추(揚州양주)'의 끝에 위치한 '시라(신라)'의 존재에 대해서도 언급했다.

이븐 후르다드베는 인도양, 남중국해, 동중국해에 이르는 광대한 해역에 대해, 홍해에서 동쪽 끝의 '와쿠와쿠'까지의 거리는 45,000파르삭(약 28,080km)에 이른다고 추측했다. 이러한 이유로 프톨레마이오스의 세계지도에 막연하게 그려진 에리트라 해의 실상이 상당히 정확하게 파악된 것을 알 수 있다.

해명되는 아시아의 바다(야크비가 나눈 7개의 해역)

【그림 8】

이븐 후르다드베와 마수디

바그다드에서 생활한 이븐 후르다드베가 광대한 해역 정보를 입수할 수 있었던 것은 제국의 정보망 덕분이며 정보원은 선원, 상인의 상업정보, 수로지, 해도였다. 이븐 후르다드베는 이슬람 상권에서 활약한 라다니(Radhaniyyah, 라틴어를 사용하는 지중해 연안의 유대인 상인)의 유라시아 규모의 교역활동을 아래와 같이 기록했다.

아랍어, 페르시아어, 라틴어, 프랑크어, 안달루시아어, 슬라브어 등을 구사하는 유대인 국제상인은 남녀노예, 모피, 가죽, 검은 담비, 보검 등을 구입하여 지중해의 판하(프랑크 왕국의 피란쥬)에서 출범하여 지중해를 가로질러 나일강 하구에 가까운 파라마에 상륙한 다음 다시 상품을 육로를 통해 홍해의 항구 크룸즈(아카바만에 인접한 항구)에 옮겨 홍해의 잘과 짓다를 거쳐 신드(인더스강의 주변지역), 인도, 중국으로 가져간다. 그들은 중국에서 사향, 침향(沈香), 장뇌(樟腦), 육계(肉桂) 등을 구입하거나 각 지역에서 상품을 구입하여 홍해를 거쳐 다시 파라마에서 지중해로 나가, 비잔트 제국의 콘스탄티노플, 프랑크 왕국 등에서 그 상품을 판매한다. 또한 경우에 따라서 그들은 프랑크에서 지중해를 항해하여 시리아의 안티오케이아에 상륙하여 3개의 역참을 거쳐 자비야에 가서 유프라테스 강을 배로 건너 바그다드로 간다. 거기서 다시 티그리스강을 배로 건너 우브라의 항구로 가서 오만, 신드, 인도, 중국으로 간다. 이들 길은 서로 연결되어있는 것이다.

후르다드베는 이외에도 마그레브 지방(북아프리카), 이집트를 건너 시나이 반도로 가서 다마스쿠스, 쿠파, 바그다드, 바스라를 건너 해로로 신드, 인도, 중국으로 가는 교역 루트와 비잔트 제국에서 슬라브인의 나라로 가서 카스피 해를 가로질러 발흐로 가서 트랜스옥시아나(실크로드의 중심인 소그드 지방)를 거쳐 중국으로 가는 교역 루트의 존재를 지적했다. 중국으로 가는 육로와 해상의 도로의 여러 정보가 바그다드에 모여들었던 것을 알 수 있다. 후르다드베는 프톨레마이오스의 세계지도를 밑그림으로 세계를 이미지화하여 『여러 도로와 여러 나라의 책』을 집필했다.

학자들 중에서도 이슬람 상권을 여행하며 항해에서 얻은 수로정보나 견문을 바탕으로 세계를 그리는 이들이 나왔다. 바그다드에서 태어난 저명한 여행가이자 지리학자인 알 마수디(896~955)가 그 대표적인 예이다. 그는 인도양, 홍해, 카스피해, 지중해를 항해하였고, 자바, 스리랑카, 페르시아, 아르메니아, 아라비아, 시리아, 이집트, 인더스 강, 인도 서해안, 잔지바르 등의 동 아프리카를 비롯한 여러 지역을 여행하며 자기의 견문을 바탕으로 중국에서 지중해에 이르는 백과전서인 『현재의 정보』를 집필했다. 그러나 안타깝게도 그 대부분은 없어졌으며 이 책을 요약한 『황금의 목장과 보석의 광산』이 남아있을 뿐이다. 마수디의 대여행은 사실은 무역 때문이었다고 한다. 마수디는 '아랍의 헤로도토스'라는 별명을 가졌으며, 그 또한 프톨레마이오스의 『지리학』과 세계지도를 세계 인식의 밑바탕으로 삼았던 것이다.

이븐 하우깔의 세계지도

지중해와 에리트라 해 2개의 내해를 중심으로 그려진 프톨레마이오스의 세계지도의 틀을 코란의 두 개의 큰 바다 설과 조화를 이루는 형태로 이슬람 세계에서 받아들였음을 보여주는 것이 10세기 중엽 바그다드 출신의 지리학자 이븐 하우깔(생몰년 불명)이 그린 『세계지도』이다. 이븐 하우깔도 대여행가로 알려져 있으며 북아프리카, 스페인, 서수단, 이집트, 서아시아, 중앙아시아, 인도를 거치는 대여행을 했다.

이 지도는 이슬람의 세계지도의 전통을 이어 남쪽이 위로 되어 있으며, 쿠란의 천계(天啓) 조항 "달고 맛있는 바다와 짠 바다가 섞이지 않도록 신이 두 바다 사이에 벽을 두었다"고 하는 말에 따라, 꽤 추상적이지만 중심에 위치한 대륙부로 파고드는 두 개의 바다를 축으로 세계지도를 그렸다. 바다와 육지의 배치는 프톨레마이오스의 세계지도와 비슷하지만 인도양과 주변 바다를 향해 넓게 트여있다는 차이점이 있다.

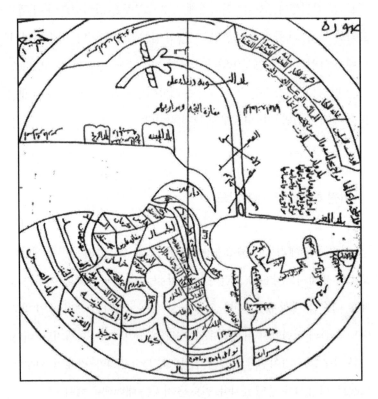

【그림 9】 10세기 중엽, 바그다드의 지리학자, 이븐 하우깔이 그린 '세계지도'. 남쪽이 위로 되어 있다.

원형으로 그려진 대지와 바다 주위를 대양이 원형으로 감싸고 있고, 서쪽의 룸 해(지중해 및 흑해), 동쪽의 중국의 바다(남중국해), 인도양(뱅갈 만, 페르시아만, 홍해를 포함한 북인도양)과 샴(사막과 바다 사이의 교역의 중심 시리아)의 두 지역이 해역을 구분 짓는 대륙으로 그려져 있다.

육지에는 나일강이 지중해로 흘러드는 거대한 강줄기와 티그리스 유프라테스강이 페르시아만으로 흘러드는 거대한 강줄기가 그려져 있다. 이처럼 주변 대양에서 동서의 큰 바다가 파고 들며, 서아시아가 두 바다의 경계를 이룬다고 하는 쿠란의 두 개의 큰 바다 이야기는 이슬람 교도들이 공유하는 세계관이었다.

이드리시의 세계지도와 넓어지는 인도양

지중해와 인도양, 남중국해를 잇는 교역이 활성화된 이슬람 세계에서는 우상숭배를 금하는 이슬람교의 영향으로 원이나 삼각 등의 추상적 도상을 결합한 세계지도가 많이 만들어졌다. 세계를 구체적으로 도상화하는 것은 알라의 권위에 대한 모독이라고 여겼기 때문이다.

이러한 와중에 나타난 '이드리시의 세계지도'는 특이한 세계지도라고 할 수 있다. 시칠리아 섬의 기독교도 왕 루지에로 2세(재위 1130~1145)의 신하이자 모로코의 세우타 출신인 이슬람 지리학자 이드리시(1100년경~1160년경)는 왕을 위해 『세계횡단을 바라는 자들을 위한 책(루지에로의 책)』이라는 지리서를 만들었으며 간단한 세계지도와 71장의 지역도를 첨부했다.

이드리시의 세계지도는 프톨레마이오스의 세계지도를 바탕으로 하여 인도 반도는 그려져 있지 않지만 이슬람의 선원, 상인의 수로지, 해도에 의한 지리적 정보가 많이 반영되었다. 이 세계지도는 이븐 하우깔의 세계전도와 마찬가지로 이슬람 세계의 지도의 전통을 계승하여 메카가 있는 남쪽을 위로 하였으며 인도양은 육지에 봉쇄된 바다가 아니라 이슬람의 수로지나 해도를 바탕으로 트인 바다로 그렸다.

이드리시의 세계지도에서 볼 수 있는 육지를 원형으로 그리는 기법은 이븐 하우깔이 제작한 세계지도 등의 이슬람 도법을 따른 것이며, 후술할 베니스인의 프라 마우로의 세계지도에도 영향을 주게 된다.

이드리시의 세계지도에서 특히 주목할 점은 프톨레마이오스의 세계지도에서는 불명확했던 동아시아의 지역이 상세하게 그려져 있다는 사실이다. 지도에는 인도양을 끼고 중국의 맞은편에 아프리카 동부가 그려져 있으며 그 사이에는 아시아의 다도해(多島海)가 그려져 있다. 카말 말라이 섬(말레이반도)의 끝에 많은 섬이 있고 그 동쪽 구석에는 실라(신라)가 있고, 중국 맞은편의 아프리카 동부에는 황금이 풍부하게 나오는 와쿠와쿠(왜국)가 있다.

참고로 이드리시는 스페인의 코르도바에서 학문을 습득하고 소아시아, 아프리카, 스페인, 프랑스 등을 여행한 다음 시칠리아 섬 팔레르모에서 직업을 구했다. 그는 세계지도를 작성할 때 앞서 언급했던 바그다드의 대여행가 마수디의 아시아 정보를 참고했다고 한다.

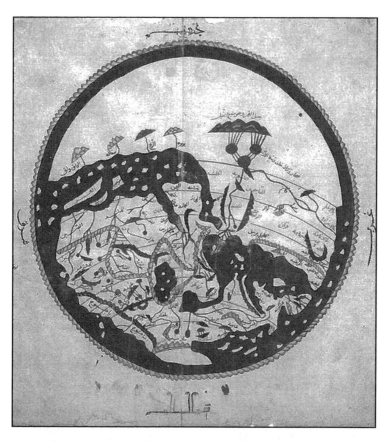

【그림 10】 12세기, 모로코 출신의 이슬람 지리학자 알 이드리시가 제작한 『루이제로의 책』에 첨부된 세계지도

5. 정화(鄭和)의 해도에 보이는 세계지도

몽골제국이 만들어낸 유라시아 상권

유라시아의 대부분 지역을 대상권으로 통합한 것은 몽골 제국이었다. 13세기에 유라시아를 정치적으로 통합한 몽골제국은 대륙의 '초원의 길'과 바다의 '도자기의 길'을 통합하여 이슬람 세계와 중국 세계를 하나로 연결했다. 원나라의 수도인 대도(칸발릭, 현재의 북경)와 일 칸국의 수도 타브리즈가 동서교역의 중심이 되었고 유라시아 경제가 육지와 바다에서 연동되기 시작했다.

해상에서는 원나라 최대의 항구, 복건(福建)의 천주(泉州, 자이툰)와 페르시아만 입구의 호르무즈를 잇는 간선항로가 만들어졌다. 유라시아의 중심 항구 중 하나가 된 복건의 천주는 강남(江南)에서 대도로 향하는 대량의 미곡 수송의 필요성 때문에 건설되었으며 발해에 흘러드는 백하(白河)로 이어지는 갑문식(閘門式) 운하(通惠河)에 의해 원의 수도인 대도(大都)와 연결되었다.

이슬람교도가 지배하는 천주에 대해서 마르코 폴로는 『동방견문록』에서 "중국의 막대한 수요를 맞추기 위해 자이툰에는, 알렉산드리아나 그 외의 항구로 운반되는 것보다 100배나 많은 후추가 모여들었으며, 무역액으로는 세계 2대 항구의 하나이다"라고 기술했다. 원나라 초 천주에서는 15,000척의 정크선이 해외무역에 종사하였으며 항로는 동남아시아, 인도, 페르시아만, 동아프리카로 이어졌다고 한다. 천주는 몽골제국 대상권의 바다의 기점이었던 것이다.

원나라의 말기에 천주에서 정크선을 타고 두 차례에 걸쳐 인도양 항해를 한 왕대연(汪大淵, 1311~?)은 지리서 『도이지략(島夷誌略)』을 저술했다. 이 책에서는 동남아시아, 실론, 인도 동안, 인도 서안, 페르시아만, 아라비아 반도, 몰디브 제도, 아프리카 동안의 지명이 98 곳이나 등장하며, 북아프리카의 마그레브로 추정되는 지명도 나온다. 왕대연은 후에 정화(鄭和) 함대가 항해한 인도양의 광대한 해역을 이미 항해했던 것으로 생각된다. 원대에는 중국 상인이 정크선을 타고 인도양까지 진출한 시대였던 것이다.

말할 나위도 없이 원나라는 몽골인이 중국을 정복하여 세운 왕조이며 그 나라에서는 몽골인과 함께 색목인(色目人)이라고 불리는 외국상인이 사회적으로 높은 지위를 누리고 있었다. 참고로 색목인은 '다양한 종류의 사람들'이라는 뜻이다. 쿠빌라이 칸의 밑에서 17년간 관리로서 일한 마르코 폴로 같은 예외를 제외하면 색목인의 대부분은 이슬람 상인이었다. 이슬람 상인은 이슬람 세계의 지리관을 중국사회에 가져다주게 되었다.

몽골상권과 혼일강리역대국도지도(混一疆理歷代國都之圖)

이슬람 상인은 프톨레마이오스의 세계지도가 보여준 세계의 이미지를 변형시키면서 원나라에 가져다주었다. 이 무렵의 중국은 몽골제국의 유라시아 규모의 육지와 바다의 원환(圓環) 네트워크에 포함되었고, 중화사상을 바탕으로 한 전통적인 세계지도에도 변화가 나타났다. 『원사(元史)』의 「천문지(天文志)」에 의하면, 원나라에 있었던 페르시아 학자 자말 앗딘은 목제로 된 지구의를 만들었다고 한다. 그 지구의에는 지표의 7할이 녹색의 바다, 나머지 3할이 백색의 육지로 그려져 있으며 경선, 위선으로 '작은 네모칸(小方井)'을 나타내었다고 한다. 프톨레마이오스의 세계지도의 영향을 받은 원대의 세계지도로는 1330년 무렵에 이택민(李澤民)이 그린 「성교광피도(聲敎廣被圖)」가 있다. 그러나 아쉽게도 남아있는 지도는 없다.

원나라가 멸망하고 10년 뒤인 1378년, 『성교광피도』의 영향을 받아서 만들어진 명나라의 『대명혼일도(大明混一圖)』(혼일이란 세계라는 뜻이다)는 프톨레마이오스의 세계지도의 영향을 현저하게 받은 사실을 알수 있다. 이 지도는 중화제국을 전통적 방법으로 크게 그렸을 뿐만 아니라 작지만 인도 반도를 그리고 그 서쪽에 인도양, 작은 아라비아 반도, 페르시아만, 혀 모양의 아프리카대륙을 그렸다. 중국의 대지를 평평하게, 그리고 전통적인 양식과 이슬람의 지리인식을 기계적으로 도입한 새로운 타입의 세계지도는 곧 중국인의 새로운 세계인식의 결과물이다.

경도(京都)의 용곡(龍谷)대학에는 1402년에 조선(1392~1910)에서 만들어진 「혼일강리역대국도지도(混一疆理歷代國都之圖)」가 소장되어 있다.

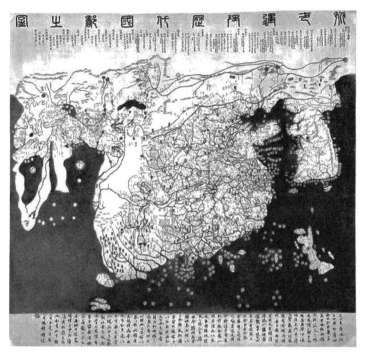

【그림 11】 1402년, 조선에서 만들어진 「혼일강리역대국도지도」(용곡대학 도서관소장)」. 오른쪽 아래 구석에 있는 것이 일본 열도이다.

조선왕조의 정통성을 나타내기 위해 그려진 이 지도는 조선을 중국과 거의 대등한 크기로 그렸으며, 그뿐만이 아니라 몽골제국 시대의 지리적 지식을 활용해 아라비아반도, 아프리카, 유럽 등을 작게 그려 놓았다.

「혼일강리역대국도지도」는 명백하게 「대명혼일도」의 영향을 받은 세계지도이다. 이 지도는 인도, 실론 섬, 페르시아 만, 아라비아반도, 홍해, 아프리카대륙, 유럽이 더 크고 명료하게 그려져 있으며 발해, 황해, 동중국해, 남중국해, 인도양, 페르시아 만, 홍해 등의 유라시아 남쪽 가장자리에 있는 바다도 나타내고 있다. 고루한 중화사상을 바탕으로 한 중국의 세계상에도 변화가 생겼고 그것이 조선왕조의 지도에도 영향을 준 것이다.

정화(鄭和)함대의 대항해

원나라를 대신한 명나라는 소극적인 해금(海禁) 정책을 펼쳤다. 그러나 몽골제국의 해외무역의 활황이 일시적으로 부활한 시기이기도 하였다. 명나라의 제3대 황제 영락제(永樂帝, 재위 1402~1424)가 이슬람교도인 환관 정화(鄭和, 1371~1434년경)에게 대함대를 이끌고 동남아시아, 인도, 페르시아 만, 아프리카 동안을 6차례(다음 황제의 시기를 포함해 7차례)에 이르는 대항해를 하도록 하였다. 전근대의 세계사에서 정화가 이끄는 대함대의 파견은 전대미문의 사례라고 할 수 있다. 이 함대가 이용한 해도는 프톨레마이오스의 세계지도의 영향을 강하게 받았다. 이 해도에 대해 말하기 전에 먼저 정화의 남해대원정의 개요를 살펴보도록 하자.

14세기 중엽 몽골인에 의한 정복왕조였던 원나라(1271~1368)가 무너지고, 한족에 의해 명나라(1368~1644)가 세워지자 전통적인 중화 제국의 재건이 목표가 되었다. 그때까지 밖으로 향해 있던 관심이 바로 안쪽으로 향하게 되었다. 그 일환으로 명나라의 선원, 상인의 해외도항을 금지하는 해금정책을 취하고 해외무역을 감합(勘合) 무역이라는 형태로 왕조의 관리 하에 두었다. 유라시아 규모로 확대된 중국의 대외무역은 명나라 때 급속도로 위축되었다. 그러나 명나라에서 유일하게 예외적인 시기가 제3대의 영락제 시대이다. 중국의 해운업은 원대의 영광을 한순간 되찾았다.

제2대 황제를 무력으로 쓰러트린 영락제는 국위 선양과 국영 무역을 맡은 대함대를 동남아시아, 인도양으로 파견했다. 황제의 명을 받은 이슬람교도 환관 정화는 1405년부터 1433년 사이 28년 동안 수천 톤에 달하는 보선(寶船)을 중심으로 하는 200여 척의 배, 약 27,000명의 대함대를 이끌고 세계의 항해사에 남을 7차례의 대항해를 감행했다. 세 번째 항해까지는 그 목적지가 인도 서안의 후추 수출항 코지코트였으며, 네 번째 이후는 페르시아만 하구에 위치한 항구 호르무즈였다.

명나라에서는 감합 무역으로 인하여 교역선이 대부분 동아시아에 한정되었기 때문에 원대의 인도양, 동남아시아에서 수입되던 후추 등의 향신료, 향목, 약재의 반입이 급감했다. 정화 함대는 이들 물품을 구입하는 한편, 명나라에 조공하는 나라를 늘리고 조공하려는 사절단의 이동을 도왔다.

함대가 운송해온 아프리카의 기린이 남경에 나타나자 백성들은 크게 놀랐다. 황제가 덕이 있는 통치를 할 때 모습을 드러낸다는 전설의 동물 기린과 아프리카의 기린이 동일시되어 큰 화제가 되었던 것이다. 열광적인 반응 속에 남경에서 북경으로 기린이 행진하는 모습을 보고 영락제는 흡족해 하였을 것이다.

그러나 반복되는 환관 중심의 대함대의 파견은 막대한 비용 때문에 관료의 비판을 받았다. 그리고 북경 천도, 낙뢰에 의한 북경의 궁전 대화재, 영락제의 죽음으로 인해 결국 이전에 온 사절단의 귀국을 돕는 것을 끝으로 원정은 중단되었다.

그 후 환관의 권력 남용에 반감을 가진 관료는 거액의 국비를 낭비하는 대항해가 다시는 행해지지 않도록 하기 위하여, 해도를 포함한 원정에 관한 일체의 기록을 불태워버리고 만다. 대항해의 흔적이 후세에 남지 않도록 역사의 뒤편으로 사라지게 한 것이다.

결론적으로 정화의 남해원정은 중국의 대교역 시대의 황혼이라고 불릴 만한 사건이었다.

해도에 들어간 프톨레마이오스의 세계지도

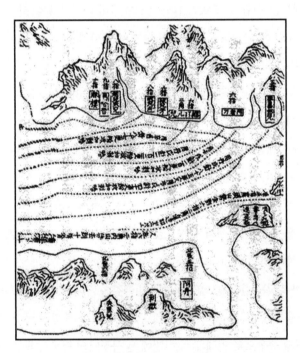

【그림 12】 『무비지』 안에 들어있는 명의 환관 정화가 사용한 해도(부분도). 위에 인도, 서아시아가 있고 아래에 아프리카, 아라비아 반도가 있다.

현재 세계사의 관점에서 정화의 대항해가 주목받는 이유 중 하나는 이슬람교도의 해도에 들어간 프톨레마이오스의 세계지도가 정화 함대가 사용한 해도에 큰 영향을 주었기 때문이다. 정화의 해도를 보면 프톨레마이오스가 만든 유라시아 바다의 이미지가 중국까지 영향을 미친 사실을 분명하게 알 수 있다.

앞서 언급했듯이 정화 함대가 사용한 해도는 모두 환관을 적대시하는 관료에 의해 소각되었다고 오랫동안 생각해 왔다. 그러나 실은 명 말기에 모원의(茅元儀)라는 인물이 편찬한 『무비지(武備志)』 중에 해도가 들어 있다는 사실이 판명되었다.

『무비지』란 2천여 권의 책을 참조하여 편찬한 병법서이다. 함대의 승무원이 소지하고 있던 지도가 소각되지 않고 민간 사이에 유통되다가 우연히 이 책에 들어간 것으로 보인다. 원정에 참가한 인물이 남긴 항해기록과 대조해본 결과 이 해도가 정화 함대가 사용한 해도가 틀림없다는 사실이 판명되었다.

정화 함대가 항해에 사용한 해도는 두루마리 모양으로 남경에서 페르시아만 입구의 호르무즈 항구에 이르는 장대한 항로가 그려져 있으며 해안선, 하천의 하구와 유로, 도서, 암초, 연안의 주요한 도시, 항구, 가는 길 56개, 오는 길 53개의 항로, 나침반의 방위, 거리 등의 방대한 데이터를 담고 있었다. 정화의 해도는 수로지와 해도가 일체화한 해상의 도로도로서 완성도가 높다. 많은 수로정보가 해도 안에 적혀 있는 것이 특징이다.

전체적으로 균형이 잡혀있고 볼륨 있는 이 해도는 세계사적인 대항해에 실제로 사용된 것으로도 특별한 의미를 갖지만, 나침반을 사용한 중국의 전통적인 항법에 의한 해역과 이슬람 세계의 천체항법에 의한 해역이 전혀 다른 도법으로 나뉘어 있고 또한 그것이 잘 융합되어 있다는 점에서도 훌륭하다.

정화 함대의 해도는 본래는 두루마리 책이었지만 절단된 상태로 40쪽에 걸쳐서 『무비지』에 수록되어 있다. 그 중 18쪽이 양자강 하류와 중국 연안, 14쪽이 동남 아시아 해역과 믈라카 해협, 8쪽이 인도양 해역으로 3등분되어 있다. 중국 연안에서 동남아시아의 관한 해도는 중국 고유의 회화적인 양식으로 그려져 있다. 인도양 해역에서는 이슬람의 전체 항법에 대응하는 프톨레마이오스의 세계지도를 바탕으로 한 해도로 바뀐다. 이러한 정황으로 보아, 정화 함대가 인도양에서는 이슬람교도 출신의 안내인을 고용하고 이슬람의 항법, 이슬람의 해도에 의해 항해를 했던 것으로 추측된다. 남송과 원 이후 중국의 정크선은 인도 남서안의 콜람에서 물건을 이슬람의 다우선에 다시 옮기는 것이 일반적이었으며, 이러한 항해의 관행이 계승되었을 것이다. 그렇게 생각하면 이슬람교도 안내인이 사용한 해도가 정화 함대의 해도에 포함된 사실도 수긍이 간다.

함대는 이슬람교도 뱃사람이 사용하는 관측판의 중앙에서 손가락 너비로 많은 매듭이 있는 줄을 늘어뜨린 견성반(牽星盤)으로 특정한 별의 고도를 관측하여 배의 현재 위치를 확인했을 것이다. 견성반은 이슬람 뱃사람이 사용하던 카말[8]을 모방한 기구이다. 해도에 적혀 있는 '손가락(指)'이라는 단위는 이슬람교도 뱃사람이 카말로 관측할 때에 사용

---

8 초보적인 천문항법을 위해 위도를 측정하는 도구였다. 네모난 나무조각과 일정한 간격으로 매듭을 지은 줄으로 이루어지며, 수평선과 북극성 사이의 각도를 측정할 수 있었다.

된 '이사바(issabah 손가락의 너비)'를 차용한 것이었다. '손가락'은 팔을 쭉 뻗은 상태에서 손가락의 폭이 나타내는 각도로 약 1.5도이며 한 손가락의 4분의 1을 '각(角)'이라고 하였다.

해도의 각 항구에는 북진(北辰, 북극성) 또는 화개이성(華蓋二星, 작은 곰자리 β성 및 γ성)과 같은 특정한 별의 고도가 이사바라는 이슬람 식의 단위로 기입되었다. 즉, 실론 섬 이서의 부분에서는 프톨레마이오스의 세계지도를 바탕으로 하는 이슬람 방식의 해도가 사용된 것이다. 해도에는 상부에 인도와 서아시아, 하부에 동아프리카와 아라비아 반도가 있고 양자가 페르시아만의 호르무즈 섬에서 만나는 형식으로 되어 있었다. 상부의 아시아, 하부의 미지의 남방대륙을 그린 프톨레마이오스의 세계지도의 형태와 같은 것이다.

정화 자신은 프톨레마이오스의 세계지도에 대해서는 알 길이 없었을 테지만 그가 사용했던 이슬람교도 뱃사람의 수로지와 해도는 틀림없이 프톨레마이오스의 세계지도를 바탕으로 하고 있었을 것이다. 프톨레마이오스의 세계지도가 몽골제국 하에서 어떤 범위에서 어떤 식으로 사용되었는지는 분명하지 않지만, 정화 함대의 해도는 프톨레마이오스의 세계지도의 틀에서 변형되면서도 어느 정도 중국에 영향을 미쳤음을 나타내준다.

그러나 그 후 명나라는 유라시아 상권에서 이탈하여 해금정책에 의해 다시 내륙으로 후퇴하는 길을 선택했다. 정화는 원정이 끝난 후 명나라는 감합 무역이라는 형식으로 전통적인 조공무역으로 회귀하여 종래의 내륙국가로 회귀한 것이다. 지도도 전통적인 마파로 회귀했다.

제3장

대항해시대를 지탱한 포르톨라노 해도

1. 나침반에 의한 원양 항법과 신해도

지중해로 유입된 아시아문화

십자군시기(1096~1291)의 유럽의 복권은 이탈리아 여러 도시가 지중해의 섬들을 이슬람교도로부터 탈환하고 교역의 주도권을 되찾아 오는 것으로부터 시작되었다. 그 후 몽골제국의 시대가 되자 이탈리아 여러 도시의 교역망이 몽골 상권을 통해 유라시아 각지에 도달하게 되자 이슬람 문명, 중국문명이 지중해로 유입되었다. 새로운 변혁의 에너지가 지중해에 축적되기 시작한 것이다.

9세기 말 이후 이슬람제국에서는 수니파와 시아파의 분쟁이 격화되는 와중에 이집트에서 시아파의 파티마왕조(909~1171)가 성립하면서 분열은 불가피하게 되었다. 그 영향으로 지중해의 섬들에서 이슬람 세력의 후퇴가 진행되었고, 시칠리아 섬, 사르데냐 섬, 코르시카 섬, 마요르카 섬 등을 차례로 기독교도가 탈환하였다. 특히 파티마 왕조가 북아프리카에서 이집트로 진출한 후에 공백지대가 된 상황을 이용하여, 1034년에 알제리의 보나(지금의 안나바), 1087년에 튀니지의 마디아가 제노바와 피사에 의해 점령되면서, 지중해교역의 요충지 시칠리아 해협의 제해권이 결정적으로 이탈리아인의 손안에 들어오게 되었다.

이러한 이유로 이탈리아 여러 도시의 상업이 되살아났는데 처음에는 남이탈리아의 아말피, 토스카나 지방의 피사, 이어서 아드리아 해의 베니스, 리구리아 해의 제노바가 대두하였다. 그리고 여러 도시에 축적된 막대한 부가 르네상스의 재원이 되었다.

1202년, 이노첸시오 3세(재위 1198~1216)에 의해 제4회 십자군(1202~1204)이 조직되었다. 실질적으로는 베니스 상인에게 조종당한 제4회 십자군은 2년 후에 같은 기독교 세계인 콘스탄티노플을 정복하는 믿을 수 없는 사태를 일으켰다. 결과적으로 제4회 십자군의 결과 베니스와 제노바의 동 지중해로의 진출이 가속되었다. 몽골고원에서 징기스칸이 패권을 잡은 것이 1206년이므로 그 2년 전에 해당된다.

베니스상인은 이집트의 알렉산드리아에서 아시아의 바다에서 활약하는 이슬람 상인과 교역을 하고, 제노바 상인은 흑해의 북안에 타나와 카파라는 식민지를 구축하고 '초원의 길'을 경유하여 서아시아의 일칸국, 동아시아의 원나라 간에 육상교역을 행했다. 그 결과 상업이 광역화되고 지중해로 아시아 여러 문명이 유입되기 시작하였다.

이 시기에 지중해에서 일어난 변화를 열거하면 다음과 같다.

(1) 역풍에도 돛에 바람을 받아 지그재그로 항해할 수 있는 항해기술이 이슬람 세계의 다우 범선의 삼각돛의 전파에 의해 가능하게 되었다. 종래의 횡돛과 삼각돛의 결합으로 마스트(돛대)가 1개에서 3개로 바뀌게 된다.

(2) 중국에서 나침반이 전래되고 개량과 실용화가 진행되자 나침반을 사용하는 항해용의 해도(포르톨라노)가 발달하게 되었다. 나침반에 관해서는 초기에 번영한 아말피에서 1302년 플라비오 조이아가 발명했다는 설이 있으며 그 보급에는 아말피가 어느 정도 역할을 했던 것으로 추측된다.

(3) 별의 고도를 측정하는 아스트롤라베(측천의)가 이슬람 세계에서 전래되었다. 15세기 중엽이 되자 독일의 레기오몬타누스에 의해 하나의 막대기에 자유롭게 움직일 수 있는 짧은 막대기를 직각으로 부착한 '야곱의 지팡이'[9]라는 간단한 천측의가 만들어졌다.

(4) 화약이 중국에서 전파되어 총이나 대포가 실용화되기 시작하였다.

(5) 제지법과 활판인쇄술이 전파되어 서적이나 지도가 인쇄되었다.

이러한 여러 변화 속에서 항해의 모습을 가장 크게 바꾼 것이 나침반이었다. 나침반이 보급되자 육지의 경관에 의지하는 연안 항법을 대신하여, 원양 항해가 가능하게 되었다. 14세기에는 나침반이 가리키는 방위에 의존하는 항법이 보급된다.

나침반이 만들어낸 포르톨라노 해도

나침반의 전래가 유럽 바다의 세계에 일으킨 변화는 지대한 것이었

---

9 Jacob's staff. cross-staff. 가로막대와 세로막대를 교차시킨 형태의 고도 측정 도구이다.

다. 나침반(컴퍼스)을 사용한 항법이 육상의 경관에 의지하는 연안항법에서 방위를 중시하는 원양 항법으로 바뀌자 항해의 방법 자체가 극적으로 변화했다. 당연한 일이지만 장거리 항해가 활발해졌다. 지중해에서도 육지에서 떨어진 원양에서 무수한 항로가 탄생하게 되었다. 참고로 컴퍼스(compassus)는 라틴어의 원(com)과 구분(passus)을 결합한 말로, 원을 방위로 분할했다는 의미이다. 사실 나침반은 중국에서 기원하였다. 중국에서는 이미 전국시대(B.C. 403~B.C. 221) 말기에 자석이 지구의 자극을 가리키는 성질을 가지고 있다는 사실이 알려져 그 성질을 사남(司南) 혹은 지남(指南)이라고 불렀다. 정크선이 넓은 해역에 진출하게되는 송대에는 자석을 물고기 모양으로 만든 나무조각에 집어넣고 물을 담은 수반에 띄워서 배의 침로를 측정하는 도구로 사용했다.

이러한 도구가 이슬람 세계를 거쳐 유럽에 들어왔다는 설이 일반적이다. 물론 1302년에 남이탈리아 아말피의 플라비오 조이아가 자침과 방위도를 결합하여 항해에서 나침반의 사용을 가능하게 했다는 설도있다. 그러나 그는 나침반의 개량을 했을 뿐이라는 것이 통설이다. 원래배에 고정되어 있었던 유럽의 나침반을 들고 다닐 수 있게 된 것은 14세기 무렵이다. 나침반은 1560년에 이탈리아의 수학자 지롤라모 카르다노(1501~1576)가 짐발 링(gimbal ring)을 발명하여 배가 흔들려도 수평을유지할 수 있게 되면서 급속하게 보급되었다고 한다. 아말피의 항구에서 시내로 들어오는 문 앞의 작은 광장에는 아직도 아말피의 사람들이나침반의 발명자로 생각하는 플라비오 조이아의 동상이 서있다.

어쨌든 지구의 자극을 가리키는 나침반이 보급됨으로써 배의 방위측정이 매우 용이해지고 항해할 수 있는 거리가 길어졌다. 나침반을 사용하는 항해가 주류가 되는 와중에 나침반의 편리성을 끌어내기 위한 새로운 타입의 해도가 필요하게 된 것은 당연한 일이었다. 그러한 시대의 요청에 부응하면서 등장한 포르톨라노 해도는 나침반이 사용됨으로써 모습을 드러낸 해상의 도로를 검색하기 위한 견본지도라고 할 수 있다.

포르톨라노는 항해에 직접 도움이 되도록 양가죽이나 송아지가죽에 잉크로 항구나 해안선을 사실적으로 그렸으며 복수의 나침반을 해도의 바다 부분에 배치하였다. 해도상에 배치된 복수의 나침반에서는 방위를 가리키는 32개의 항정선(loxodrome)이 뻗어 나오는데, 배는 포르톨라노 상의 항정선을 따라 항해하면 되었다.

해도상에 그려진 나침반은 컴퍼스 로즈라고 불렀다. 그 이름은 초기의 포르톨라노에서 나침반이 장미처럼 장식적으로 그려진 것에 유래한다. 컴퍼스 로즈에 대해서는 의인화한 바람에 의해 방위를 가리키던 고대의 '윈드 로즈(풍배도)'가 변형된 것이라는 설도 있다. 고대 그리스에서는 각각의 방위에 다른 바람의 신을 배치하였고 윈드 로즈를 사용하여 12개의 방위를 표시하였다. 그러나 컴퍼스 로즈에 대해서는 이미 32방위의 나침반을 항해에 사용한 이슬람 문명의 영향을 받았다고 보는 설도 있다.

포르톨라노는 항해의 현장에서 완성된 실무적인 해도였다. 그래서 연안 항해용 해도를 만들 때 사용된 발상이 그대로 포르톨라노에도 계승된 것이다. 단지 포르톨라노의 가장 큰 단점은 지구가 구체임에도 불구하고 바다를 평평한 것으로 간주하였다는 점이다. 그래서 포르톨라노를 사용한 항해에서는 배가 곡면을 항해하는 상황에 대응하지 못해 넓은 대양에서는 큰 오차가 발생하게 되었다. 물론 지중해처럼 비교적 좁은 해역에서는 거의 아무런 지장이 없었다.

포르톨라노는 그때까지 축적된 연안 항해용의 해도의 해안선을 바탕으로 만들어졌다. 포르톨라노의 작성을 계기로 종래의 해도를 결합하는 작업이 진행되어 해도는 한층 광역화되기 시작하였다. 원래 잊어버리지 않기 위해서 간단하게 기록할 목적으로 사용된 해도였지만 그것이 집적되어 보다 거시적 시점의 해도로 크게 변모하게 된 것이다. 이윽고 나침반(컴퍼스 로즈)이 지도 위에 여러 개가 그려짐으로써 해도는 한층 편리하게 되었다. 포르톨라노는 해안선, 항정선, 얕은 바다와 암초의 위치, 항만의 상태, 항구와 항구 사이의 방향과 거리 이외에도 해안선과 수직으로 많은 지명을 적어넣어 해도를 돌려 봄으로써 목적하는 항구로 뻗은 항정선을 따라갈 수 있었다.

포르톨라노는 송아지나 양의 가죽에 잉크로 그렸고 둘둘 말아서 가지고 다니는 일이 많았다. 그래서 잉크가 지워지거나, 끝이 닳아 없어지는 등 마모가 심했다. 그러한 이유 때문에 해운이 활발해짐에 따라 포르톨라노의 수요가 늘어나 해도를 전문적으로 제작하는 장인이 활약하게 된 것이다.

표준적인 포르톨라노를 추구하다.

셰익스피어(1564~1616)의 『베니스의 상인』 중에는 사채업자인 샤일록이 부호이자 배를 가지고 있던 안토니오의 재산이 불안정하다는 점을 "배는 나무판때기다. 선원은 사람에 불과하다. 육지에 쥐가 있으면 바다에도 쥐가 있다. 육지에 도적이 있으면 바다에도 도적이 있다. 즉 해적이다. 게다가 물이나 바람이나 바위라는 위험도 있다"고 야유하는 장면이 있다. 확실히 원격무역을 행하는 상인은 재산의 대부분을 배에 실어 나르기 때문에 그 재산에는 항상 리스크가 존재했다. 그렇기 때문에 상인은 안전한 항해를 보증해주는 뛰어난 해도의 구입에 돈을 아끼지 않았다. 잘 제작된 포르톨라노는 수요가 매우 많았다. 13세기에는 해도의 작성, 판매를 전문으로 하는 해도 제작자가 등장한다.

포르톨라노는 휴대에 편리하도록 튼튼한 양피지를 이용하여 수작업으로 작성되었으므로, 인쇄지도에 간단히 자리를 내주지는 않았다. 양질의 포르톨라노를 베끼고 이를 유통하면서 곧 표준적인 포르톨라노가 완성된다.

포르톨라노의 영향으로 학자가 원래 책상에서 만든 세계지도와는 전혀 그 기원이 다른 세계지도가 등장하게 되었다. 프톨레마이오스의 세계지도와 같은 지적 탐구심이 탄생시킨 세계지도가, 항해의 현장에서 도움이 되는 실천정보가 풍부한 세계지도로 모습을 바꾼 것이다. 천문학의 영향이 강한 부감적 세계지도 작성의 발상이 바다라는 생활현장에서의 세계지도 작성으로 180도 바뀌었다.

포르톨라노가 어느 무렵부터 작성되기 시작하였는지는 분명하지 않지만 현존하는 가장 오래된 포르톨라노는 1300년경에 제노바에서 만들어진 「피사 지도」라고 한다. 그러나 「피사 지도」는 상당히 완성도가 높은 지도여서 그 전신이 된 포르톨라노가 존재하였을 것으로 추측된다.

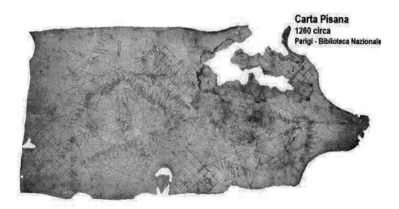

【그림 13】 1300년경 제노바에서 만들어진 현존하는 최고의 포르톨라노 「피사 지도」

포르톨라노의 기원이 분명하지 않은 이유는 포르톨라노가 닳기 쉬웠던 탓도 있겠지만, 당시 선원이나 상인들이 수로지나 해도를 귀중한 재산의 하나로 깊이 감추어 두는 경향이 강했기 때문일 것이다. 거꾸로 말하면 그런 만큼 장인이 노력을 기울여 항해정보를 수집하여 표준적 포르톨라노에 집약한 것이다.

이탈리아의 여러 도시의 상인은 지중해, 흑해의 주요한 도시에 상관(商館)을 짓고 상선으로 상관들을 잇는 조직적인 상업활동을 행하였다. 각지의 상관을 네트워크로 연결하는 교역 속에 포트톨라노도 포섭되기 시작하였다. 상인의 왕래가 활발해지면서 주요항로가 고정되자 포르톨라노는 개인의 재산에서 도시의 상인의 공유재산으로 변화하여 보급이 진행되었다. 이윽고 지중해에서 대서양으로 항로가 확대되자 포르톨라노는 이탈리아 여러 도시뿐만 아니라 바르셀로나, 마요르카 섬의 팔마 등에서도 활발하게 작성된다. 포르톨라노는 그 성격부터 본래는 소박하고 실용적이었지만 곧 화려하고 채색된 장식용의 포르톨라노도 유통된다.

왕후귀족의 재산이 된 포르톨라노

포르톨라노 도법의 특색은 위도와 경도를 대신하여 컴퍼스 로즈와 거기서 뻗는 항정선 중 16개의 선의 중심점에서 등거리인 지점에 새로 컴퍼스 로즈를 두고 거기서 다시 32개의 항정선을 그리는 수법으로 해도의 광역화를 실현했다. 한 장의 해도 위에는 17개까지 컴퍼스 로즈를 그리는 것이 가능했다고 한다. 즉, 해도 위에서 복잡하게 교차하는 항정선 중 어느 하나만 택하면 항구에 도착할 수 있게끔 제작된 것이다.

중세 유럽에서는 앞서 언급한 종교적인 마파 문디가 특히 장식적 지도로서 시장에서 활발하게 거래되었다. 그러나 르네상스시기가 되자 그 역할을 프르톨라노가 떠맡게 된다. 호화롭게 제작된 포르톨라노가 왕후귀족의 부의 상징이 된 것이다. 흥미의 대상이 종교적 세계에서 바다의 저편으로 이어지는 세속적 세계의 광활함으로 바뀌었다. 이를 통하여 유럽인을 중심으로 하는 세계관이 형성되고 경제활동의 광역화로 세계의 바다가 시야로 들어오게 되었다. 포르톨라노는 종교나 천문학에 기초한 세계지도를 생활의 연장선상에 있는 세계지도로 변화시킨 것이다. 나침반이 사용되었던 관계로 포르톨라노의 중심 방위는 항상 자침이 가리키는 북쪽이었으므로, 중심방위를 동쪽으로 하는 마파 문디와는 전혀 다른 지도가 되었다. 새로운 지도의 유행은 세계관의 전환과 직결되었다.

화려한 장식으로 꾸민 미술작품 같은 포르톨라노는 마요르카 섬, 바르셀로나 등지에서 만들어져 카탈로니아파의 포르톨라노라고 불렸다. 카탈로니아파의 포르톨라노는 지중해, 흑해뿐만 아니라 아프리카, 스페인, 프랑스, 영국의 해안선도 그렸으며, 유대인이나 이슬람교도 뱃사람, 상인이 가져다준 아시아나 아프리카의 정보도 부가되어 세계지도로서의 모양새를 갖춘 것도 나타났다.

마요르카 섬 팔마의 유태인, 아브라함 크레스케스(1325~1387)는 탁월한 기술을 가진 해도 장인으로서 해도와 나침반의 거장이라는 명성을 얻었으며, 아라곤 왕의 전속 해도 장인이 되었다.

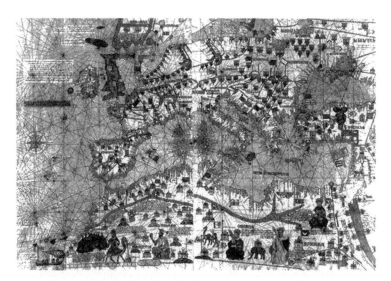

【그림 14】 14세기 팔마의 유대인 아브라함 크레스케스가 그린 '카탈로니아 지도'(파리 국립도서관 소장)

그는 1375년경에 아라곤의 황태자로부터 프랑스 황태자 시대의 샤를 6세(재위 1380~1422)에게 보내는 선물로 지도를 제작해 달라는 요청을 받았다. 크레스케스는 주문에 응하여 8장으로 이루어진 화려하게 채색된 세계지도를 완성시켰다. 이 세계지도는 제1지도와 제2지도가 카나리아 제도에서 코르시카 섬, 제3지도와 제4지도가 이탈리아에서 흑해, 제5지도와 제6지도가 카스피 해에서 인도, 제7지도와 제8지도가 인도보다 동쪽이 그려진 장대한 규모의 지도였다. 현재 파리의 국립도서관에는 크레스케스가 그린 이 포르톨라노가 소장되어 있다. 항해용이 아니라서 포르톨라노에 항정선은 그려져 있지만 컴퍼스 로즈는 그려져 있지 않다. 카탈로니아 지도라는 불리는 세계지도의 중심 부분에는 지중해, 흑해뿐만 아니라 북아프리카, 스페인, 프랑스, 영국 등의 대서양 연안까지 그린 포르톨라노였다. 그러나 카탈로니아 지도는 상상 속의 인물, 문장, 경치, 동식물, 캐러반 등이 그려져 장식적인 백과사전으로서의 성격이 강하며 그리스 로마 신화, 성서의 이야기, 여행객의 이야기 등도 적혀있다.

이야기가 조금 달라지지만 카탈로니아 지도에는 마르코 폴로 (1254~1324)가 가져온 새로운 정보를 바탕으로 하여 중국 동방의 바다에 많은 섬을 그렸다. 또 원나라의 수도인 대도가 기호로 표시되었고 거기에는 쿠빌라이 칸의 그림도 그려져 있다. 볼가강 유역에는 킵차크 칸국이 그려져 있으며 그 동쪽에는 짐을 실은 낙타, 말의 모습으로 실크 로드를 나타내었다. 카탈로니아 지도는 지도상에 그려진 도시를 따라서 마르코 폴로의 여정이 드러나도록 만들어져 있다. 카탈로니아 지도는 마르코 폴로의 정보를 적극적으로 담은 현존 최고(最古)의 지도로 알려져 있다.

2. 인쇄술이 부활시킨 프톨레마이오스의 세계지도

세계지도의 붐

르네상스시기에는 인문주의가 대두되면서 현실적인 인간의 생활과 고전문화에 대한 관심이 많아졌다. 이 시기가 되자 부감적인 세계지도를 그린 프톨레마이오스의 『지리학』과 세계지도가 유럽에서도 다시 주목받기 시작한다. 이탈리아상인의 교역권 확대에 따라 중세의 마파문디가 세계의 실상과 터무니없이 동떨어진 사실이 명백해지면서, 중세를 통해 잊혔던 프톨레마이오스의 『지리학』이 아랍어와 그리스어에서 다시 라틴어로 번역되어 부활한 것이다.

12세기에는 이미 아랍어로 번역된 프톨레마이오스의 저작이 라틴어로 다시 번역되었다. 이슬람 상권의 일각을 차지하여 막대한 이익을 얻게 된 이탈리아 상인이 유라시아 세계에 대해 강한 관심을 가지게 된 것이 그 배경이었다.

그 후 13세기가 되자 터키인의 침입을 피하기 위해 비잔틴 제국의 학자와 문인들이 대거 이탈리아로 이주하면서, 많은 그리스어 문헌이 이탈리아 여러 도시로 반입되었다. 고대 그리스의 천문학과 지리학이 이탈리아 반도에서 되살아나는 조건이 마련된 것이다.

　1406년 교황청의 전속작가였던 야곱 안젤로 다 스카페리아(1360년경 ~1410년경)가 『우주지(宇宙誌)』라는 이름으로 프톨레마이오스의 『지리학』을 그리스어에서 라틴어로 번역하였다. 라틴어로 번역된 『우주지』는 아름답게 디자인되었으며, 중세의 마파 문디를 대신할 새로운 세계관을 제시하는 책으로서 왕후귀족, 학자, 수집가 사이에서 호평을 받았다. 참고로 프톨레마이오스의 『지리학』의 부활은 고대의 지구 구체설의 부활이기도 했다.

　15세기 후반이 되자 아시아에서 전파된 활판인쇄술이 요하네스 구텐베르그(1400년경~1468)에 의해 개량되어 출판업이 하나의 산업으로 바뀌었다. 그러한 풍조를 바탕으로 15세기 후반에는 7종류의 프톨레마이오스의 『지리학』이 인쇄되었으며, 16세기에는 32종류 이상의 『지리학』이 출판되었다고 한다. 프톨레마이오스의 『지리학』 붐이 일어난 것이다.

　1477년(1462년이라는 표기가 있지만 잘못된 것으로 보인다)에 이탈리아의 볼로냐에서 출판된 『지리학』부터는 우리들에게도 익숙한 「세계지도」의 동판인쇄물이 부록 지도로 첨부된다. 곧 『지리학』의 부록지도인 프톨레마이오스의 「세계지도」는 그 자체로서 『지리학』보다도 유명해지게 되었다. 프톨레마이오스의 「세계지도」는 1570년에 오르텔리우스의 지도첩이 출판되기까지 세계지도의 기준이 되었으며, 새로운 지리적 발견을 반영하는 개정이 거듭되면서 계속 발행되었다. 앞서 언급한 포르톨라노가 새로운 항로정보가 더해짐에 따라 점점 옛 허물을 벗고 계속적인 자기변혁을 이룩한 것에 비해, 프톨레마이오스의 세계지도는 완결된 부감적 세계지도로서 부분적인 수정이 반복되면서 끈질기게 살아남은 것이다.

문인의 상식이 된 지구 구체설

프톨레마이오스의 세계지도가 붐이 되는 와중에 배후에서는 숨겨져 있던 변혁적인 세계관이 부활했다. 그것은 바로 지구 구체설이다. 고대의 지구 구체설이 큰 주목을 받았고 연구와 정보의 교환을 통해 인문학자 사이의 연결고리가 탄생하였다. 르네상스 후기가 되자 유럽 경제의 중심지 피렌체, 뉘른베르그, 리스본 등을 잇는 연구자의 정보교환 네트워크가 형성되었다.

프톨레마이오스의 『지리학』에 적힌 세계상은 지식인의 공통인식이 되고 지구를 구체로 생각하는 것이 상식으로 바뀌었다. 지구 구체설이 상식이 되자 유럽의 서쪽 해역은 별로 광대하지 않고 카나리아 제도에서 서쪽으로 항해하면 동쪽으로 가는 것보다 빨리 중국으로 갈 수 있다는 생각도 나왔다. 몽골제국이 아시아를 제패했던 14세기에는 프톨레마이오스의 세계지도가 애매하게 묘사했던 동방의 해역에 관한 새로운 정보가 모이면서, 중국의 연안부가 돌출된 그 만큼 세계의 바다의 면적도 더 좁은 것이 아닐까 상상하게 되었다. 예를 들어 마르코 폴로의 『동방견문록』은 "중국해의 바깥에 위치한 황금의 섬 지팡구는 중국에서 1,500마일(약 2,414km) 떨어진 바다 위에 있다"고 하였으므로, 그때까지 상정되었던 대양의 넓이보다 더 좁을 것으로 생각한 것이다. 중국에서 지팡구에 이르는 거리가 늘어나면 늘어날수록 유럽과 지팡구의 거리는 축소되는 상관관계를 가지고 있었던 것이다.

학자 사이에서는 지구의 둘레나 대륙과 바다의 비율을 둘러싼 논의가 활발해져, 고대의 에라토스테네스가 행한 지구의 둘레 계산이 틀렸으며 실제로는 더 짧다는 생각이 시대의 풍조가 되었다. 동쪽의 해역에 마르코 폴로 등의 정보를 바탕으로 한 해역이 추가됨으로써 그만큼 서쪽의 해역이 좁아져 서쪽으로 항해하면 비교적 간단하게 아시아로 갈 수 있는 것이라는 낙관적인 생각이 퍼졌다.

콜럼버스에게 영향을 준 것으로 알려진 파올로 토스카넬리(1397~1482)는 유럽 최대의 금융업자 메디치가의 본거지이자 지도제작의 중심지 중 하나인 피렌체의 저명한 의사, 수학자, 천문학자였다. 그는 1474년에 포르투갈의 왕 아폰소 5세(재위 1438~1481)에게 서한을 보내 "동봉한 해도를 사용하여 항해하면 카나리아 제도에서 서쪽으로 5,500km를 가면 지팡구에 도달하고, 9,200km를 가면 킨사이(항주)에 도착할 수 있다"고 전했다. 토스카넬리는 당시 포르투갈에 있었던 콜럼버스의 도움 요청에 응하여 카나리아 제도의 서쪽에 펼쳐진 대양을 기록한 해도를 보냈다. 남독일의 교역도시 뉘른베르그의 부유한 상인 마르틴 베하임(1459~1507)은 리스본 체재 중에 얻은 해도의 지식을 살려 직경 50cm의 금속 구체에 화가에게 부탁하여 작성한 배 모양의 세계지도를 가늘게 잘라 붙여 세계에서 최초로 지구의를 만들었다. 마르틴 베하인의 지구의는 지구는 둥글다는 이미지를 구체적으로 가시화한 것으로 주목받았다.

3. 유럽을 각성시킨 아시아의 새로운 정보

프레스터 존의 전설

11세기부터 14세기까지는 중앙아시아의 기마유목민, 터키인, 몽골인이 활약하던 시대였다. 유라시아의 내륙부를 중심으로 기마유목민에 의하여 동서의 여러 지역이 연결되었다.

이 시대의 유럽에 전해진 대표적인 아시아의 새로운 정보라고 한다면, 무엇보다도 십자군 시대의 프레스터 존(성요한)의 전설과 마르코 폴로가 전한 지팡구 전설이었다. 이들 2개의 정보는 프톨레마이오스의 세계지도가 애매하게 그렸던 아시아의 중부, 동부에 관한 새로운 정보이자 유목민이 유라시아를 뒤흔든 시대의 숨결을 반영하는 것이기도 하였다.

11세기 말부터 약 200년간 이어진 십자군(1096~1291)은 강력한 이슬람 세력의 존재를 재인식시켰고, 또한 그 동쪽에 있는 아시아에 대한 관심도 높았다. 그리고 십자군의 싸움이 정체되었던 1145년 로마교황을 방문한 시리아의 안티오키아의 사제 휴가 온 유럽을 놀라게 할 만한 정보를 가져왔다. 그 정보란 이슬람제국의 너머에 프레스터 존(성요한)이라는 왕이 지배하는 대기독교국이 있다는 것이었다.

휴는 "동방에 존이라는 기독교도의 왕이 지배하는 대국이 있어 그휘하의 강력한 군대는 불과 3일의 전투로 (이란 고원 서부의) 메디아와 페르시아의 군을 물리치고 그 수도를 정복했다. 그 후 예루살렘을 구원하기 위해 존왕은 대군을 이끌고 북으로 향했지만 티그리스강을 건너지못해 동쪽으로 회군했다"고 전했다.

1165년이 되자 비잔틴 황제에게 프레스터 존이 직접 썼다고 하는편지까지 전달되었다. 편지는 가짜였지만 십자군의 전과가 신통치 못했던 시기였던 만큼 프레스터 존에 대한 환상은 소망과 기대에 힘입어제멋대로 퍼져나가기 시작했다. 그 가짜 편지에는 "동방의 세 박사의후예인 존왕은 72개의 왕국으로 하여금 조공을 바치게 하였고, 영토는인도 3국에 걸쳐있을 뿐만 아니라 바빌론의 사막을 넘어 바벨탑까지 도달하였으므로, 그 영토를 돌아다니려면 4개월이나 걸린다. 전쟁 때에는황금의 13개의 십자가 뒤에 각각 1만 명의 기병과 10만 명의 병사가 뒤를 잇는다"라고 적혀 있었다.

이 편지의 사본은 빠르게 교황 알렉산데르 3세(재위 1159~1181)와 신성 로마 황제 바르바롯사(프리드리히 1세, 재위 1152~1190)에게 보내졌다. 편지의 내용은 온 유럽에 전해져 100종류 이상의 라틴어 사본이 만들어졌고, 유럽 곳곳에 프레스터 존 전설이 유포되었다.

그 후 몽골제국이 대두되자 몽골제국이야말로 프레스터 존의 나라가 틀림없다는 생각이 유럽에 퍼져, 교황 이노첸시오 4세(재위 1243~1254)나 프랑스의 왕 루이 9세(재위 1226~1270)는 수도사를 파견하여 정보를 수집하고자 하였다. 그러나 최종적으로 마르코 폴로가 『동방견문록』에서 몽골제국을 프레스터 존의 나라와 동일시하는 견해를 부정함으로써 전설은 끝을 맺는 것 같았다.

그러나 14세기가 되자 아프리카의 내륙부에 프레스터 존의 나라가 있다는 전설이 순식간에 퍼졌다. 그 전설에 관심을 가지고 해로로 그 나라를 찾아서 어떻게든 연계하여 모로코의 이슬람 세력과 싸우려고 한 것이 포르투갈의 엔리케 항해왕자(1394~1460)이었다.

프레스터 존의 전설은 후술할 1488년의 바르톨로메우 디아스(1450년경~1500)의 희망봉 발견의 원동력이 되기도 했다. 디아스는 항해사인 아폰소 디 아베이루가 포르투갈로 데려온 아프리카의 페나인의 사절이 전한 말을 믿었다. 그는 내륙부에 약 300레바(약 1,700km)의 거리를 두고 오네가라는 나라가 있어 십자가가 그려진 하사품을 페나인으로 가져왔다는 애매한 정보를 바탕으로 바닷길로 프레스터 존의 나라를 찾아 나섰다. 그러나 디아스의 배는 폭풍을 만나 표류하였고, 우연히도 아프리카 남단의 희망봉을 발견했다.

마르코 폴로가 전한 중국해와 지팡구

마르코 폴로가 전한 아시아의 정보, 중국의 정보도 미지의 동아시아에 대한 관심을 높였다. '허풍쟁이 마르코'라고 불릴 정도로 그 이야기에는 과장이 있다고 간주되는 마르코이지만, 그가 가져다 준 정보로 인해 인도양, 남중국해의 끝에 있는 중국과 그 주변의 구체적인 이미지가 유럽에 신선한 충격을 준 것은 확실했다. 『동방견문록』의 사본은 138종이나 남아 있으며 1500년까지 라틴어를 비롯하여 이탈리아어, 독일어, 스페인어로 번역되었다. 『동방견문록』을 직접 읽은 사람은 매우 제한적이었지만 정보 그 자체는 입을 타고 소문으로 넓게 퍼졌나갔던 것이다.

마르코 폴로는 아시아의 바다 사정에도 정통해 있었다. 쿠빌라이 칸(재위 1260~1294) 밑에서 17년간 관리로서 일한 마르코는 1290년에 일 칸국의 왕 아르군 칸의 아내가 된 17세의 코코진 공주를 호송하기 위해 배 14척과 수백 명의 선원으로 이루어진 대선단에 들어가 귀국한다. 그 선단은 원나라 최대의 항구 천주에서 출항하여 베트남 남부의 참파, 믈라카 해협, 안다만 제도, 실론 섬, 인도 서안의 마라발 지방, 인도 북안부의 구자라트 지방을 거쳐 2년 반의 항해 끝에 페르시아 만 입구의 호르무즈 항구에 도착하였다고 한다. 마르코는 그 후 1295년에 베니스로 돌아간다.

마르코 폴로는 "중국해나 지팡구 제도는 애초에 우리들의 귀로와 동떨어진 아주 먼 곳이며, 게다가 나 자신도 아직 직접 가본 적이 없다"라는 말로 얻어들은 정보인 것을 전제하면서, 중국 동방의 대해, 중국해에 대해서 대략 다음과 같이 기록했다.

> 만지(원래 남송이 지배했던 지역)의 끝에 진해(진은 진나라에서 따온 말이며 중국해라는 뜻)라고 불리는 인도양만한 큰 바다가 있고, 거기에는 7,448개의 섬이 있으며 그 중 가장 큰 섬이 지팡구 섬이다. 섬

에는 향목, 흑후추, 백후추가 풍부하며 황금을 비롯해서 여러 가지 귀중한 재화도 풍부하다. 자이툰(천주)이나 킨사이(항주)의 상선을 타고 섬으로 항해하는 자는 막대한 이익을 취하지만 갈 때에 겨울 바람, 돌아올 때는 여름 바람을 이용해야 하므로 1년의 항해기간이 필요하다.

『동방견문록』의 다른 부분에서는 쿠빌라이가 황금의 섬 지팡구에서 황금을 획득하기 위해 군선을 파견하였다는 기록도 있으며 "지팡구는 대륙의 동쪽으로 1,500마일(약 2,414km) 떨어진 대양 위의 매우 거대한 섬으로 독립국을 이룬다"고 기록하였다.

마르코 폴로가 『동방견문록』에서 언급한 '동쪽으로 1,500마일 떨어진 대양 위의 황금의 섬 지팡구'의 이야기는 콜럼버스를 시작으로 당시의 많은 뱃사람들이 많은 관심을 가졌다. 지팡구 전설은 새로운 아시아 정보의 상징적 존재가 된 것이다.

마르코 폴로는 『동방견문록』에서 "이 나라에서는 가는 곳마다 황금이 발견되므로 사람들은 누구나 막대한 황금을 소유하고 있다. 이 나라에는 대륙에서 아무도 간 적이 없다. 상인들조차 방문하지 않아 풍부한 황금이 이때까지 한 번도 국외로 빠져나간 적이 없다. 위와 같은 막대한 황금이 지금 그 나라에 있는 것은 바로 이 때문이다"라고 하였다.

【그림 15】 15세기 베니스의 프라 마우로에 의한 세계지도(베니스의 국립 산 마르코 도서관 소장). 우상단이 아프리카 우하단이 유럽.

　계속해서 이 섬나라의 국왕이 가지고 있는 한 궁전의 모습을 살펴보자. "이 국왕의 가장 큰 궁전은 그야말로 순금으로만 이루어져 있다. 우리들 유럽인이 가정이나 교회의 지붕을 함석판으로 덮듯이 이 궁전의 지붕은 전부 순금으로 이루어져 있다. 따라서 그 가치는 도저히 따질 수 없다. 궁전 안에 있는 수많은 방의 바닥에도 전부 손가락 두 개 두께의 순금이 깔려있다. 그 밖에도 회의실이며 창문이며 모든 것이 황금으로 이루어져 있다. 따라서 이 궁전의 가늠할 수 없는 호화로움을 누군가가 정확하게 평가해서 보고해도 아무도 믿지 않을 것이다"라고 기록하고 있다.

14세기 전반 피렌체의 발디 상회에서 중요한 지위에 있었으며 동지중해 교역의 거점인 키프로스 섬에도 여러 차례 체재한 적이 있는 페골로티가 쓴 『상업지남』의 처음 8장(전체는 94장)은 중국과의 무역에 대하여 기술한 것이다. 이 책에서는 흑해로 들어가는 입구인 콘스탄티노플의 이탈리아인 거류지 페라, 흑해의 크림반도에 조성된 제노바의 식민지 카파, 타나를 거쳐 7~8개월 정도 걸려 중국에 갈 수 있다고 기록되어 있다. 그리고 원나라의 수도 칸발릭(대도, 현재의 북경)에 가기 위한 순서, 경비, 운반 가능한 짐의 양, 상품의 종류, 원나라에서 사용할 수 있는 화폐 등에 대해서도 구체적으로 서술했다. 이러한 이유 때문이라도 중국의 동쪽 해상에 위치한 지팡구 섬의 황금전설은 현실감을 더욱 확보하게 되었던 것으로 추측할 수 있다.

새로운 아시아 정보를 받아들인 프라 마우로의 세계도

마르코 폴로의 지팡구 정보 등을 적극적으로 도입한, 당시로서는 최신의 세계지도가 1459년경에 베니스의 저명한 지도제작자 프라 마우로(Fra Mauro)에 의해 제작되었다. 이 세계지도는 뒤에서 언급할 엔리케 항해 왕자의 사업을 지원하는 포르투갈 왕 아폰소 5세(1432~1481)를 위해 만들어진 것이라고 한다. 포르투갈에 의한 아프리카 서안의 탐험사업은 프톨레마이오스의 세계지도의 틀 밖의 해상의 도로를 개척하기 위한 작업이었으며, 황금의 산출지인 기니아에 도달한 후 의지할 만한 새로운 세계지도가 필요했다.

프라 마우로의 세계지도는 프톨레마이오스가 그리지 못했던 제1의 세계와 제2의 세계의 접점에 위치한 아프리카 남단부를 대서양과 인도양을 가르는 곳이라고 처음으로 묘사했다. 시대를 앞선 세계지도였다. 후술할 바르톨로메우 디아스가 희망봉을 발견하기 30년 전 일이다. 프라 마우로의 세계지도는 포르투갈의 젊은 국왕에게 아프리카의 남단을 우회하여 아시아로 항해할 수 있다는 사실을 시사한 놀랄 만한 내용을 담고 있었던 것이다.

베니스의 국립 산 마르코 도서관에 소장되어 있는 프라 마우로의 세계지도는 풍부한 동서교역의 성과가 반영되어 있으며 이드리시의 세계지도의 영향을 받은 세계지도인 것으로 보인다. 이 세계지도는 이슬람 상인의 정보, 남중국해, 인도양을 항해한 마르코 폴로의 정보뿐만 아니라, 1419년에서 1444년에 걸쳐서 인도 연안을 항해하여 미얀마, 자바, 중국 남부까지 갔던 니콜로 드 콘티(1395년경~1469)의 정보가 활용되었다. 지도는 언뜻 보기에 중세의 마파 문디를 닮은 것 같은 인상을 주지만, 잘 보면 내용은 전혀 다르며 한 시대를 앞선 진화한 원형지도이다. 직경 2m에 달하는 거대한 프라 마우로의 세계지도는 프톨레마이오스의 세계지도의 육지의 배치를 밑바탕으로 하고 있지만 이슬람의 도법에 의거하여 남쪽을 위로 하고 지도의 상부에는 독립된 대륙으로 여겼던 아프리카의 남단부의 곶, 모잠비크 해협, 마다가스카르 섬 등이 그려져 있다. 지중해는 대폭 축소되었고 인도양은 실제에 가까운 대양으로 그려졌으며, 동쪽의 대해(태평양)와 접해 있다. 아프리카 대륙의 남단부에 가까운 해역에는, 이슬람 상인과의 접촉이 있었던 베니스의 선원으로부터의 정보를 근거로 한 듯이 보이는데, 돛을 접은 중국의 정크선으로 추정되는 외양선이 그려져 있다. 또한 인도양에는 지중해와 마찬가지로 많은 교역선이 그려져 있다. 즉, 아프리카의 남단을 우회하면 인도, 중국과 교역할 수 있다는 사실을 암시한 것이다. 또한 아비시니아(지금의 에티오피아) 부분에는 프레스터 존이라고 적혀 있다.

중국 부분에는 몽골 제국의 수도 칸발릭(대도), 상두(상도, 上都), 대교역항 자이툰(천주)이 그려져 있다.

4. 포르톨라노 해도로 대서양에 도전한 포르투갈

엔리케 항해 왕자의 조직적 해도 제작

1420년대부터 1620년대까지 200년간에 걸친 대항해시대는 해도와 항해가 세계를 대규모 변혁으로 이끈 획기적 시대였다. 단기간에 프톨레마이오스의 세계지도의 세계상이 대폭 개선된 것이다. 그러나 엔리케 항해 왕자의 사업은 세계지도를 염두에 두고 추진된 것은 아니었다.

전설의 프레스터 존의 나라를 찾기 위하여 아프리카 서안을 남하한 엔리케 항해왕자의 탐험사업은 포르투갈의 지리적 특성을 고려하여, 지중해의 항로에 그대로 연결되는 해상의 도로를 만들기 위한 것이었다. 연안에서 가까운 바다를 남하하면서 발견한 해상의 도로가 그대로 포르톨라노에 옮겨졌다. 탐험사업의 진전과 맞물려 아프리카 서안의 해도가 차례차례 제작된 것이며, 부감적 시점을 추구한 것은 아니었다.

대항해시대에는 숙련된 뱃사람, 뛰어난 해도 제작자와 같은 해상의 도로 만들기의 프로들이 탄생하였고, 국왕, 귀족, 상인은 그러한 프로를 고용함으로써 탐험사업을 조직했다. 뱃사람이나 해도 제작자는 용병처럼 각지의 지배자 밑에서 일하면서 바다의 세계가 확장되는 것을 도왔다.

대항해시대의 선봉이 된 것은 대서양을 마주한 인구가 약 100만 명의 소국 포르투갈이었다. 포르투갈이 적극적으로 아프리카 서안에 진출한 계기는 만성적 식량부족이었다. 포르투갈은 1414년에 나라의 총력을 기울여 지브롤터 해협의 맞은편 모로코의 도시 세우타 정벌에 나섰다. 세우타는 사하라 사막을 종단하는 교역로의 종점에 위치하여 서수단에서 산출되는 풍부한 황금이 모이는 도시로 알려져 있었다. 그러나 원정은 실패로 끝났다. 이슬람 세력이 강력하여 지브롤터 해협을 통한 모로코 진출이 불가능한 것을 알게 되자 포르투갈은 연안을 남하하여 서 수단으로 진출할 수밖에 없었다.

포르투갈 왕 주앙 1세(재위 1385~1433)의 세 번째 아들 엔리케 항해왕자(1394~1460)는 서 수단과의 황금 교역, 아프리카 내륙부의 대기독교국가 프레스터 존의 나라와의 제휴를 꾀하여, 1416년에 포르투갈 남서단의 사그레스 곶에 거점이 되는 '왕자의 마을'을 건설했다. 엔리케는 거기서 항해술이나 해도 제작의 기술을 가르치는 학교, 조선소, 천문관측소 등을 만들어 조직적인 탐험사업에 착수했다. 엔리케 항해왕자는 해도 장인을 고용하여 새로운 해도를 만들면서 아프리카 서안에 해상의 도로를 개척하고자 한 것이다. 참고로 엔리케의 두 살 연상인 형 베드로가 1428년에 피렌체에 체재하면서, 인문주의자나 지도의 제작자와 교류하여 해도 등의 항해자료를 수집하였다는 이야기도 있다. 당연히 프톨레마이오스의 세계지도도 수집의 대상이 되어 엔리케에도 세계지도의 정보가 전해졌을 것으로 생각된다. 그러나 엔리케의 사업은 프톨레마이오스가 그린 세계 바깥이 주요 무대였다.

실리를 추구한 엔리케의 탐험사업은 순조롭게 진행되었다. 1418년 마데이라 제도의 폴트 산트 섬이 발견되었고, 다음해부터 섬에 대한 식민이 시작되었다. 엔리케는 아프리카로 향한 중계거점으로서 마데이라 제도의 남쪽에 위치한 카나리아 제도를 중시하여 1420년대부터 40년대에 걸쳐서 수 차례 공격을 행했지만 실패로 끝났다. 참고로 리스본부터는 카나리아 해류를 이용하면 마데이라 제도나 카나리아 제도로 항해하는 일은 비교적 용이했다. 엔리케 항해 왕자의 탐험사업은 해도를 제작해 가면서 아프리카 서안의 곳에서 곳으로 신중하게 진행되었다.

1434년에 세계의 끝으로 여겼던 보자도르 곳(불귀의 곳)이 엔리케의 충실한 추종자 에아네스에 의해 돌파되었으며 1443년에는 사막의 모래가 하얗게 반짝여서 명명된 블랑코 곳(하얀 곳), 1444년에 사하라 사막이 끝나고 상록수가 번창한 베르데 곳(녹색 곳)까지 탐험이 진행되었다. 1460년, 엔리케 항해 황자는 뜻을 이루지 못하고 사그레스에서 죽음을 맞이했지만 그때까지 개척된 항정은 아프리카 대륙이 대서양으로 튀어나온 지역의 밑부분인 시에라레오네까지 뻗어 있었다.

40년 이상 포르투갈의 항해산업을 추진한 엔리케 항해 왕자는 평생, 개인적으로는 수도승처럼 소박한 생활을 했다고 전해진다. 그의 생애는 오로지 아프리카 서안의 교역 확대에 바쳐진 셈이다. 그러한 엔리케의 최대 공적은 무엇보다도 아프리카 서안의 장대한 해상의 도로를 개척하고 조직적으로 그 성과를 해도에 반영한 것이다. 엔리케는 사업을 시작하기에 앞서 새로운 해도 작성을 위하여 지도 제작자 제프다 크레스케스를 불러서 기존의 해도를 수집·정리하여 새로운 해도를 작성할 체제를 정비했다. 엔리케는 탐험과 병행하여 아프리카 서안에 대하여 체계적으로 포르톨라노 해도의 작성을 진행하였고, 심혈을 기울여 관리했다. 해도를 전유하기만 하면 미지의 해역에서의 교역 이권을 독점할 수 있었기 때문이다.

【그림 16】 엔리케 항해 왕자의 탐험사업(아프리카 서안지도)

해도로 번역되어 가는 신화의 바다

포르투갈이 진출한 대서양은 그때까지 신화나 전승으로 설명되는 미지의 해역이었다. 그러나 포르투갈인 등에 의한 항해가 계속되면서 차차 공상이 배제되고 해도로 설명되는 해역으로 변화한다. 1455년 제노바의 해도 장인 바르톨로메오 파레토가 작성한 포르톨라노에는 신화, 전승의 섬과 실재의 섬이 뒤죽박죽으로 대서양에 그려져 있으며, 신화의 바다가 해체되는 과도적 상황을 보여준다. 그 해도는 포르투갈의 서쪽에 실재하는 아조레스 제도, 그 주변에 중세의 전설의 섬 브라질과 안티라(포르투갈어로 '반대편의 섬'이라는 뜻)가 그려져 있고 남쪽에 실재하는 마데이라 제도(목재의 섬이라는 뜻)나 카나리아 제도가 그려져 있다.

참고로 브라질이란 켈트 전설에서 아일란드의 서쪽 끝에 존재한다고 여겼던 가공의 섬이고, 안티라 섬은 '일곱 도시 섬'이라고 불렸는데 8세기에 이슬람교도가 서고트 왕국을 멸망시켰을 때 폴트의 대사제가 6명의 사제와 기독교도와 함께 이주하여 7개의 도시를 건설했다는 전설의 섬이다.

또한 마데이라 제도와 카나리아 제도는 동일시되어 '성 브렌다누스의 행복의 섬'이라는 가공의 섬 이름이 붙여 있다. 브렌다누스의 행복의 섬이란 중세 유럽에서 널리 읽힌 '성 브렌다누스의 항해기'에 보이는 섬이다. 6세기에 아일란드의 가톨릭 수도승인 브렌다누스가 대서양을 7년간이나 항해하며 많은 섬을 돌아본 뒤 도착한 '성자의 약속의 섬'을 가리킨다.

바르톨로메오 파레토의 포르톨라노는 1450년대에 탐험의 진전으로 인해 해도상의 전설의 섬이 점차 실재의 섬으로 바뀌는 과정을 보여주고 있다. 대서양에서는 신화와 전승이 뱃사람의 판단을 혼란하게 만들어 항해를 어렵게 했다. 이 시기는 상상이 해도에 의해 지워져가는 그야말로 대서양 인식의 전환기였던 것이다.

아프리카 서안의 해도 독점

엔리케 항해 왕자의 탐험사업은 처음에는 25톤 정도의 저속의 횡돛식의 발카선으로 이루어졌지만 1440년경에는 역풍에서도 나아갈 수 있는 삼각돛을 갖춘 100톤 정도의 캐러밸선으로 대체되었다. 이 때문에 모로코 부근의 강풍을 거슬러서 귀국하기가 쉬워지면서 탐험사업이 한층 진전되었다. 삼각돛은 이슬람 세계의 다우 범선의 영향 때문이었다.

엔리케 항해 왕자는 사업가였으며 '화폐상'이라는 별명을 가지고 있었다. 그 이름의 유래는 엔리케가 아프리카 서안에서 행한 다각적 교역 때문이었다. 현대식으로 말하자면 종합상사라고 말할 수 있다. 게다가 1446년이 되자 새로운 항로를 개발한 보자도르 곶 너머를 항해하는 교역선에 대해서 5분의 1의 세금을 내는 의무를 부과하여 무력으로 서아프리카의 교역을 통제했다. 포르투갈의 무역 독점에 불만을 가진 카스티야 왕 후안 2세(1405~1454)는 1454년 기니아에 선단을 파견했지만 귀로에서 포르투갈 함대의 습격을 받아 목적을 이루지 못했다. 국가적 후원이 없는 이탈리아 상인은 교역의 관리권을 가지는 엔리케 항해 왕자와 교섭하여 아프리카 서안의 교역에 참가하는 허가를 얻을 수밖에 없었다. 1455년 베니스의 상인 카다모스토는 사그레스 곶에서 엔리케 항해 왕자에게 아프리카 서안에서의 교역 허가를 요청하였다. 이에 대해 엔리케는 본인이 비용을 부담하는 경우에는 아프리카에서 얻은 상품의 25%를 헌납하고 왕자가 비용을 부담하는 경우에는 50%를 헌납할 필요가 있다고 답했다고 한다. 포르투갈 왕실은 항해사 총감을 두고 해도의 엄중한 관리체제를 만들어 항해정보의 누출을 방지했다. 항로의 비밀만 지키면 무역의 독점이 용이해진다. 그렇기 때문에 포르투갈의 선원이 그린 포르투갈어로 적힌 방대한 양의 해도는 거의 완벽하게 관리되었다. 이러한 이유도 있어서 엔리케 시대의 포르투갈 해도는 거의 후세에 전해지지 않게 되었다.

주앙 2세(재위 1481~1495)가 왕위에 오르자 인도 도달이 탐험 사업의 새로운 목표가 되었고 해도의 관리가 더욱 강화되었다. 주앙 2세는 지도제작자를 관할하는 기네 공창(工廠, 후대의 인디아 공창)의 항로정보, 해도의 관리를 강화하여 해도를 외부로 유출한 자는 사형에 처할 것을 명했다. 해도는 항해에 나서는 선장에 의해 그때마다 반출되었다가 항해가 끝나면 회수되었다. 소국 포르투갈은 해도 대국이 됨으로써 광대한 해역을 지배하려 한 것이다.

주앙 2세를 이은 마누엘 1세(재위 1495~1521)는 바스코 다 가마와 카브랄의 항해에 의해 인도 항로가 개발된 후 1504년 말에 칙령을 내려 해도의 관리를 인디아 공창의 관리관인 바스콘셀로스에게 위임하고, 콩고 강 이남의 항로정보를 해도에 표시하는 것을 엄금했다. 아시아로 가는 항로는 어디까지나 비밀이어야 했던 것이다.

5. 세계사를 전환시킨 희망봉

서아프리카의 해상의 도로와 제1의 세계의 접촉

1482년이 되자 기니아의 상관(商館)을 겸한 엘미나 요새가 건설되어 노예무역, 황금무역이 한층 진전되었다. 85년부터 이듬해에 걸쳐서 앞서 언급한 항해사 아베이루가 아프리카 내륙부에 기독교국가가 존재한다는 정보를 전하자 프레스터 존의 나라가 발견할 수 있을 것이라는 기대가 커졌다.

1487년 프레스터 존의 나라를 찾기 위하여 2척의 캐러벨선과 1척의 식량선을 이끌게 된 바르톨로메우 디아스(1450년경~1500)는 아프리카 서안을 남하하여 항해하라는 명령을 받았다. 디아스는 항해 중에 폭풍에 휘말려 15일간 표류하였지만 폭풍이 잠잠해진 뒤 배의 동쪽에 있던 육지가 서쪽으로 이동한 것을 보고 아프리카의 남단을 우회하였음을 확신했다. 1488년 디아스가 리스본에 돌아가서 새로운 정보를 전하자 앞서 언급한 프라 마우로의 지도에 담긴 정보가 사실인 점이 확인되었고, 제2의 세계와 제1의 세계의 이미지가 직접 연결되었다.

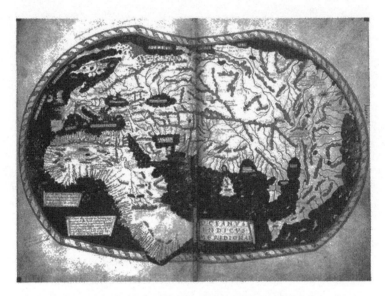

【그림 17】 15세기, 독일의 지도장인 헨리쿠스 마르텔루스 게르마누스에 의한 「세계도」.
아프리카의 남쪽이 바다가 되어, 미지의 남방대륙이 사라졌다.

당시 포르투갈 왕 주앙 2세는 아프리카를 우회하여 인도와 교역할
수 있다고 자신하게 되었다. 1487년 왕명에 따라 페로 데 코비랴과 아폰
소 데 파이바 두 명이 이슬람 상인으로 변장하여 정보 수집을 위해 아시
아로 갔다. 코비랴은 후추무역의 중심지인 인도 서안의 코지코드에 도
착하였고, 왕이 카이로에 파견한 유대인 상인을 통해 "포르투갈의 연안
이나 기니아의 바다를 항해하여 인디아스로 갈 수 있다"는 정보를 미리
왕에게 전했다.

디아스는 아프리카 남단의 곳을 처음에 '폭풍의 곳'이라고 보고했다.
그러나 곳이 아시아의 항해의 중심지로 유망한 사실을 간파한 포르투갈
왕 주앙 2세는 곳의 이름을 희망봉(카보 다 보아 에스페란사)이라고 바꾸었

다. 희망봉은 프라 마우로의 세계지도가 그린 것처럼 대서양에서 인도
양으로, 즉 제2의 세계에서 제1의 세계로 연결되는 입구가 된 것이다.

디아스의 항해가 바꾼 세계지도

희망봉의 발견은 유럽인이 그때까지 가지고 있었던 세계관을 역전
시키는 매우 중요한 발견이었으며, 얼마 지나지 않아 세계지도가 바뀌
기 시작했다. 1490년경 베니스에서 활약한 독일인 지도장인 헨리쿠스
마르텔루스 게르마누스는 바르톨로메우 디아스가 귀국한 후 곧바로 그
성과를 반영한 세계지도를 작성했다. 마르텔루스는 디아스가 귀환했을
때 포르투갈 왕 주앙 2세에 의해 해도를 만들 목적으로 리스본에 소환
되었다. 그는 리스본에서 지도의 제작의 일을 하고 있었던 콜럼버스의
동생 바솔로뮤의 도움을 받아서 디아스의 발견을 바탕으로 한 세계지
도를 작성했다.

마르텔루스의 세계지도는 역시 프톨레마이오스의 세계지도를 바
탕으로 하고 있었으며 인도는 여전히 반도로 그리지 않았다. 그러나 아
프리카의 남단에는 "1489년에 포르투갈인이 항해로 도달했"고 적혀
있다. 마르텔루스의 세계지도는 디아스의 탐험의 성과를 바탕으로, 아
프리카를 하나의 대륙으로 보고 대서양과 인도양을 각각 하나의 대양
으로 묘사했다. 포르투갈의 일련의 탐험사업이 반영되어 아프리카 북
안, 서안, 남안에는 빼곡히 지명이 적혀 있다.

마르텔루스의 세계지도는 프톨레마이오스의 세계지도와는 다르게

멀리 적도 이남까지 그렸으며 아프리카를 독립적인 거대한 대륙으로 표현했다. 프톨레마이오스의 세계지도에서 내해로 그려졌던 인도양은 남쪽의 육지 부분이 삭제되고 아프리카의 끝은 동남아시아의 황금반도의 동쪽에 거대하게 자리잡은 가공의 반도(인디아스 대반도)와 마주보게 그려졌다.

그 반도의 아래 부분에는 동 인디아라고 적혀 있으며 그 북쪽에 만지(蠻子, 중국 남부) 그리고 더 북쪽에 키타요(카타이, Cathay, 중국 북부)라고 적혀 있다. 그래서 인도양은 완전히 남쪽으로 트인 외양이 되었으며 프톨레마이오스의 세계지도에 보이던 미지의 남방대륙은 사라졌다. 마르텔루스의 세계지도에서는 새로운 항해정보와 고대의 세계상이 기묘하게 균형을 이루고 있음을 확인할 수 있다. 그러나 그것은 코앞에 다가온 세계상의 전환을 실감케 하는 세계지도이기도 했다.

바스코 다 가마의 대서양종단의 대항해

바스코 다 가마(1469년경~1524)는 포르투갈 왕 마누엘 1세의 명을 받아 1497년 7월 8일 횡돛을 단 4척의 배를 이끌고 인도 항로를 개척하기 위한 항해에 나섰다. 바르톨로메우 디아스가 희망봉을 발견하고 나서 이미 10년이 지난 시점이었다.

프레스터 존과 코지코드의 왕에게 보내는 편지를 지참한 가마의 선단은 베니스에 막대한 부를 가져온 향료무역에서 인도와의 직접 교역을 실현시키는 일, 인디아스에서 기독교를 포교하는 일 등을 주목적으로 하고 있었다. 가마의 선단은 3개월 이상에 걸쳐서 대서양의 희망봉까지 실로 9,600km나 남하했다. 이것만으로도 가마의 항해는 카나리아 제도에서 약 1개월만에 카리브 해에 도달한 후술할 콜럼버스의 항해와는 비교도 될 수 없는 대항해였다. 가마의 선단은 베르데 곶 제도에서 희망봉까지 전혀 육지를 보지 않고 나침반에만 의지한 항해를 할 수밖에 없었다.

가마의 항해에서 항해상의 큰 발견은 없었지만, 남대서양의 중앙부에서는 동남 몬순이 역풍으로 불어 항해의 장해가 된다는 사실이 밝혀졌다. 이 때문에 그 이후에는 크게 대서양을 서쪽으로 우회하는 항로가 이용되었다.

선단은 11월 4일에 아프리카 남부의 세인트헬레나 만에 도착하였고, 11월 22일에 겨우 희망봉을 우회하였다. 모셀 만에서 다 사용한 식량보급선을 불태웠다.

희망봉을 돌자 가마 선단은 전혀 미지의 해역에 들어섰고 항해는 해도가 없는 탐험으로 전환되었다. 가마 선단은 10년 전에 코지코드에 도착한 코비란이 전해준, 아프리카 동안을 북상하면 결국 이슬람 상업권에 도달할 수 있다는 막연한 정보밖에 가지고 있지 않았다.

6. 궤도에 오른 인도 선단

인도양에서 난항 겪는 가마

아프리카 동안을 북상한 가마 선단은 이윽고 마다가스카르 섬 사이의 모잠비크 해협에 이르렀다. 일행은 해협의 모잠비크 항에서 이슬람 상인으로부터 풍부한 아시아의 산물을 접하였고 거대한 아시아 시장에 흥분했다. 그러나 이슬람 상권에 포함된 이 해역은 이미 프톨레마이오스의 세계지도에서 벗어나 있어 아무런 정보 없이 항해할 수밖에 없다. 아프리카 동안을 힘겹게 북상한 가마 선단은 4월 14일 현재의 케냐의 말린디에 입항하였고 거기서 다행히도 인도양의 몬순을 잘 알고 있는 무슬림 해상 안내인을 고용할 수 있었다. 선단은 거기서 이슬람 상인의 해상의 도로를 이용하게 된다. 때마침 여름의 남서 몬순이 불기 시작하는 계절이었고 인도로 건너가기에는 좋은 시기였던 것이다. 가마의 선단은 유능한 안내인의 안내로 단숨에 몬순 해역을 횡단하여 후추의 집산지인 코지코드에 무사히 입항한다.

이 당시에 인도양에는 많은 유능한 무슬림 안내인이 있었다. 그들은

'울주자'라고 불리는 항로정보를 엮은 시를 암기하고 있었다고 한다. 몬순 해역에서는 바람의 파악과 위도의 측정이 항해의 필요조건이었으며 자세한 정보는 불필요했다. 해도는 안내인의 머릿속에 있었던 것이다.

당시 이슬람교도 사이에서 가장 유명한 해상 안내인은 이븐 마지드였다. 그는 항해지식을 집대성한 『항해술』이라는 책을 썼으며 인도양, 홍해, 믈라카 해협에서 남중국해를 거쳐서 중국으로 가는 수로지를 시로써 암기하고 있었다고 전해진다. 가마 선단을 코지코드로 이끈 인물이 이븐 마지드라는 설도 있으나 그다지 확실하지는 않다. 어쨌든 가마 선단이 항해한 시기는 남서 몬순이 불기 시작한 시기이며 인도양의 해상 안내인이면 누구든지 확실하게 배를 코지코드로 이끌 수 있었을 것이다.

코지코드에서 가마는 포르투갈 왕의 사절이라고 자칭했다. 그러나 자몰린(코지코드의 왕)에게 준 선물이 인도양에 자리잡은 상업도시의 왕에게 올리는 것치고는 매우 조악한 물건이었기 때문에 현지인의 눈에는 매우 볼품없는 상인으로밖에 보이지 않았던 모양이다. 그래서 코지코드의 왕과 갈등이 일어나 가마 선단은 출항세도 내지 못하고 8월 29일에 급하게 코지코드를 출항하여 남방의 코친에서 후추를 사서 귀국하기로 한다.

그러나 돌아가려던 가마 선단은 그 시기에 강한 역풍을 만나 난처해졌다. 게다가 가마의 선단은 역풍에 대응할 수 없는 횡돛을 달고 있었기 때문에 아무것도 할 수 없었다. 선단은 인도양을 힘겹게 항해하려 했지만 나아가지 못했고 몬순의 방향이 바뀐 후인 1499년 1월 7일이 되서야 겨우 아프리카 동안의 말린디에 돌아갈 수 있었다. 3개월 이상의 인도양 항해에서 30명의 승무원이 목숨을 잃고 살아남은 자는 괴혈병에 걸려 배를 움직일 수 있는 자는 겨우 7~8명밖에 없는 비참한 상태였다. 항로정보, 수로지, 해도가 없는 항해가 얼마나 무모한지를 가마 선단은 몸소 증명한 것이다. 준비에 충분한 시간을 갖지 못했다고는 하지만 가마는 인도양의 몬순을 전혀 예상하지 못했다.

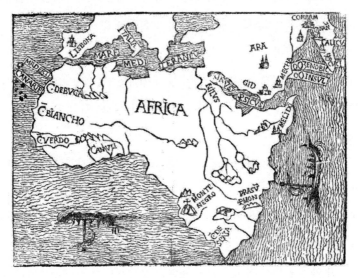

【그림 18】 16세기 밀라노에서 출판된 몬탈보도 프라칸차노가 쓴 '포르투갈인의 족적과 인도에서의 루지타니아와 포르투갈'의 권두에 인쇄된 목판지도

말린디까지는 갔지만 선원이 크게 줄어들어서 가마는 배 1척을 몸바사 부근에서 버려야 했으며 남은 2척의 배로 어렵게 항해하여 9월에 리스본으로 귀환했다. 가마 선단의 항해는 후술할 마젤란의 항해를 넘는 약 44,544km의 대항해였지만 선원 170명 중 불과 44명만 귀환한 비참한 항해이기도 했다. 그러나 그만한 대가를 치른 가치는 있었던 것 같

다. 가마가 인도에서 가져온 후추는 60배의 가격으로 팔려나가 항해에 든 모든 비용을 대고도 남았다.

가마의 인도 도달 소식은 큰 뉴스거리로 유럽에 퍼졌다. 그러나 가마의 항해를 통해 만들어진 새로운 해도는 포르투갈의 국가기밀로서 엄중히 관리되었다. 단지 산더미처럼 쌓인 값싼 후추가 공개되었을 뿐이었다. 이러한 움직임을 가만두고 볼 수 없었던 것이 후추무역에서 거대한 이익을 올리고 있던 베니스 등의 이탈리아 상인이었다. 자신들의 영업의 근간을 위협하는 항해의 정보를 매수 등 갖은 수단을 사용하여 손에 넣으려고 하였다.

가마의 항해를 바탕으로 10년 후에 만들어진 지도가 1508년에 이탈리아의 밀라노에서 출판된 몬탈보도 프라칸차노(Montalboddo Fracanzano)가 쓴 『포르투갈인의 족적과 인도에서의 루지타니아와 포르투갈』이라는 저작의 권두에 인쇄된 목판지도였다. 이 지도는 아프리카를 단독으로 그린 최초의 인쇄지도로 알려져 있지만 바스코 다 가마의 위업을 기리는 지도라고도 할 수 있다. 지도는 옆으로 넓게 퍼지기는 했지만 아프리카 대륙의 윤곽이 제대로 형태를 갖추었으며 포르투갈의 해도를 바탕으로 하고 있다. 그러나 마다가스카르 섬이나 포르투갈이 후에 남서몬순을 기다리기 위해 대기하던 모잠비크 해협은 보이지 않는다.

이 지도에 나타나는 유럽의 유일한 도시가 리스본인 것도 지도가 포르투갈의 해도를 밑바탕으로 하고 있다는 사실을 보여준다. 프라칸차노의 지도를 위아래를 뒤집어서 보면 리스본에서 아프리카의 남단을 우회하여 아시아로 가는 포르투갈의 항로를 상상할 수 있다. 이 지도는 세계지도 상에서도 아프리카의 존재감이 변화하였음을 여실히 보여준다.

확정되는 인도 항로와 브라질

가마의 항해에서 후추무역의 막대한 이익을 알게 된 포르투갈의 왕 마누엘 1세는 자신의 칭호를 '에티오피아, 인디아, 아라비아, 페르시아의 정복, 항해, 통상의 왕'으로 바꾸고 후추무역의 국영화에 착수했다.

왕은 인도와 영구적인 교역관계의 수립을 목표로 경험 많은 항해사, 페드로 알바르스 카브랄(1467년경~1520)에게 13척의 배와 약 1,500명의 선원을 주고 인도 항해를 명했다. 함선의 대부분은 피렌체의 부호가 제공했다. 선단의 선장 중에는 희망봉을 발견한 바르톨로메우 디아스도 있었다. 카브랄은 1500년 3월 8일에 리스본에서 출항하였다. 카브랄 선단은 남반구에서 예전에 가마의 선단을 괴롭힌 남동 몬순을 피하기 위해 서쪽으로 크게 돌아가는 새로운 루트를 개척했다.

카브랄 선단은 카나리아 제도의 남쪽 멀리에 있는 베르데 곶 제도까지 남하한 다음 거기서 계속 남하하는 것이 아니라 북동 몬순을 등지고 남서방향으로 항해했다. 일단 서쪽으로 가서 남하하려고 시도한 것이다. 그러나 그렇게 되면 선단은 필연적으로 대서양을 횡단하여 브라질로 가게 된다.

4월 22일 카브랄 선단은 남위 17도에서 거대한 섬을 목격하고 베라 크루스 섬(진정한 십자가라는 뜻)이라고 이름지었다. 그러나 섬이라고 생각한 것은 잘못이고, 남아메리카의 일부이자 지금의 브라질이었다. 포르투갈 국왕에게 보내는 보고서 중에서 그곳에 식민지를 건설하자고 제안했다.

실제로는 베르데 곶 제도에서 브라질까지의 거리는 콜럼버스가 항해한 카나리아 제도와 카리브 해 사이의 항로보다 짧았다. 그래서 나중에는 베르데 곶 제도를 거쳐가는 항로가 브라질로 가는 안정된 해상의 도로가 되었다.

브라질을 남하하여 희망봉과 거의 동위도의 라플라타강까지 남아메리카 연안을 따라 내려간 다음 거기서 1년 내내 서쪽에서 동쪽으로 부는 편서풍을 이용하여 동쪽의 희망봉을 넘어가면 인도양으로 갈 수 있었다. 남대서양에 거대한 육지가 존재한다는 사실은 15세기 중엽에 이미 소문이 돌았지만 카브랄의 항해는 그것을 실증하는 항해가 되었다.

이렇게 카브랄의 선단은 5월말에 희망봉의 해역에 들어갔지만 거기서 폭풍을 만나 탐험에 참가했던 바르톨로메우 디아스의 배를 포함한 4척의 배가 조난당했다. '울부짖는 40도'라고 불리는 편서풍의 해역은 주기적으로 악천후와 강풍이 덮쳐서 항해가 어려운 해역이었던 것이다. 그러나 그 후에 카브랄은 말린디에서 가마처럼 무슬림 해상 안내인을 고용하여 코지코드에 도착한다. 1501년 7월 21일에 대량의 후추와 함께 포르투갈로 돌아왔다. 카브랄의 항해를 통해 포르투갈의 인도 항로는 그 원형이 정해졌다.

16세기 초가 되자 포르투갈은 인도의 고아, 동남아시아의 믈라카를 차례로 정복하여 거점으로 삼아 바다의 제국이 되었다. 인도양 주변의 요충지에 상관을 세우고, 배 측면에 소형의 대포를 장비한 함대로 해상의 도로를 지배했다. 그러나 지배해역의 확대와 더불어 포르투갈의 해도를 은폐하려는 체제는 약화되었고, 아시아의 해도와 인도에 가는 항로를 기록한 해도 정보가 유출되었다. 이 때문에 후발주자인 네덜란드, 영국이 좋은 기회를 얻게 된다.

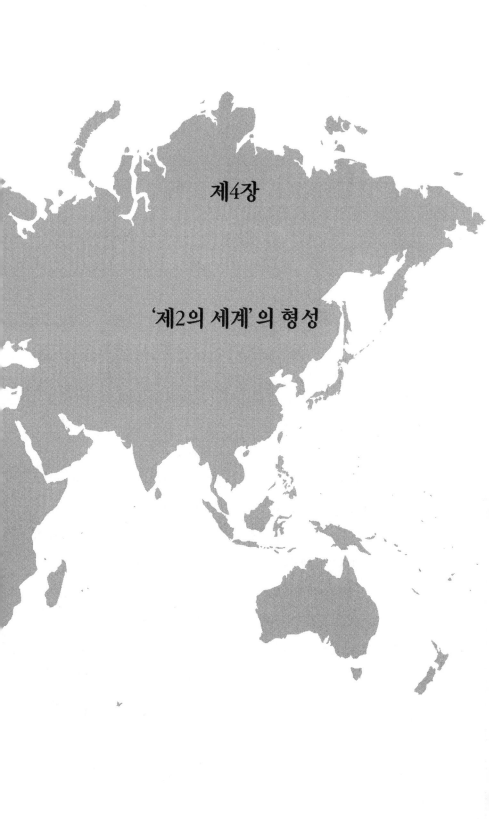

제4장

'제2의 세계'의 형성

1. 콜럼버스를 뒷받침한 카나리아 제도

대항해시대를 떠받친 프톨레마이오스의 세계지도

대항해시대는 앞서 언급했듯이 포르톨라노의 시대였다. 그러나 포르톨라노는 통상의 원양항로를 그리는 데에는 적합했지만 육지의 배치도 모르는 미지의 해역에 대해서는 작성할 수 없었다. 그래서 부감적인 프톨레마이오스의 세계지도가 미지의 해역과 육지의 윤곽을 파악하는 데에 도움이 되었다. 일정한 현실감을 가진 프톨레마이오스의 세계지도가 세계의 견본지도로 될 수 있다고 믿은 것이다.

고대의 알렉산드리아의 수로지, 해도 등의 지리적 지식을 집대성한 프톨레마이오스의 세계지도는 아시아 부분이 애매했음에도 불구하고 지중해 등이 상당히 정확히 그려져 있었기 때문에 과도한 평가 속에 항해에 이용되었다. 제2의 세계를 향한 해상의 도로를 개척한 콜럼버스(1451~1506)도, 제3의 세계에 해상의 도로를 개척한 마젤란도 모두 프톨레마이오스의 세계지도를 맹신하였고 결과적으로 잘못된 세계지도에게 배신당한다. 콜럼버스는 황금의 섬 지팡구의 황금 획득과 진해(중국해)에서의 무역 독점을 목표로 했으며 마젤란은 인디아스 대반도(남아메리카)를 우회하여 말루쿠 제도에 이르는 향료무역의 루트를 개척하고자 했으나 양자 모두 좌절을 맛보았다. 그러나 구체인 지구, 몬순, 나침반의 도움으로 예측하지 못했던 성과를 이루게 된다.

그러한 무모하다고 할 수 있는 항해가 반복됨에 따라 서서히 해상의 도로가 만들어졌고 제1의 세계와 제2의 세계가 서로 연결된다. 여러 항해는 아시아의 부에 대한 동경이 동기가 되어 진행되었지만 그 배경에는 착실하게 이익을 얻은 엔리케 항해 왕자의 사업이 있었다. 엔리케 항해 왕자의 사업의 진전과 함께 대서양의 여러 섬의 개발로 부를 축적한 설탕 상인이 성장하였고 그들이 콜럼버스의 사업을 지원하게 된다.

성공을 거둔 마데이라 제도의 설탕 생산

대서양에 횡단항로를 개척하여 대서양과 남북아메리카대륙으로 이루어진 제2의 세계로 들어가는 문을 연 것은 그 유명한 콜럼버스였다. 그러나 탁상에서 만들어진 세계지도에 의한 콜럼버스의 항해를 경제적으로 지원한 것은 이익에 밝은 카나리아 제도의 설탕 상인이었던 사실은 별로 알려져 있지 않다. 이 장에서는 먼저 15세기 후반의 마데이라 제도, 카나리아 제도, 아소레스 제도에서 설탕 생산에 성공하였다는 새로운 움직임을 살펴 보고자 한다.

【그림 19】 마데이라, 카나리아, 아소레스, 베르데 곶 제도로 가는 항로 '볼타 도 말'

  엔리케 항해 왕자의 사업으로 처음에 수익을 올린 것은 포르투갈 영
토가 된 마데이라 제도, 아소레스 제도에서 생산한 설탕이었다. 포르투갈
은 아소레스 제도와 마데이라 제도에 포르투갈의 남부 알가르브지방에
서 이미 행해지던 사탕수수 재배를 이식하여 높은 수익을 거두는 데 성공
한다. 1440년대에는 마데이라 제도에서 사탕수수 재배가 본격화한다.

베니스상인의 카다모스토는 마데이라 제도에 강이 많아 물이 풍부한 것에 착목한 엔리케 항해 왕자로부터 벌꿀줄기(사탕수수)를 대량으로 심으라는 명령을 받았고 희고 질이 좋은 설탕을 대량으로 생산할 수 있게 되었다. 마데이라 제도의 사탕수수 재배와 설탕의 생산으로 거대한 이익을 올리게 된 것은 무엇보다도 상 조르주 상회와 같은 제노바 상인이었다. 대서양 상의 섬들의 개발에 성공하였으므로, 대서양에서 새로운 섬을 찾으려는 움직임이 빨라졌다.

당시의 대서양은 앞서 언급했듯이 미지의 신화의 바다로 여겨졌다. 포르투갈 왕실은 희망봉의 발견이 눈앞에 닥친 1478년이 되어도 '일곱 도시 섬' 또는 안티라 섬과 같은 신화의 섬을 탐험하는 특허장을 발행했다.

단지 리스본에서 마데이라 제도, 카나리아 제도, 아소레스 제도로 가는 항해는 해류의 영향으로 비교적 용이했다. 남서방향으로 흐르는 카나리아해류를 타고 보자도르 곶, 카나리아 제도까지 남하하여 거기서 남서의 몬순을 타고 리스본으로 가는 루트가 알려졌다. 또 카나리아 제도에서 블랑코 곶으로 내려간 뒤 크게 돌아 북상하여 아소레스 제도로 건너 거기서 편서풍을 타고 돌아가는 루트도 있었다. 포르투갈인이 발견한 몬순을 이용하여 대서양을 서쪽으로 가서 거기서 북상하여 편서풍을 타고 돌아가는 루트는 '폴타 도 말'이라고 불리는 편리한 항로가 되었다. 카나리아 제도, 아소레스 제도의 개발이 순조롭게 진행된 것은 풍향과 해류의 은혜 덕분이었다. 폴타 도 말이야말로 제2의 세계의 해상 도로의 원형이었다.

스페인에 의한 카나리아 제도 지배의 배경

카나리아해류가 아프리카 서안을 남하하는 기니아 해류와 연결되기 때문에 카나리아 제도를 황금의 산출지인 아프리카 서안으로 항해하는 중간거점으로 여겼다.

카나리아 제도는 용혈수(龍血樹)의 껍질로부터 추출되는 붉은 염료의 생산으로 알려져 있었지만, 그 이상으로 사하라사막 이남에 있는 서수단과 황금을 교역하는 중계지가 될 수 있지 않을까 기대하기도 하였다. 카나리아해류를 타고 카나리아 제도로 가서 거기서 아프리카 연안을 남하하면 사하라 이남의 금산지에 도달할 수 있을 것으로 생각한 것이다.

당시 사하라 이남의 땅에서는 이슬람 상인이 사하라사막을 종단하는 교역로를 사용하여 암염을 주고 값싸게 황금을 손에 넣는 교역을 독점하고 있었다. 서수단에서는 황금이 돌처럼 가치가 없어서 이슬람 상인은 니제르강 유역의 황금의 산지에서 '침묵교역'이라고 불리는 금과 암염의 교역을 행하고 있었다. 참고로 침묵교역이란 언어가 통하지 않는 사람들이 쓸데없는 마찰을 피하기 위해 행하였던 무언의 물물교환이다. 사하라 이남의 금산지에 대해서는 황금이 당근처럼 땅에서 솟아난다든가 개미가 황금을 생산한다는 기묘한 소문이 돌았다. 중요한 것은 값싼 황금을 대량으로 얻을 수 있는 곳이라는 점이다.

마요르카 섬의 도시 팔마의 유대인 지도제작자 아브라함 크레스케스가 만든 카탈로니아 지도에는 아프리카 서안의 바다에 돛대 하나에 횡돛을 편 코그선이 그려져있으며 "욤 페렐이라는 뱃사람이 1346년에 황금의 강을 찾던 와중에 난파당했다"라고 적혀 있다. 마요르카 상인, 제노바 상인들이 옛날부터 서아프리카의 황금에 큰 관심을 가지고 있었던 사실을 알 수 있다. 유럽에서는 아프리카 남부에 황금의 강이 있고 누구도 살아서 도달할 수 없는 열대의 끓는 바다로 흘러간다고 생각하였다.

북위 30도선 조금 남쪽에 위치한 7개의 섬으로 이루어진 카나리아 제도는 제노바인, 포르투갈인 등이 차례로 진출을 꾀했지만 선주민의 저항이 강해서 정복하기 어려웠다.

최종적으로 카나리아 제도를 지배한 것은 의외로 이베리아 반도의 내륙국가인 카스티야였다. 카나리아 제도를 정복한 프랑스인이 카스티야 왕의 신하였기 때문이다. 카나리아 제도에서 노예를 획득하고자 한 움직임은 세비야의 유력귀족의 손에 의해 14세기 말에 시작되었다. 그 움직임에 편승한 것이 아프리카와의 황금무역을 노리는 프랑스인 집단이었다. 카스티야 왕을 섬기는 프랑스인 베탕쿠르, 란사로테, 푸에르테벤투라, 이에로 등이 카나리아 제도의 정복에 성공하였고 그 결과로서 카스티야 왕이 카나리아 제도의 지배자가 된 것이다.

우연하게 스페인이 카나리아 제도를 지배하여 식민지로서 확보한 것은 몬순을 이용하여 서쪽으로 항해하려는 콜럼버스에게는 행운이었다. 아프리카와의 황금무역을 추구하는 베탕쿠르에 의한 정복이 후에 콜럼버스 항해의 발판이 되는 카나리아 제도를 제공한 것이다. 1492년 콜럼버스는 카나리아 제도를 기점으로 북동 몬순을 이용하여 대서양을 횡단하는 항해에 나섰다. 카스티야가 몬순이 불기 시작하는 해역에 위치하는 카나리아 제도를 획득하지 못했다면 콜럼버스의 항해는 전혀 달라졌을 것이다. 거꾸로 말하면 스페인의 이사벨 여왕(재위 1474~1504)과 콜럼버스의 관계는 카나리아 제도를 통해서 맺어진 것이다.

그러나 카나리아 제도에서는 베르베르계의 선주민의 저항이 격렬하여 콜럼버스가 항해에 나선 시기에도 여전히 싸움이 계속되고 있었다. 고메라 섬은 일찍이 정복되었지만 라팔마 섬, 그란카나리아 섬, 테네리페 섬 등의 주요한 섬들은 반세기 이상 카스티야의 정복에 저항했다. 1480년에 이르러서야 그란카나리아 섬이 정복되었고, 테네리페 섬이 완전히 정복되는 것은 1496년이다.

카나리아 제도는 프톨레마이오스의 세계지도에서는 세계(제1의 세계)의 서쪽 바깥에 위치했었다. 그러나 시점을 바꾸면 카나리아 제도는 제2의 세계로의 입구이기도 했다. 종래에 카나리아 제도는 아프리카 서안을 항해할 때 이용하는 중계거점으로 여겨졌지만 콜럼버스의 항해 이후에는 동북 몬순을 등지고 카리브 해를 항해할 때 이용할 수 있는 전진기지가 되었다.

기획가 콜럼버스를 후원한 설탕 상인

포르투갈이 식민지로 만든 마데이라제도의 사탕수수 생산은 1480년대에 들어서 본격화되어 큰 이익을 낳을 수 있게 된다. 1480년에는 1년간 마데이라 섬과 포르투 산투 섬에 20척의 대선단과 40~50척의 중형선이 설탕을 사려고 방문했다고 한다.

그러한 이유로 카나리아 제도에서도 1484년 이후 제노바 상인이 이익이 많은 사탕수수 재배를 시작했다. 사탕수수의 생산에는 약산성의 토양, 온난한 기후, 연간 1,500~1,800mm의 강수량이 필요하였는데, 카나리아 제도는 이 조건들을 모두 갖추고 있었으며 노동력을 제공하는 노예도 아프리카 연안의 베르데 곶 제도에서 대규모로 데려올 수 있었다. 사탕수수 재배에는 노예의 구입, 제당공장의 건설 등의 투자가 필요했으며 설탕사업을 통해 제노바 상인, 세비야 상인과 스페인 관리의 네트워크가 성장하게 된다.

1480년 이후 정상(政商)으로서 카스티야 왕실의 면죄부 판매금을 관리하고 있던 제노바 출신의 세비야 상인 프란체스코 피넬리는 마찬가지로 제노바 출신의 프란체스코 리바넬로와 함께 카나리아 제도의 그란카나리아 섬의 설탕 생산을 담당하는 대표적인 상인이 되었다. 피넬리는 콜럼버스의 사업에 대한 최대의 출자자였으며, 리바넬로도 이스파니올라 섬의 총독의 지위를 잃은 콜럼버스가 기사회생을 위해 실시한 제4회 항해(1502~1504)의 출자자였다. 콜럼버스는 한때 리바넬로의 집에 머무를 정도로 그와는 친한 사이였다고 한다. 콜럼버스 자신도 설탕무역에 깊게 관여했으며 카나리아 제도에서 설탕을 생산하는 동향의 제노바 상인과는 긴밀한 관계를 유지했다.

콜럼버스는 1470년대부터 제노바 상인의 대리인으로서 마데이라 제도의 포르투 산투 섬에 설탕 구매를 위해 방문하여 섬의 초대 총독 바르톨로메오 펠레스토렐로의 딸 펠리파와 결혼하였고, 1480년대 이후 그 섬에서 대서양을 서쪽으로 항해하는 사업을 구상했다. 포르투 산투 섬은 야생 토끼가 많은 섬이었는데, 펠레스토렐로는 토끼를 퇴치한 공적으로 총독의 지위를 획득했다고 한다.

카나리아 제도의 제노바 상인은 모두 콜럼버스가 서쪽으로 항해하여 아시아에 도달하려는 사업을 지원했다. 카나리아 제도의 설탕사업자가 콜럼버스를 대서양으로 보냈다고 해도 과언이 아니다. 상인의 입장에서 보면 만약 탐험이 실패해도 대서양에 새로운 섬이 발견되기만 하면 큰 이익을 얻을 수 있었다. 최종적으로 이사벨 여왕에게 콜럼버스를 추천하고 필요한 경비의 조달을 신청한 것이 설탕 상인과 관계된 아라곤 왕국의 재무장관이자 콘베르소(기독교로 개종한 유대교도) 출신의 거상인 루이스 데 산탄헬이었다. 콜럼버스의 탐험 비용은 산탄헬이 그의 자산과 자신이 관리하는 아라곤의 징세국의 금고에서 17.5%를, 카나리아 제도의 설탕 생산으로 이익을 올리고 있었던 제노바 상인 피넬리가 70%를, 12.5%를 콜럼버스 자신이 세비야의 피렌체의 은행가 베랄디로부터 빌려서 충당했다. 참고로 콜럼버스의 항해를 통해 스페인의 식민지가 된 카리브 해 사이의 무역을 독점한 세비야의 인디아스 통상원(通商院)은 1503년에 정상(政商) 피넬리에 의해 창설되었다.

2. '제2의 세계'를 아시아로 착각하다

잘못된 해도가 낳은 새로운 시대

콜럼버스는 프톨레마이오스의 세계지도라는 틀 속에서 자신의 사업을 구상하였다. 콜럼버스는 세계의 이미지를 얻기 위해 프랑스의 신학자이자 우주지지학(宇宙地誌學) 학자이기도 하였던 피에르 다이이(1351~1420)의『이마고 문디(세계의 모습)』1480년판(초판은 1410)을 꼼꼼히 메모하며 탐독했다. 그 메모를 보면 피에르 다이의 책에 있는 "에크메네의 서쪽 끝과 동쪽의 끝 사이에는 작은 바다가 있다"라는 기술과 "순풍만 잘 받으면 이 바다는 며칠 만에 건널 수 있다"라는 기술에 관심을 기울이고 있었음을 알 수 있다. 아마 이 말을 믿고 콜럼버스는 포르투 산투 섬에서 '중국의 바다'로의 항해를 계속 모색했을 것이다. 피에르 다이이는 프톨레마이오스보다도 지구의 둘레는 짧게 보아서 지구의 둘레를 20,400미리야라고 계산한 9세기의 아랍 학자 파르가니의 설을 소개했다. 그러나 콜럼버스는 파르가니가 사용한 미리야(1아랍 미리야는 1,973.5m)와 이탈리아에서 사용한 이탈리아 미리야(1,477.5m)를 헷갈려 지구의 둘레를 실제의 4분의 3으로 보고 말았다. 아랍인이 사용한 단위가 이탈리아에서는 4분의 3으로 축소된 것을 콜럼버스는 몰랐던 것이다. 그리고 콜럼버스는 다이이의 설에 기초하여 육지와 바다의 비율을 6대 1이라고 생각하여 실제의 3대 7과는 많이 다른 지구의 상을 그렸다. 지구를 육지덩어리라고 본 것이다. 콜럼버스는 황당무계한 세계관을 가지고 있었던 셈이다.

콜럼버스의 대서양 서진 항해는 피렌체의 수학자, 천문학자, 지리학자의 토스카넬리(1397~1482)가 그린 유럽과 중국을 직접 연결하는 해도를 바탕으로 하였다고 보는 것이 통설이다. 토스카넬리는 78세가 되어서 지구 구체설을 받아들이고 탁상에서 프톨레마이오스의 세계지도의 '뒷편'을 해도화했다. 이 해도는 아프리카 서안에서 서방을 향해 경도 90도의 거리에 거대한 지팡구 섬을 두고 그 앞에 진해(중국의 바다)의 많은 섬과 중국을 그렸다.

늙은 토스카넬리는 1474년에 포르투갈 왕에게 편지를 보내 유럽과 아시아의 거리는 프톨레마이오스가 계산한 것보다 더 짧았으며 서쪽으로 가는 항해로 쉽게 아시아에 도달할 수 있다고 전했다. 콜럼버스는 토스카넬리와 편지를 통해 그의 해도의 존재를 알고 서항하면 아시아로 갈 수 있다고 확신하게 된다. 콜럼버스의 전기를 쓴 아들 페르디난도는 콜럼버스가 토스카넬리에게 편지를 보내 가르침을 구하자, 토스카넬리가 답장과 함께 그전에 리스본의 대성당 참사에게 보낸 해도의 필사본을 보내주었다고 기록했다.

토스카넬리는 리스본과 중국의 킨사이(지금의 항주) 사이의 거리는 약 6,323km, 아프리카 서안에서 제일 멀다고 하는 상상의 섬 안티야 섬에서 지팡구 섬까지의 거리는 약 2,414km으로 계산했다. 콜럼버스는 카나리아 제도와 지팡구 사이를 740레그아, 즉 약 4,300km라고 계산했는데, 콜럼버스의 계산은 토스카넬리보다도 다시 1,200km나 짧은 결과였다. 그러나 실제로 콜럼버스의 계산은 15,000km 이상이나 짧았다. 실제 거리의 약 4분의 1에 불과하다고 낙관적으로 계산한 것이다.

구형인 지구를 가시화한 베하임

콜럼버스의 세계상이 당시로서는 특별한 것이 아니라는 사실은 말해주는 것이 콜럼버스의 제1회의 항해와 거의 동시기에 제작된 마르틴 베하임(1459~1507)의 지구의이다.

남 독일의 뉘른베르그의 상인 마르틴 베하임은 포르투갈과 플랑드르 지방을 연결하는 상인으로서 리스본이나 아소레스 제도에 체재한 경험이 있으며 국왕 주앙 2세의 항해위원회와도 관계를 가졌다. 그는 유산상속 문제로 귀향한 91년부터 93년에 걸쳐 뉘른베르그시에서 의뢰를 받아 화가 그로켄든의 협력 하에 소형 지구의를 완성시켰다. 콜럼버스가 대서양에 나선 1492년과 거의 동시기에 제작된 직경 50cm 크기의 지구의는 대서양 서진 항해에 필요한 자금을 모을 목적으로 시민에게 유료로 공개되었다고 한다.

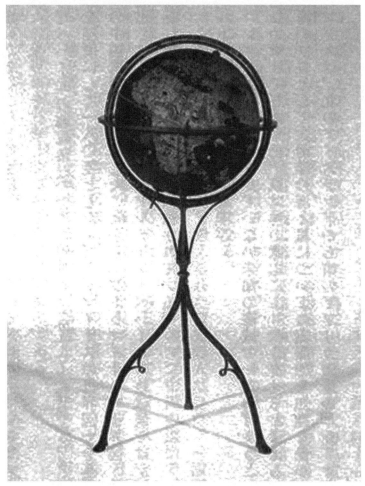

【그림 20】 15세기, 뉘른베르크의 상인 마르틴 베하임이 만든 지구의. 금속구에 12장의
주형(舟型) 지도를 첨부했다.

마르틴 베하임의 작은 지구의에는 1,100개에 이르는 지명이 적혀
있었다. 지구가 구형인 점을 가시화한 베하임의 지구의는 콜럼버스가

서쪽으로 대서양을 항해한 당시의 유럽 지식인의 세계상을 대표한다고 말할 수 있다.

단지 베하임의 지구의는 제1의 세계(카나리아 제도부터 인디아스 대반도의 카티가라)를 경도 180도로 잡은 프톨레마이오스의 세계지도를 기초로 하고 있으나, 마르코 폴로의 중국 정보를 끼워 맞추어 프톨레마이오스의 세계지도의 아시아를 경도로 50도나 동쪽으로 보내버렸다. 마르틴 베하임의 지구의에서는 지팡구 섬이 카나리아 제도로부터 쉽게 갈 수 있을 것처럼 그려져 있다.

참고로 카나리아 제도는 대서양의 바람의 분기점에 위치한 섬으로 섬의 북쪽에는 편서풍이 불고 섬의 남쪽은 잔잔한 몬순 동풍이 불었다. 1479년 이후에는 수년간을 카나리아 제도로부터 조금 북쪽에 위치한 포르투 산투 섬에서 지낸 콜럼버스는 겨울의 북동으로부터 부는 몬순을 순풍으로 이용하면 비교적 용이하게 아시아로 도달할 수 있을 것이라고 믿게 되었다. 대서양의 바람을 이해하지 못하면 콜럼버스의 넘치는 자신감은 이해할 수 없을 것이다.

역사의 표면에는 좀처럼 등장하지 않지만 당연히 대서양에서도 표류가 있었다. 조난해서 아메리카 대륙으로 간 배가 편서풍을 타고 유럽 연안으로 돌아오는 일도 있었다. 왜냐하면 카나리아 제도에서 카리브 해까지는 지중해를 동서로 왕복하는 정도의 거리였기 때문이다. 콜럼버스에 관한 자료를 그의 아들로부터 물려받은 바르톨로메오 데 라스 카사스(1484~1566)는 '인디아스사(史)'에서 "콜럼버스가 포르투 산투 섬에 있었을 때, 대해의 저편으로 표착한 배가 간신히 포르투 산투 섬으로 돌아와서 대부분의 선원이 얼마 지나지 않아 목숨을 잃는 와중에 콜럼버스의 집에 체류한 선원이 죽기 직전에 그의 항해일지를 건넸다"고 기록했다. 만약 그것이 사실이라면 콜럼버스는 유럽, 아프리카의 맞은편의 그리 멀지 않은 곳에 아시아가 있다고 확신하였을 것이다.

콜럼버스는 무엇보다도 현장에서 단련된 노력형 인간이었다. 1451년에 제노바에서 직물공의 아들로 태어났지만 그가 성장하였을 때는 오스만 제국의 진출로 제노바가 동지중해, 흑해의 상업권을 상실하였을 때였다. 1453년에 콘스탄티노플이 함락되어 비잔틴제국이 멸망하자 동지중해의 큰 시장을 잃은 제노바는 고난의 시대를 맞이하게 된다.

많은 제노바의 젊은이들처럼 10대 중반부터 콜럼버스도 가게를 돕기 위해 바다로 나가 지중해, 대서양을 항해하는 중에 어른이 되었다. 포르투갈의 엔리케 항해 왕자가 죽은 것은 콜럼버스가 9살 무렵이었을 때이다.

콜럼버스는 20대 중반에 타던 배가 지브롤터해협에서 영불연합선의 습격을 당해 겨우 목숨을 부지하여 산 빈센테 곶에 표착한 이후, 포르투갈 리스본의 제노바인 거주구역에 살게 되었다. 해도나 지도의 작성에 종사하면서 제노바 상인의 의뢰를 받아 각지를 항해하는 배를 타는 생활을 보냈다.

1479년, 콜럼버스는 마데이라 제도의 포르투 산투 섬에 설탕을 매입하러 갔다가 같은 섬의 초대 총독 바르톨로메오 펠레스트렐로의 딸 펠리파와 결혼한 사실은 앞서 언급한 대로이다. 그 포르투 산투 섬에서 콜럼버스는 자신의 항해 체험을 정리하고 포르투갈의 항해사업을 파악하여 새로운 인디아스 사업을 구상했다고 한다. 참고로 인디아스는 오늘날의 인도가 아니라 거의 아시아와 같은 뜻으로 통했다. 그의 착상은 독학으로 습득한 라틴어를 통해 접한 고전, 피에르 다이이의 저작이나 마르코 폴로 등의 아시아 정보로부터 온 것이다. 그러나 독학이었기 때문에 그 세계상은 어디까지나 자기 스스로 구축한 것이고 크게 왜곡된 것이었다. 1484년, 콜럼버스는 포르투갈 왕 주앙 2세에게 사업 원조를 구하였지만 왕의 자문회의는 어설픈 계산에 의한 기획이라며 그것을 거부했다.

3. 해도의 오류를 만회해 준 몬순

주목받기 시작한 콜럼버스의 야망

1488년에 바르톨로메우 디아스가 희망봉을 발견하자, 포르투갈이 동쪽으로 지팡구, 중국해에 도달할 수 있는 가능성이 갑자기 증대되었고, 이는 콜럼버스를 매우 초조하게 만들었다. 콜럼버스의 일확천금을 노리는 은밀한 계획은 중국해와 지팡구 섬에 가장 먼저 도착하는 것을 전제로 하고 있었기 때문이다. 동쪽으로 아시아로 가는 항로를 통해 포르투갈인이 먼저 지팡구에 도달해버리면, 그의 계획은 물거품이 되어버릴 수밖에 없다. 그래서 한시라도 빨리 콜럼버스는 탐험사업을 통한 권익을 군사력으로 보호해줄 후원자를 찾아야 했다.

카나리아 제도를 항해의 기점으로 생각하고 있었던 콜럼버스에게 가장 이상적인 후원자는 스페인왕인 것은 말할 나위도 없는 일이다. 카나리아 제도를 지배하고 있었던 카스티야는 이사벨 여왕과 아라곤의 페르난도라는 국왕끼리의 결혼을 통해서 1479년에 스페인 왕국이 되었다.

그러나 이 무렵의 스페인은 이슬람교도와의 레콩키스타(국토회복운동, 718~1492)의 전투 말기였으며 재정적으로도 어려운 상태였다. 이에 콜럼버스는 자신이 직접 스페인에 갔을 뿐만 아니라 동생인 바솔로뮤를 영국과 프랑스의 궁정에도 파견하여 지원을 요청했다. 만전을 기한 것이다.

스페인 궁정에 충분한 연줄을 가지고 있지 못했던 콜럼버스는 고생한 끝에 1492년 1월에 겨우 그라나다 부근의 산타페에서 스페인 여왕 이사벨과 직접 회견하기에 이르렀다. 콜럼버스에게 행운이었던 점은, 회견 직전에 '최후의 거점'인 그라나다의 이슬람교도가 항복하여 알함브라 궁전을 넘겨받아 레콩키스타가 승리로 끝났다는 사실이었다.

콜럼버스와 이사벨 여왕의 만남을 주선한 것은 아라곤의 재무장관 산탄헬이었다. 그는 앞서 언급했듯이 카나리아 제도에서 사탕수수를 재배하는 제노바 상인과 긴밀한 관계를 가지고 있었다.

콜럼버스의 계획은 왕실의 자문위원회에 의해 어설픈 계획이라고 일단 거부당했지만 1492년 4월 산탄헬의 노력 덕분에 콜럼버스는 이사벨 여왕과 산타페협정을 체결하고 스페인의 해양제독에 임명되었다. 콜럼버스에게 후한 약속을 한 산타페협정이란 다음과 같은 내용이었다.

(1) 콜럼버스에게 돈(Don)이라는 칭호, 제독, 발견된 토지의 부왕(副王), 총독의 지휘를 부여한다.
(2) 콜럼버스가 금, 은, 진주 등의 무역에 의해 얻은 이익의 10분의 1을 취한다.

(3) 콜럼버스에게 대양의 서방 해역에서 발견되어 획득된 섬 및 육지를 통치하기 위해 각지에서 3명의 관리후보를 추천하는 권리를 부여한다.

(4) 콜럼버스에게 대양의 서방 해역에서 교역사업에 동반된 소송사건의 재판권을 부여한다.

(5) 콜럼버스에게 대양의 서방 해역에서 교역사업에 대해 8분의 1의 출자권, 8분의 1의 이익 취득권을 부여한다.

애매한 해도에 의한 불안한 항해

콜럼버스는 산타페 협정에서 이익을 보장받자 먼저 안달루시아 지방의 작은 항구 파로스에 가서 약 10주 동안 3척의 배와 약 90명(일설에 의하면 120명)의 선원을 수배했다. 분주한 항해 준비에 대해서『콜럼버스의 항해일지』는 다음과 같이 기록했다. 참고로『콜럼버스의 항해일지』는 앞서 언급한 바르톨로메오 데 라스 카사스가 서술한 일기체의 기술에 인용된 콜럼버스의 일지를 모은 것이다.

"그래서 나는 같은 해 즉 1492년의 5월 12일, 토요일, 그라나다에서 출발하여 해항 파로스의 마을에 도착하였고, 그곳에서 이와 같은 사업에 적합한 3척의 배를 준비하고 많은 식량과 다수의 선원을 태웠다. 같은 해 8월 3일 금요일의 일출 반시간 전에 항구를 출발하여 대양이 있는 두 폐하의 영토 카나리아 제도로 침로(針路)를 두고 인디아스로 가서 그 땅의 주군에 대한 두 폐하의 사절로서의 임무를 다함으로써 두 폐하가 나에게 명한 것을 지키기 위하여 이 항해를 실행하게 된 것입니다."

파로스항에서 준비한 배는 상인 후안 데 라 코사로부터 빌린 대형 카라크선인 산타마리아호, 밀수를 구실로 왕명에 의해 파로스항에서 강제적으로 징발한 핀타호, 니냐호 2척의 캐러밸선이었다. 참고로 카라 크선이란 원양항해를 상정하여 건설된 중후한 형태의 거대한 범선으로 넓은 선창을 가졌다. 반면 캐러밸선은 3개의 마스트에 커다란 삼각돛 (라틴돛)을 단, 높은 조타성을 가진 소형 범선이었다. 그러나 선원은 실질 적으로 2개월 남짓한 기간에 제대로 모집하기 어려웠으므로, 그 중 20 명은 해방된 죄인이었으며, 스페인에서 추방되기 직전의 콘베르소(개종 유대인)도 포함되어 있었다.

콜럼버스는 지팡구 섬이 카나리아 제도와 같은 위도이며 서쪽으로 약 3,400km 떨어진 곳에 위치한다고 생각하여, 일단 카나리아해류를 타고 선단을 남하시켰다. 8월 12일, 카나리아 제도의 고메라 섬의 산 세 바스찬 항에 입항했다. 그 후 약 1개월 동안 그란카나리아 섬에서 핀타 호의 키를 고치고 니냐호의 삼각돛을 외양항해에 적합한 사각돛으로 바꾸고 난 후, 음료와 1개월 치의 식량을 적재하고 9월 6일 선단은 겨울 의 몬순을 돛으로 받으며 대서양을 나아갔다. 1개월간의 카나리아 제도 체재는 겨울의 북동 몬순이 불기 시작하는 때를 기다리기 위해서도 필 요하였다.

카나리아 제도에서 출항한 후의 항해는 어림짐작으로 진행될 수밖 에 없는 상태였다. 콜럼버스의 항해를 이끈 것은 토스카넬리가 책상 위 에서 작성한 해도였다. 그러나 이 토스카넬리의 지도는 콜럼버스는 믿 어 의심치 않았지만 실제로는 프톨레마이오스의 세계지도를 마르코 폴로의 이야기 등으로 보완한 잘못된 지도였다. 콜럼버스의 항해를 실질적으로 지지한 것은 북동 몬순과 나침반과 흔들리지 않는 콜럼버스의 신념이었다.

콜럼버스가 예상한 대로 항해는 뒤쪽에서 부는 몬순의 도움을 받으며 하루에 약 160km나 전진하는 순조로운 상태였다. 그러나 누구도 항해한 적이 없으며 목표물도 없는 대양을 항해한다는 불안감도 팽배해 있었다. 선원들은 둥근 접시처럼 생긴 평면 위에 끝없이 펼쳐진 넓은 바다가 언젠가는 끝이 나고 배를 지옥으로 떨어뜨릴 큰 폭포가 나타날 것이라고 믿었다. 가도 가도 끝없이 이어지는 대양에 승무원의 불안은 커져갈 뿐이었다.

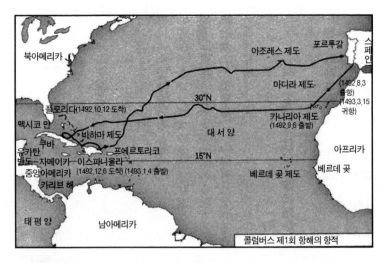

【그림 21】

10월 1일이 되자 식량도 바닥이 보이기 시작하였고 승무원은 콜럼버스에게 배를 돌릴 것을 요구했다. 그러나 다행이도 10월 12일 새벽에 섬이 나타났다. 36일간의 불안에 가득찬 항해 끝에 일행은 카리브 해의 변두리에 위치한, 바하마제도의 선주민이 과나하니 섬이라고 부르는, 작은 산호초에 도착한 것이다. 상륙한 콜럼버스는 신의 은혜에 감사하며 그 섬을 산 살바도르(신의 은혜)라고 명명했다. 돌이켜 보면 콜럼버스의 항해는 그다지 어려운 항해가 아니었다. 그러나 제2의 세계로 횡단하는 최초의 시도로서 끊이지 않는 영광을 누리게 된 것이다.

지팡구 섬 발견이라는 환상

콜럼버스에게 있어 대서양 횡단의 성공은 그저 시작에 불과했다. 도착한 바다가 카타이(중국 북부)의 동방에 펼쳐진 중국해가 틀림없다고 콜럼버스가 멋대로 생각했기 때문이다. 승부는 여기서부터였다.

산 살바도르 섬에 도착한 후 3개월간, 콜럼버스는 '환상의 바다'를 계속 항해하였다. 콜럼버스가 추구한 것은 말할 것도 없이 막대한 금을 산출하는 황금의 섬 지팡구였다. 지팡구 섬은 7천 개나 있는 중국해의 섬 중 특출나게 큰 섬이라고 했으므로 간단하게 발견될 터였다.

콜럼버스는 처음에 카리브 해 항해 15일 만에 발견한 쿠바 섬을 지팡구라고 생각했지만, 곧 그것을 대륙의 일부라고 판단하게 되었고 옆에 있는 아이티 섬이 지팡구라고 생각했다. 콜럼버스는 그 섬을 이스파니올라 섬이라고 명명했다. 이스파니올라란 '스페인국왕의 섬'이라는 의미이다.

이스파니올라 섬에서는 주민인 따이노인의 족장이 황금의 장신구를 차고 있었다. 족장은 황금의 산지에 대해 질문을 받고 섬의 중앙부의 시바오라고 답했다고 한다. 콜럼버스는 시바오를 지팡구라고 잘못 들어 그 섬이야말로 황금의 섬 지팡구가 틀림없다고 멋대로 판단하게 된다.

후술하겠지만 콜럼버스는 사방팔방으로 대서양, 카리브 해를 항해했으므로 많은 해도를 만들었을 것으로 추측된다. 그러나 콜럼버스가 만든 해도는 현재 거의 남아 있지 않다. 콜럼버스의 해도는 재산으로서 관리되다가 항해와 탐험이 진행되는 와중에 시대착오적인 해도로 폐기되었을 것으로 생각된다. 유일하게 이스파니올라 섬 북부의 해안선을 메모한 듯 그린 간단한 해도가 남아있을 뿐이다.

4. 1490년대에 단번에 개척된 '제2의 세계'

남에서의 파동과 북에서의 도전

　1492년의 콜럼버스의 항해 성공은 그야말로 아닌 밤중에 홍두깨였다. 콜럼버스는 실질적으로 해도에 없는 리스크 투성이의 항해를 하여 운 좋게 대서양 맞은편의 육지에 도착한 것이다. 그러나 탐험의 성공은 토스카넬리의 지도, 프톨레마이오스의 세계지도를 실증한 아시아의 항해로 받아들여져 온 유럽을 경악시켰다. 콜럼버스의 항해는 아이러니하게도 프톨레마이오스의 세계지도에 대한 신뢰성을 한층 높인 결과를 가져왔다.

　그래서 스페인은 콜럼버스의 인디아스 사업을 본격적으로 국가사업으로 추진하게 된다. 제1회의 항해로부터 불과 반년 후인 1493년 9월 25일에 대귀족의 출자금과 유대인의 몰수재산 등을 재원으로 삼아서, 인디아스로 대규모 식민을 추진할 목적으로 콜럼버스의 제2회 항해가 조직되었다. 콜럼버스의 사업은 스페인의 국가사업이 되면서 많은 사람들이 기대를 걸게 되었다. 제 2회 항해의 선단의 출항지는 이제 작은 항구 파로스가 아니라 스페인을 대표하는 항구 카디스였다.

콜럼버스 선단은 기함인 마리아갈란테를 시작으로 17척의 함선, 승무원 약 1,500명(일설에 의하면 1,200명)으로 이루어졌으며, 배에는 스페인의 거주지를 만들기 위한 밀, 포도, 말, 소, 돼지 등이 선적되었다. 제 2회의 선단파견을 통하여 스페인은 대서양을 서쪽으로 항해하여 아시아에 이르는 항해를 바로 궤도에 올리려고 한 것이다.

제 2회 항해의 목적지로 선정된 곳은 물론 지팡구로 오인된 이스파니올라 섬이었다. 선단은 카나리아 제도를 경유하여 2개월에 걸쳐 대서양을 건너 11월 27일, 이스파니올라 섬에 도착했다. 제 1회 항해 때, 이스파니올라 섬에는 크리스마스의 밤에 산호초에서 좌초한 산타마리아호의 선재를 이용하여 '나비다드'라는 요새를 만들고 거기에는 36명의 승무원이 남아 있었다. 그러나 다시 나비다드를 찾아가자 남은 승무원은 모두 살해당하고 요새는 흔적도 없었다. 콜럼버스는 나비다드의 동쪽에 성채도시 이사벨을 건설하고 황금을 발견하려고 힘을 쏟았지만 이루지 못했다.

그래도 콜럼버스는 포기하지 않았다. 이스파니올라 섬은 물론 쿠바 섬 등의 조사도 계속하였지만 대량의 황금이 발견될 리는 만무했다. 콜럼버스가 인디아스에 집착한 것은 이유가 있었다. 산타페협정으로 콜럼버스가 지배를 위임받은 영토가 인디아스(아시아)에 한정되어 있었기 때문이었다. 이성을 잃은 콜럼버스는 승무원들에게 쿠바 섬이 인디아스 대륙의 일부라고 인정하는 서약서에 무작정 서명하도록 강요하는 지경에 이르렀다. 콜럼버스는 자신의 권익을 지키기 위해 필사적이었던 것이다.

한편, 이 무렵 북대서양의 편서풍 해역에서도 새로운 도전이 시작
되었다. 1484년, 영국에 이주한 베니스의 항해사 조반니 카보토(존 캐벗,
1450년경~1498)이 콜럼버스의 탐험 성공에 큰 자극을 받아 대서양을 북쪽
으로 횡단하는 탐험을 시작한 것이다. 캐벗은 콜럼버스의 항해정보가
마르코 폴로의 기술과 일치하지 않는 점에 주목하여 콜럼버스가 아직
아시아에 도달하지 못한 것이라고 생각했다.

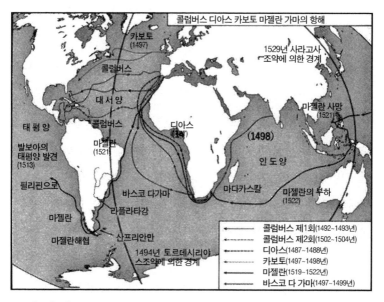

【그림 22】

캐벗은 콜럼버스가 항해한 북위 28도선보다 북쪽의 위도에서 항해
하면 더 짧은 거리로 대서양을 횡단할 수 있다고 주장하면서, 영국 왕
헨리 8세(재위 1485~1509)에게 북쪽 항로를 통한 지광구 탐험의 기획을 제

안했다. 그러나 이 항해는 몬순을 이용한 콜럼버스의 항해와는 비교가 불가능할 정도로 곤란한 편서풍이 부는 해역을 이용해야 했다.

핸리 8세는 캐벗의 제안을 받아들여 "북, 동, 서 어느 방향이든 미지의 토지를 향한 항해를 허가한다"는 특허장을 그에게 수여했다. 왕은 포경, 어업, 북방 해역과의 교역으로 번영한 영국 서부의 브리스틀 항의 관세의 일부를 포함한 자금을 캐벗에게 제공했다. 나머지 자금 중 절반은 캐벗의 사업을 후원하는 브리스틀의 상인단이 충당했다. 그러나 이 정도로도 자금은 충분하지 않아서 소규모의 항해가 될 수밖에 없었다.

캐벗은 1497년에 18명의 선원과 함께 북방 루트를 찾아서 매튜호를 타고 브리스틀 항에서 출항했다. 캐벗은 북위 46도와 51도의 편서풍 해역을 예전의 바이킹의 루트를 따라서 편서풍을 거슬러 54일간 항해한 끝에 뉴펀들랜드 섬과 래브라도 반도를 발견한다. 참고로 래브라도란 탐험을 지원한 아소레스 제도의 농장주 래브라도의 이름을 따서 지어진 지명이다. 항해를 마치고 브리스틀에 귀환한 캐벗은 아시아의 동쪽 끝에 도달했다고 주장했다. 그러나 그 증명을 추궁받았고 결국 증거를 제출하지 못하여 억울해 하였다.

캐벗은 이듬해에도 그린랜드 연안의 조사를 행한다. 그러나 험한 항해에 불만을 품은 선원들이 반란을 일으키게 된다. 캐벗은 선원의 요구에 응해 남하할 수밖에 없었다. 그러나 그때 우연히 아메리카 북부의 델라웨어 강의 하구, 현재의 워싱턴 D.C.의 동쪽에 위치한 체사피크 만을 발견한다. 그런데 캐벗은 불행하게도 이 항해 중에 목숨을 잃고 만다. 그러나 캐벗의 탐험은 후에 플로리다 이북의 토지 영유권을 영국에서 주장할 때 그 근거로 유용하였다. 어렵게 캐벗이 개발한 항로지만, 그 후에 대구의 활발한 어장이 된 뉴펀들랜드 섬 원양에 각국의 어민이 들이닥치게 되었을 뿐이었다.

캐벗의 탐험은 콜럼버스의 사업과 비교하면 개인적인 색채가 강했다고 말할 수 있다. 또한, 1497년에 앞서 언급했듯이 바스코 다 가마의 선단이 대서양을 남하하여 희망봉을 우회하여 인도에 이르는 항해에 나선 바 있다. 대서양을 희망봉까지 단번에 남하하여 인도에 이르는 항해의 시작이었다. 이렇듯 1490년대는 베일에 싸인 대서양을 향해 유럽인의 진출이 한층 본격화된 시대였다. 대서양의 중앙부, 남, 북으로 해상의 도로가 개척되어 대서양에 대한 본격적인 해도 제작이 시작된 것이다.

제2의 세계의 바다의 하이웨이

유럽, 아프리카와 남북아메리카가 마주보는 대서양은 중앙 부분이 좁아서 몬순을 이용하면 횡단이 비교적 용이했다. 몬순을 받기만 하면 1개월 남짓한 기간 안에 반드시 반대편으로 갈 수 있었던 것이다.

인도양, 대서양 등의 대양에 부는 바람은 위도에 따라 악천후가 반복되는 강한 바람인 편서풍과 계절적으로 풍향이 바뀌면서 바람이 잔잔해지는 몬순으로 크게 구별된다. 대서양에서는 북반구의 모로코-카나리아 제도-플로리다 반도의 연결부-멕시코 만의 북부를 잇는 선의 남쪽과, 북반구의 희망봉-남아메리카의 라플라타 강을 잇는 선의 몇 도 북쪽 사이가 몬순 해역이었다. 스페인, 포르투갈에서 카나리아 제도

부근의 해역을 내려가면 북동의 몬순을 사용하여 카리브 해를 향한 항해가 용이했다. 즉, 콜럼버스가 개척한 대서양 횡단 항로는 누구나 간단히 항해할 수 있는 제2의 세계로 향한 하이웨이였던 것이다. 곧 항로는 스페인이 도저히 독점할 수 없는 해상의 공도로 성장하게 된다.

카리브 해에서 유럽으로 돌아가는 항해는 여름의 몬순이 이용되었는데, 1513년에 플로리다 해를 거쳐 유럽으로 향해 흘러가는 멕시코 만류라는 거대 해류가 발견되자 유럽으로 돌아가는 항해는 더욱 용이해졌다. 플로리다 해에서 멕시코 만류를 타고 버뮤다 제도를 경유하여 아소레스 제도를 북상한 다음 편서풍을 타고 서쪽으로 항해하면 확실하게 유럽으로 귀환할 수 있었다.

몬순을 이용하는 대서양의 해상의 도로에 대한 정보가 유럽에 퍼지자 수십 톤 정도의 배라도 간단히 대서양을 왕복할 수 있게 되었다. 이후, 네덜란드나 영국의 사략선(私掠船)이 카리브 해에 출몰하여 스페인선을 난처하게 한 것도 바다의 하이웨이를 쉽게 이용할 수 있었기 때문이다. 대서양의 해상의 도로를 통해서 유럽, 아프리카, 남북아메리카의 이질적인 지역이 연결되면서 제2의 세계라는 새로운 세계가 만들어진다.

대서양 횡단 항로의 출현은 유럽의 해역과 카리브 해가 하나의 바다가 되었음을 의미하지만 크게 보면 유라시아의 조밀한 인구 벨트 지역이 카리브 해까지 확장되었음을 의미하였다. 남북아메리카에 변화가 시작된 것이다. 한편 남반구의 베르데 곶 제도와 브라질 사이에도 몬순을 이용한 안정된 해상의 도로가 만들어졌고 노예무역의 간선 항로로서 이용된다.

신구의 지도를 융합시킨 코사의 세계지도

콜럼버스가 애매하게 수정한 프톨레마이오스의 세계지도의 아시아 상은 마드리드의 해사박물관에 보존되어 있는 '후안 데 라 코사의 지도'를 통해서 확인할 수 있다. 제2의 세계는 아직 시야에 들어있지 않았고 대서양의 저편을 아시아로 생각한 시대의 세계지도이다. 코사의 세계지도는 콜럼버스의 항해와 바스코 다 가마의 인도로의 항해, 거기에 영국 국왕이 지원한 캐벗의 항해를 동시에 기록한 기념비적인 지도이다.

콜럼버스의 제1회의 항해에 참가하였고 1494년에는 니냐호에 의한 쿠바, 자메이카의 순항에 참가한 항해사 후안 데 라 코사는 콜럼버스 등의 항해가 있은 지 얼마 되지 않은 1500년이라는 매우 빠른 시기에 자신의 항해의 체험과 수집한 해도를 바탕으로 새로운 세계지도 작성에 착수하여 1508년에 송아지 가죽을 이용하여 손으로 그려 제작한 세계지도를 완성시켰다.

이 세계지도는 대서양에 3개의 컴퍼스 로즈를 배치하여 포르톨라노의 형식을 취하고 있으며 지도상의 방위선이 복잡하게 교차하고 있다. 콜럼버스뿐만 아니라 캐벗의 탐험성과도 반영한 이 지도는 카리브해를 중심으로 북아프리카에서 남아메리카에 이르는 대서양의 해안선이 아시아로서 강조되어 그려져 있으며, 특히 중국의 해역으로 여겨진 카리브 해역은 탐험의 성과를 강조하기 위하여 큰 축척으로 그려져 있다. 콜럼버스가 도달한 해역과 기존의 세계지도가 조화를 이루지 못한 매우 난감한 지도이다.

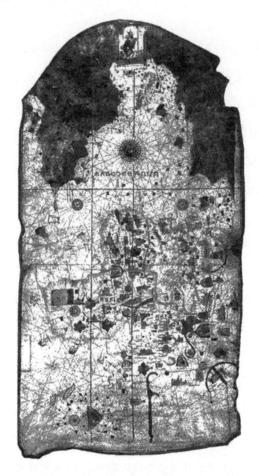

【그림 23】 16세기 초, 스페인의 항해사 후안 데 라 코사에 의한 세계지도(마드리드 해사박
물관 소장). 서쪽이 위로 되어 있고 성 크리스토퍼가 그려져 있다.

코사의 세계지도는 동시에 후술할 스페인과 포르투갈 사이의 분계
선을 그린 최초의 지도이기도 하다. 분계선으로 보이는 경선은 브라질
의 동쪽 끝을 지나도록 그려져 있으며, 신대륙이 전부 스페인 영토가 되

었다.

세계지도에서는 북아메리카가 아이슬란드를 사이에 두고 유럽에 지나치게 가깝게 그려져 있다. 또한 콜럼버스가 작성한 해도를 바탕으로 쿠바, 이스파니올라, 자메이카, 푸에르토리코의 대 앤틸리스 제도가 제대로 그려져 있으며 소 앤틸리스 제도 남부의 트리니다드에서 베네수엘라의 마라카이보에 걸쳐서 남 아베리카도 그 전년도에 행해진 자신의 항해를 바탕으로 정확하게 그려져 있다. 또한 지도상에는 콜럼버스의 제1회부터 제3회까지의 항로도 기록되어 있다.

코사는 콜럼버스가 쿠바를 아시아 대륙의 일부로 본 것에 대해서, 의도적으로 대서양 상에 고립된 섬으로 그렸다. 콜럼버스는 자신의 이권을 지키기 위해 막무가내로 쿠바를 중국의 일부라고 주장했으나 코사는 자신의 항해를 바탕으로 섬이라고 판단했다. 그 일로 코사는 나중에 콜럼버스의 원한을 사게 된다.

또한 코사는 최상부에 아직 탐험이 이루어지지 않은 카리브 해 오지에 성 크리스토퍼의 그림을 그려 세계지도를 애매하게 하고 있다. 그 지역에 콜럼버스가 주장하는 해협이 있는지 없는지는 판단을 보류하였다.

코사의 세계지도에는 1497년에 영국 왕 밑에서 캐벗이 항해한 북아메리카의 래브라도를 항해한 성과도 포함되어 있으며 그 땅을 영국 곳으로 간주하여 영국의 깃발이 그려져 있다. 북아메리카의 해안 부분에는 '영국인에 의해 발견된 바다'라는 기재도 있다. 코사의 세계지도는 1490년대에 단번에 대서양이 개척된 시대의 혼란스러운 세계상을 현재에 전하고 있다.

5. 포르투갈과 스페인이 동서로 분할한 대서양

제2의 세계에서 일어난 가톨릭 양국의 갈등

15세기 말에 스페인이 카나리아 제도로 진출하자 이미 아프리카 서안에 진출한 포르투갈 사이에 대서양의 지배권을 둘러싼 항쟁이 일어났다. 포르투갈과 스페인 두 나라가 대서양의 어느 해역을 지배할 것인가를 둘러싼 싸움은 장기화된다.

1481년, 가톨릭 국가인 두 나라가 교황을 중개자로 두고, 영역 분할 경계선을 결정하는 평화조약을 체결하였다. 1481년에 나온 교황의 교서에는 포르투갈은 카나리아 제도의 스페인의 주권을 인정하고 스페인은 보자도르 곶부터 남쪽의 해역, 인도에 이르는 장래 발견될 해역, 그와 영속(永續)된 수역과 부속 섬의 포르투갈의 주권을 인정했다. 이러한 분계선은 본래 레콩키스타(국토회복운동)의 과정에서 이슬람교도의 지배지를 분할하기 위해 실시한 선 긋기에서 유래했다. 당시에 가톨릭 왕 중 누구에게 어느 땅의 지배권을 위임할 것인지는 교황의 전결사항이었다. 스페인과 포르투갈의 이해를 조정할 수 있었던 것은 교황밖에 없었던 것이다.

1481년의 경계선에서 문제가 된 것은 포르투갈에게 우선권이 인정된 접속수역의 범위였다. 당시에 접속수역은 100해리 정도로 생각되었지만 구체적인 규정은 없었으며 경계는 양국의 역관계로 결정되었다. 참고로 해리란 지구의 둘레를 이루는 호 일부를 나타내는 길이였으며 시대, 지역에 따라 계산이 틀렸다. 현재의 국제해리는 1,852m이다.

이러한 교황의 교서에서 일단 진정된 듯이 보이던 양국의 싸움은 한 사건을 계기로 다시 불이 붙기 시작한다.

그 사건이란 제1회의 항해의 귀로에서 폭풍을 만난 콜럼버스의 배가 우연히도 리스본에 피난하게 되면서 콜럼버스가 왕실에 초청되어 항해의 사정에 대해 말한 일이다. 이 일을 계기로 콜럼버스의 항해의 성공은 일찌감치 포르투갈 왕 주앙 2세에게 알려졌고, 콜럼버스가 도달한 새로운 해역을 둘러싸고 양국의 싸움이 재발한 것이다. 포르투갈 왕은 콜럼버스의 보고를 듣고 사업을 지원하지 않은 것을 후회했지만 그가 도달한 곳이 아시아 대륙의 동쪽 끝에 불과한 것을 알고 안도했다. 이윽고 포르투갈은 자국의 기득권익을 지키는 행동에 적극적으로 나서게 된다.

포르투갈은 1481년의 교황의 교서에서는 보자도르 곶 이남의 포르투갈의 접속수역이 서쪽을 향해 한없이 뻗어 있으며 스페인이 영유를 선언한 카리브 해의 서인도 제도는 포르투갈의 관할해역에 포함되어 있다고 주장했다. 즉 포르투갈은 대서양의 세력권을 위도에 의해 남북으로 구분할 것을 주장한 것이다. 그러면 플로리다 반도의 밑부분과 거의 동위도의 보자도르 곶 이남의 대서양은 카리브 해역을 포함하여 모두 포르투갈의 관할 하에 들어가게 되는 것이다. 그러나 쿠바, 이스파니올라 섬을 포함한 카리브 해의 대부분이 포르투갈의 관할 하에 두는 분할안을 스페인이 용인하지 않을 것이 당연했다.

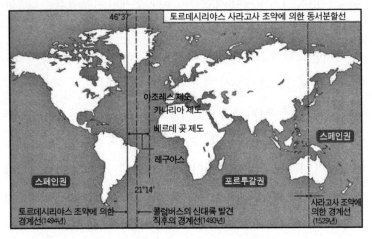

【그림 24】 토르데시아스, 사라고사 조약에 의한 동서의 분할선

콜럼버스의 탐험 후에 다시 뜨거워진 포르투갈과 스페인의 분쟁을 중개한 것은 교황 알렉산데르 6세(재위 1492~1503)이었다. 알렉산데르 6세는 아라곤에 복속된 발렌시아의 보르지아 가문 출신이며 스페인에 우호적인 입장이었다.

1493년, 교황은 스페인에게 서인도제도의 지배를 인정한다고 결정했다. 아소레스 제도 및 베르데 곶 제도의 서쪽 1천 레그아(1레그아는 약 5,900m)에 그어진 경선으로 스페인과 포르투갈의 관할해역을 동서로 나누는 것이 칙서의 내용이었다. 포르투갈이 주장한 남북으로 세력권을 나누는 안에 대해 교황은 스페인에게 유리하도록 동서로 대서양의 세력권을 분할하는 안을 제시한 것이다.

그러나 지금 생각해보면 교황의 경계선은 매우 애매한 것이었다. 경선이 정확하게 측정하게 되는 것은 18세기의 영국에서 크로노미터가 제작된 이후이므로, 당연하게도 당시의 경도의 측정 그 자체가 애매했던 것이다. 그러나 누구도 정확하게 측정할 수 없는 경선을 사용하여 양국의 지배 해역을 동서로 분할하는 데에는 하나의 의도가 있었다. 포르투갈이 지배하는 대서양 해역의 끝에 스페인이 지배하는 새로운 영역을 설정하려는 것이었다.

조금 더 구체적으로 살펴보면 베르데 곶 제도의 서쪽 끝은 아소레스 제도의 서쪽 끝보다 6도 동쪽에 위치해 있으며 거리로는 100레그아이다. 아소레스 제도와 베르데 곶 제도의 경도를 동일시하는 교황의 자오선은 극히 자의적인 해양인식에 근거한 조정안이었다고 말할 수 있다. 엔리케 항해 왕자 이후 탐험을 계속해 온 포르투갈 왕은 베르데 곶부터 100레그아라는 거리에 강한 불만을 가졌으며, 양국의 분쟁은 계속되었지만 결국 1494년 알렉산데르 6세에 의해 제안된 분할안이 토르데시아스 조약으로서 양국 간에 체결되면서 최종적으로 정리된다. 그 조약에서 베르데 곶 제도의 서방 370레그아(약 2,183km)에서 동서로 지배영역이 분할되었다. 한때 콜럼버스가 카나리아 제도와 지팡구의 거리를 740레그아로 계산했으며 370레그아는 딱 그 반의 거리에 해당했다.

경도로 고치면 서경 46도 37분이 새로운 경계선이 되어 대서양이 이분되었으며, 브라질은 포르투갈, 카리브 해는 스페인의 지배영역이 되었다. 그 후 양국은 자신들의 해역에 대한 해도를 엄격하게 관리하여 권익을 독점하려고 했다. 스페인인이든 포르투갈인이든 대서양의 동서로 분할된 해역의 육지를 자유롭게 왕래하는 것은 불가능해졌다.

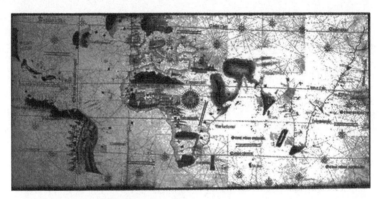

【그림 25】 19세기, 이탈리아의 북동부 모데나에서 발견된 1502년 작성된 칸티노 지도(모데나 에스텐세 도서관 소장)

과도기의 해도정보를 집적한 칸티노 지도

토르데시아스 조약에 의한 경계선을 최초로 명확하게 그린 가장 오래된 세계지도는 칸티노 지도이다.

이 세계지도는 1502년 콜럼버스의 새로운 지리적 발견에 흥미를 가진 지도수집가, 아틸리아 북동부의 페라라공 에르콜레 데스테의 대리인 아르베르트 칸티노가 포르투갈의 지도 제작자를 몰래 매수하여, 포르투갈의 최신 해도 원본을 참고하여 그리게 한 지도라고 알려져 있다.

그러나 포르투갈 입장에서 보면 도둑맞은 정보에 의한 칸티노 지도는 있어서는 안될 지도였다. 지도의 제작자는 물론 누구인지 모른다. 이 지도는 기밀정보를 사들인 인물인 칸티노의 이름을 따서 칸티노 지도라고 불렸다.

그러나 이 칸티노 지도는 긴 시간 동안 그 존재가 알려지지 않았다. 19세기에 이탈리아 북동부의 도시 모데나의 푸줏간에서 지도수집가에 의해 우연히 발견되어 처음으로 존재가 확인되었다. 현재는 모데나의 에스텐세 도서관에 보존되어 있다.

칸티노 지도의 특징은 그때까지의 세계지도와 비교하여 해양의 비율이 현저하게 증가하여 종래의 육지 중심의 세계지도와는 전혀 다르다는 점이다. 지도 상에는 다수의 컴퍼스 로즈가 배치되어 있으며 각각에서 32개의 침로가 뻗어 지도상에서 교차하고 있다. 이 지도에서는 아프리카 대륙이 동쪽으로 기울어진 모습이 없어졌고, 끝이 좁기는 하지만 인도 반도가 제대로 그려져 있으며, 몰디브 제도가 그려져 있는 등 바스코 다 가마가 인도로 가는 항해를 성공시킨 직후의 포르투갈 정보가 적극적으로 반영되어 있다.

10년 전에 그려진 마르텔루스의 세계지도(110쪽)와 비교하면 아프리카의 해안선이 매우 정확해져서, 칸티노 지도가 포르투갈에서 기밀이었던 기준 해도에 준거하였음을 이해할 수 있다. 아시아에서는 말레이 반도의 우측에 "믈라카 마을에는 코지코드에 모이는 모든 상품이 있다"라고 적혀 있다.

또한 1500년, 포르투갈의 카브랄이 발견한 브라질은 포르투갈의 국기와 삼림과 열대산의 앵무새가 그려져 있다. 대서양 서부는 극히 애매하며 카리브 해의 섬들은 대서양 상의 가공의 섬 안티야스에 이어지는 섬으로 그려져 있으며, 그 전체를 '카스티야 왕의 안티야스'라고 명명하였다. 그 북서쪽은 아시아의 일부로서 적혀 있지만 섬들의 서쪽은 공백으로 남아 있다. 또한 섬들의 남쪽에는 현재의 베네수엘라에서 브라질 북부에 이르는 해안선이 그려져 있다. 이러한 점에서 포르투갈인이 대서양의 섬들 너머에 있다고 여긴 전설상의 섬인 안티야스 섬의 연장선에서 카리브 해역을 보고 있었던 사실이 명백해진다.

　이 지도에 의거하는 한, 포르투갈인은 콜럼버스의 항해가 역사를 바꿀 만한 획기적인 항해라고는 생각하고 있지 않았던 것 같다. 콜럼버스 자신의 인식이 그랬기 때문에 무리도 아니었다.

6. 세계지도에 '제2의 세계'를 등장시킨 발트제밀러

해협에 희망을 건 콜럼버스

콜럼버스 입장에서 보면 도착한 땅이 인디아스(아시아)이어야만 했다. 그것이 탐험사업 전체의 전제조건이었다. 그에게 부여된 모든 권한은 발견한 토지가 아시아라는 점을 전제로 한 것이기 때문이다. 만약 새로운 대륙이면 스페인 왕실과의 협약이 무효가 되어 버린다. 콜럼버스는 어떻게 해서든 카리브 해를 인디아스의 바다로 여길 수밖에 없었다.

1493년의 제2회 항해에서 콜럼버스는 항로를 남쪽으로 잡아 소 안틸레스 제도의 도미니카 섬으로 갔고 그 후에 이스파니올라 섬에 이르렀다. 콜럼버스는 이스파니올라 섬의 지배를 동생인 디에고에게 맡기고 1494년에 3척의 배를 지휘하여 쿠바 섬, 자메이카 섬의 연안을 빈틈없이 탐험하여, 쿠바가 중국 본토의 만지[蠻子][10]의 일부이며 그 너머에 프톨레마이오스 지도의 황금의 곳이 있다고 추측했다. 콜럼버스는

---

10 원나라 때 중국 남부 지역을 지칭한 용어이다. 江南·南人이라고도 불렀다.

프톨레마이오스 세계지도의 인디아스 부분을 믿고 카리브 해의 안쪽에 서쪽의 인디아스로 통하는 해협이 있다고 생각했다.

1498년, 6척의 선단에 의한 콜럼버스의 제3회 항해가 이루어졌다. 선단은 카나리아 제도에서 남하하여 베르데 곶 제도에 이르렀으며, 북위 9도 부근에서 서쪽 방향으로 침로를 잡았다. 콜럼버스는 중국 남부의 만지의 서남에 위치한다고 여겼던 황금의 곶 혹은 그 앞으로 뻗은 인디아스 대반도에 직접 도달하려고 했다.

선단은 같은 해 7월, 서인도 제도가 남아메리카와 접하는 선단부의 트리니다드 섬에 도착하였고 이어서 베네수엘라의 오리노코 강 하구의 팔리아 만에 이르렀다. 콜럼버스는 처음에 이 땅을 섬이라고 주장했지만, 이윽고 지금까지 알려지지 않은 대륙의 일부라고 생각하게 되었다. 그러나 그것이 인디아스 대반도의 일부인지 미지의 대륙인지는 분명하지 않았다. 참고로 트리니다드란 스페인어로 기독교의 삼위일체를 의미하며 전체 섬이 3개의 섬으로 이루어졌기 때문에 붙은 이름이었다.

콜럼버스는 제3회의 항해에서 직접 아메리카 대륙에 도달했지만 불행히도 그 사실을 몰랐다. 혹은 믿기 싫었을지도 모른다. 그러나 콜럼버스는 오리노코 강에 흐르는 많은 양의 물이 해수가 아니라 담수인 점으로부터 그 지역이 어떤 대륙의 일부라고 볼 수밖에 없었다. 그래서 콜럼버스는 프톨레마이오스의 세계지도를 수정하여 중국 남부의 만지가 바로 서쪽의 황금의 곶으로 이어지는 것이 아니라 중간에 남방으로 뻗는 인디아스 대반도가 존재한다고 생각했다. 포르투갈이 이미 진출한 인도양은 인디아스 대반도의 더욱 서쪽에 위치한다고 행각한 것이다. 환상의 해도를 가지고 항해한 콜럼버스는 결국 그때도 성과를 이루지 못하였고, 그 후 마르가리타 섬까지 연안부를 서쪽으로 항해한 다음 카리브 해의 이스파니올라 섬으로 돌아갔다.

그런데 이스파니올라 섬에 돌아온 콜럼버스에게 예기치 못한 시련이 기다리고 있었다. 이스파니올라 섬이 지팡구 섬이 아니라는 사실에 불만을 품은 스페인 사람들이 반란을 일으켰고 그에 대한 대처가 적절하지 못했다고 하여 콜럼버스는 의무위반으로 체포되었다. 그대로 쇠고랑을 차고 콜럼버스는 스페인으로 송환되었다. 설상가상으로 콜럼버스는 이스파니올라 섬의 지배권과 항로 독점권까지도 박탈당하였고 이는 모두 스페인 국왕이 관할하게 되었다.

1501년 말이 되자, 콜럼버스의 후계자들에 의해 현재의 콜롬비아와 파나마 사이의 다리엔 만까지를 시야에 둔 항해가 이루어졌고, 카리브 해가 거대한 육지에 둘러 쌓여있는 지중해와 마찬가지로 내해라는 사실이 밝혀졌다. 물론 콜럼버스는 여전히 다리엔 만의 어딘가에 있을 해협을 발견하면, 아시아의 바다로 나가 프톨레마이오스의 세계지도에 그려진 황금반도에 갈 수 있다고 생각했다.

1502년이 되자 콜럼버스는 겨우 국왕의 허가를 받아 4척의 작고 낡은 배로 이루어진 선단을 조직하여 네 번째의 항해에 나설 수 있었다. 선단은 카리브 해를 횡단하여 현재의 온두라스에서 다리엔 만에 이르는 해역에서 아시아의 해역으로 통하는 해협을 찾아서 카리브 해 서부를 헤맸다. 말루쿠 제도의 안쪽에 있다고 생각한 거대한 만 '시누스 마그누스'로 빠지는 해협의 발견 여부에 콜럼버스의 운명이 걸려있었던 것이다.

항해를 시작할 때 국왕의 명령으로 이스파니올라 섬의 기항이 금지

된 콜럼버스는 6개월에 걸쳐서 다리엔 만을 항해했지만 결국 해협은 발견할 수 없었다. 노후한 선박으로 이루어진 콜럼버스 선단은 침몰 직전의 위험한 상태로 자메이카 섬에 이르렀고, 1504년에 겨우 스페인으로 돌아왔다.

같은 해 콜럼버스를 높이 평가하여 많은 편의를 봐주었던 이사벨 여왕이 세상을 떠났다. 그리고 1506년, 콜럼버스도 여왕을 따라가듯 스페인의 바야돌리드에서 병사한다. 아시아로 해상의 도로를 연결하려고 했던 콜럼버스의 사업은 결국 결실을 맺지 못하고 끝나고 말았다. 그리고 콜럼버스가 죽고 나서 아시아로 통하는 해협의 탐험은 북쪽 해역으로 무대를 바꾸어 이어어지게 된다.

환상이 모습을 바꿔 사람들을 끌어들인 것이다. 1511년에는 플로리다 반도에 이르는 카리브 해의 해안선이 점차 밝혀지게 된다.

콜럼버스가 제4회의 항해에서 풍부한 황금이 산출된다고 보고된 파나마 지협(地峽)을 1513년 스페인 사람인 바르보아(1475~1519)가 탐험했다. 거기서 바르보아는 지협의 작은 산에서 지금까지 아무도 보지 못했던 큰 바다를 발견하였고 그 광대한 바다를 '남쪽 바다'라고 이름 붙였다. 오늘날의 태평양이 발견된 것이다. 그 후, 카리브 해에서 제2의 세계가 끝나고 아시아와 그 사이에 광대한 대양(제3의 세계)이 존재한다는 사실이 점차 밝혀진다. 이 와중에 프톨레마이오스의 세계지도에 대해서도 커다란 의문이 제기된다.

메디치 가의 대리인 아메리고 베스푸치

포르투갈이나 스페인 어느 나라에도 속하지 않은 피렌체의 상인 아메리고 베스푸치(1454~1512)가 두 나라의 세력권을 항해하고 보낸 편지는, 아메리카 대륙이 '제4의 대륙'일 지도 모른다는 의문을 강하게 제기하였다.

1454년, 피렌체의 유복한 공증인의 집에서 태어난 아메리고는 콜럼버스보다 3살 적었으며 이른바 콜럼버스 세대에 속했다. 아메리고는 르네상스의 중심지인 피렌체에서 인문주의적인 교양을 익힌 뒤 은행가 메디치가에 고용되어 스페인의 세비야에 갔다. 아메리고는 단순한 상인은 아니었다.

정치적 동란을 통해서 피렌체의 실권을 쥐고 있었던 메디치 가가 1494년에 추방되자 일시적으로 피렌체는 도미니크회 수도사 지롤라모 사보나롤라(1452~1498)가 지배권을 장악하는 시대가 시작되었다. 이런 와중에 아메리고는 1492년 이후, 스페인 경제의 중심지인 세비야에 자리 잡고, 메디치 가로부터 스페인의 상업상의 대리권을 위임받은 베랄디 상회의 지배인이 되었다. 아메리고는 1493년에 콜럼버스가 제2회 항해를 할 때 배의 장비와 물품 조달을 담당했었다. 아메리고는 한 사람의 상인으로서 곁에서 콜럼버스의 항해를 지원했던 것이다.

이처럼 스페인의 탐험 사업에 깊게 관련되었던 아메리고는 인문주의자로서 항해에 깊은 관심을 가지고 있었으며, 1499년에는 스페인의 항해사 오제다(1498~1515)가 이끄는 서 인도 제도 남단부의 탐험에 참가했다. 이듬해, 기밀 유지를 위해서 스페인이 서 인디아스로 가는 원정에서 스페인인 외에는 참가하지 못하게 하자, 아메리고는 활동의 장을 포르투갈로 옮겼다.

포르투갈 왕 마누엘 1세는 아메리고의 경험, 인맥, 풍부한 재력을 높이 평가하여 후하게 대접했다. 왕은 1500년 카브랄 선단에 의해 브라질(베라 크루스 섬)[11]이 발견된 직후에, 리스본 재무국의 서기 곤잘로 코엘료가 조직한 브라질 연안 조사를 위한 항해에 아메리고를 참가시켰다. 아메리고는 이렇게 스페인, 포르투갈 양국의 항해에 참가함으로써 포르투갈인, 스페인인 선원을 뛰어넘는 넓은 시야를 가지게 되었다.

아메리고의 편지가 그린 신대륙

아메리고는 상인보다도 항해사로서 이름을 알리고자 하는 야심을 가지고 있었다. 그 야망을 이루기 위해서도 스페인과 포르투갈의 탐험 사업에 참가한 경험을 바탕으로 1500년부터 1504년에 걸쳐 피렌체의 요인에게 6통의 편지를 썼다. 이 편지들은 자신의 견문의 기록이었지만 더 중요한 것은 그것이 귀중한 항해 기록이기도 했다는 사실이다.

당시에 대서양의 항해 정보는 국가 기밀로서 스페인과 포르투갈의 엄중한 관리 하에 놓여 있었다. 그러한 이유 때문에 아메리고의 편지도 지리적, 상업적 정보에 머무를 수밖에 없었다. 뿐만 아니라 지명을 적지 않는 등 고의적으로 애매하게 기술한 부분도 있다. 그러나 그 편지는 신

---

11 포르투갈들이 브라질을 처음 발견하고 붙인 이름으로 '진실한 십자가의 섬'이라는 뜻이다. 대륙의 일부로 확인하고 나서는 '성스러운 십자가의 땅(테라 데 산타 크루스)'라고 하였다.

선함 때문에 관심을 불러일으켰으며, 라틴어로 번역되어 유럽 각지에 퍼져 나갔다.

아메리고의 편지는 1505년 혹은 이듬해에 '4회의 항해에 걸쳐 새로이 발견된 육지에 관한 아메리고 베스푸치의 편지'라는 제목으로 피렌체에서 발행되었다. 플로리다 반도부터 카리브 해, 브라질, 라플라타 강이남에 이르는 장대한 해안선을 따라 항해한 아메리고의 편지는 포르투갈과 스페인이 국가 기밀로서 엄중히 관리하고 있던 정보를 보여주는 가치 있는 것으로 여겨졌고, 많은 독자가 생겼다. 콜럼버스가 제1회의 항해 후에 후원자인 아라곤의 재무장관 산탄헬에게 쓴 탐험 성공을 고하는 편지를 능가하는 관심을 불러일으킨 것이다.

그러나 이 편지의 내용을 보면 마르코 폴로가 보고한 아시아 정보와 명백하게 다르며 이들 토지는 아시아가 아닐 것이라는 의문이 생긴다. 이에 콜럼버스가 도달한 곳은 아시아가 아니라 프톨레마이오스 이래로 지도에는 기재되지 않은 새로운 제4의 대륙일지도 모른다는 생각이 널리 퍼지게 되었다.

세계지도에 포함된 제2의 세계

16세기 초두의 유럽은 종래의 낡은 세계상이 점차 무너지고 새로운 세계상으로 바뀌어 가는 시대였다.

그 증거로 1475년부터 90년까지 7판을 발행한 프톨레마이오스의 『지리학』도 90년 이후로는 발간이 중단되었다. 새로운 지리적 발견이 이어져 개정판을 낼 틈조차 없었기 때문이다. 그러나 1507년이 되자 인문주의자들이 프랑스 북부 로렌 지방의 생디에 수도원에서 프톨레마이오스의 『지리학』을 개정·증보하여 『세계 지리 입문』으로 새롭게 간행했다. 대항해시대에 획득된 새로운 정보를 반영한 새로운 세계상의 구축을 목표로 한 것이었다. 이 책은 서문과 9개의 장, 그리고 후기로 이루어졌으며, 부록으로 아메리고의 6개의 편지 전문이 라틴어로 번역되어 수록되었다.

서문에서 독일의 지리학자 마르틴 발트제뮐러(1470?~1518)는 아시아, 유럽, 아프리카의 여러 대륙에 이은 제4의 대륙의 발견으로 세계상이 혁신되었음을 강조했다. 판단의 재료로 이용된 것은 아메리고의 편지였다. 발트제뮐러는 아메리고 베스푸치의 이름을 바탕으로 남아메리카를 '아메리고'의 여성형을 따서 '아메리카'라고 명명했다. 발트제뮐러는 『세계 지리 입문』의 부록 지도로서 대형 목판(木版) 세계지도를 제작했다. 그것이 「발트제뮐러의 세계지도」이다.

탁상에서 만들어진 발트제뮐러의 세계지도는 프톨레마이오스의 세계지도, 포르투갈 해도 등을 바탕으로 했으나, 카리브 해와 서인도 제도가 과장되었으며 뉴펀들랜드 섬부터 아르헨티나에 이르는 범위에 가늘고 긴 신대륙이 그려져 있는 것이 특징이다. 대서양의 해안선을 따라 간단하게 가늘고 길게 그려진 신대륙은 현실성이 떨어지는 모양이었지만 신대륙이 지도상에 처음 모습을 드러내게 되었다. 남아메리카의 부분에는 '아메리카'라고 적혀있다. 그러나 아시아 부분은 여전히 프톨레마이오스의 세계지도를 밑바탕으로 하면서 이를 마르코 폴로의 정보로 보완하는 수준에 머물러 있었다.

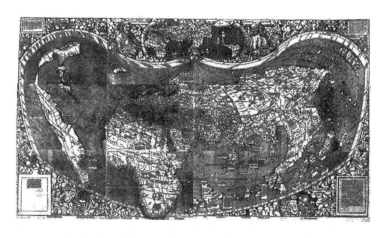

【그림 26】 16세기, 독일의 지리학자 마르틴 발트제뮐러가 제작한 『세계지리입문』에 첨부된 지도. 목판으로 인쇄한 세계도

　새롭게 제4의 대륙을 추가한 발트제뮐러의 세계지도가 좋은 평가를 얻게 된 건 말할 나위도 없었다. 그러나 정보를 제공한 아메리고 베스푸치 자신은 실은 신대륙의 존재까지는 생각하지 못했다고 한다. 그렇게 되면 발트제뮐러가 독자적으로 판단하여 직관을 통해서 제4의 대륙을 그렸다고 하는 편이 맞을지도 모른다. 어쨌든 『세계 지리 입문』은 그 해에 7판까지 발행되는 베스트셀러가 되었고, '아메리카'라는 이름과 더불어 제4의 대륙, 제2의 세계의 이미지가 온 유럽에 퍼졌다.

　1513년에 발트제뮐러는 스페인과 포르투갈에 의해 이루어진 새로운 탐험을 바탕으로 한 지도 5장을 포함하여, 20장 이상의 최신 지도를 추가한 프톨레마이오스의 판본을 발행했다. 이렇듯 발트제뮐러와 같이 프톨레마이오스의 세계지도를 새로운 해도 혹은 해도를 바탕으로 한 지도로 보완하는 지도제작의 수법은 이후에도 계승되었고, 16세기 후반에 『오르텔리우스의 지도첩』(「세계의 무대」)이 출현할 때까지 주된 방법으로 남았다.

해도의 후진국이었던 스페인

한편 콜럼버스의 항해를 통해서 돌연 해양대국이 된 스페인이지만, 선원의 능력이 아직 충분치 않았으며 해도의 제작 기술도 낮고 관리 시스템도 정비되어 있지 않았다. 해양 국가 포르투갈과 비교하면 명백한 격차가 났던 것이다. 항해에 필요한 해도도 그때그때 포르투갈인을 고용하여 제작해야 하는 상황이었다.

과달키빌 강의 천항(川港)이자 대서양으로부터 거슬러 갈 수 있는 세비야는 이탈리아인 거주구역이 있었던 점에서도 알 수 있듯이, 예로부터 스페인의 무역항이었다. 콜럼버스의 항해로 신대륙으로 영토가 넓어지자 세비야에는 해외 영토를 관할하는 통상원(通商院)이 자리잡았고 신대륙을 관할하는 일대 거점이 되었다. 세비야 통상원 아래에서 스페인의 관료와 특권 상인단이 신대륙의 항로와 무역을 독점하고 있었던 것이다.

통상원은, 포르투갈의 항해사 총감(필로토 마요르) 제도에 의거하여, 항해 계획의 조정, 항해사의 양성, 해도 관리의 체제를 정비하려 했다. 그 와중에 1508년, 초대 항해사 총감으로 뽑힌 인물이, 앞서 언급했듯이 포르투갈에 체재하면서 많은 항해에 참가했으며 항해 기술, 해도 제작 기술도 우수하며 포르투갈의 제도를 숙지하고 있다고 평가받은 아메리고 베스푸치였다. 참고로 아메리고는 페르난도 왕이 포르투갈에서 불러들인 1505년에 카스티야[12]의 국적을 취득했다.

아메리고는 항해사의 훈련소를 만드는 동시에 항해사의 면허 제도를 정하였고, 선원이 사분의(四分儀)[13] 등을 이용하여 배의 위도를 측정할 수 있도록 항해 기술의 습득을 체계화했다. 그러나 선원이 정확한 관측 기술을 익혀도 해도가 정비되어 있지 않으면 항해를 할 수 없었다.

그래서 아메리고는 1508년에 인다아스를 향한 항해를 위해 통일적인 해도 원본(흠정도, 欽定圖)을 제정하고 이에 근거하지 않는 해도는 항해에 사용할 수 없도록 감독하는 제도를 정비했다. 해도 원본은 사실 스페인 왕실의 재산이며 자물쇠를 걸어 엄중하게 보관해야 할 물건이었다. 그리고 새로운 탐험이나 항해를 통해서 항해 정보나 해도를 얻게 되면 바로 원본의 개정이 이루어졌다. 이처럼 아메리고는 숙련된 선원과 해도 장인을 통상원으로 모아서 해도의 정리와 체계화를 추진하여 새로운 해도 정보를 추가적으로 보완하는 체제를 정비했다.

그러나 이렇게 공들인 해도 원본이 실제의 항해에는 별로 도움이 되지 않았다는 지적도 있다. 해도를 필요로 하는 선원은 이탈리아 상인으로부터 쉽게 해도를 살 수 있었으며 그것을 사용하여 항해하는 것이 일반적이었다고 한다. 더욱이 통상원의 엄중하고 체계적인 해도 관리 때문에, 16세기와 17세기의 스페인의 해도는 결과적으로 후세에 전해지

---

12 스페인의 중앙부의 지명이자 10세기부터 성장한 왕국의 이름이기도 하다. 스페인 민족의 발상지이다. 아라곤 왕국과 통합되어 에스파냐 왕국을 이루었다.

13 망원경 등장 이전에 사용했던 천체관측기구. 별의 천정거리를 잴 수 있었다.

지 않았다. 아메리고는 그러한 임무를 다하고 1512년에 세상을 떠났다.

제2대 항해사 총감으로 아메리고의 제1차 항해 때 선단 지휘자였던 포르투갈인, 후안 디아스 데 솔리스가 취임했다. 그 후 1518년에서 49년까지 제3대의 항해사 총감을 지낸 인물은 베니스인으로 영국 왕의 명을 받아 아메리카 대륙 북부에 간 적이 있는 항해사 조반니 카보토(존 캐벗)의 아들, 세바스티아노 카보토이었다. 스페인이 해도를 통괄할 수 있을 만한 인재를 육성하지 않았기 때문에 이탈리아인 항해사가 외국인 고용인으로서 계속해서 세비야 통상원의 해도를 관리한 것이다. 스페인이 바다 세계에서는 신참자였던 사실을 해도의 세계에서도 확인할 수 있다. 참고로 스페인인으로서 최초로 취임한 항해사 총감은 세바스티아노 카보토의 후임, 알론소 차베스였다. 항해사 총감 제도가 생기고 나서 40년 후의 일이다.

7. 카리브 해에서 시작된 남아메리카의 변모

제2의 세계의 중추, 카리브 해

콜럼버스 이후, 카나리아 제도는 제1의 세계의 서쪽 끝인 동시에 제2의 세계로 향하는 기점이 되었고, 카리브 해가 제2의 세계의 해상의 도로 종점인 동시에 신대륙 개발의 기점이 되었다. 아직 명확한 지리적 인식이 형성되지 않은 상태에서 스페인 사람들의 세찬 야망에 힘입어 카리브 해와 대륙부는 변모하게 된다.

몬순 해역에서 세계가 연결되는 시대에는 스페인과 직결되는 세계 제2의 내해, 카리브 해가 신대륙 정복의 입구가 될 수밖에 없었다. 카리브 해를 거점으로 하는 정복을 통해서 멕시코에서 페루에 이르는 광대한 영역이 스페인 영토가 되었으며, 후술할 엘도라도(황금향) 전설과 시볼라와 키비라 전설을 근거로 한 탐험 때문에 대륙부에 스페인의 지배 영역이 넓어졌다. 포르투갈은 남반구의 브라질을 식민지로 삼았다. 제2의 세계를 통합한 유럽 세력은 기존의 사회를 종속시키고 변화시켰다.

스페인의 신대륙 정복의 담당자들은 크게 3세대로 나눌 수 있다. 다만, 어느 세대나 공통적인 동기가 된 것이 황금에 대한 욕망이었다. 제1세대는 지팡구의 황금과 중국 해, 중국과의 무역 독점을 노린 콜럼버스이며 그에 대해서는 이미 논했다. 제2세대는 신대륙의 해발고도 2천m에서 3,500m에 이르는 고산지대에 위치한 아즈테카 제국과 잉카 제국을 정복한 콘키스타도르(정복자)들이었다. 그리고 제3세대는 카리브 해로 흘러드는 큰 강인 막달레나 강 중류, 곧 현재의 콜롬비아에 사는 족장이 매일 금가루로 몸을 장식하고, 제사 때는 금 그릇을 호수에 던진다는 소문으로 이루어진 황금향(엘도라도)을 탐색하기 위해 나선 탐험가들이었다. 이러한 3세대에 걸친 정복으로 스페인사람들은 카리브 해부터 주변의 산악지대로, 나아가서 그 주변의 열대림으로 식민지를 넓혀갔다. 그런 노골적인 욕망이 새로운 지도에 녹아들어 갔다. 계속되는 탐험과 정복으로 제2의 세계가 점차 명확한 모습으로 드러났다.

또한 스페인 사람들이 카리브 해에서 대륙부로 진출하려고 열을 올린 이유는 스페인인이 가져온 천연두가 카리브 해역에서 유행했기 때문이다. 천연두의 유행으로 면역력이 없는 현지 주민이 거의 전멸했다. 그 때문에 새로운 노동력을 확보할 필요가 있었던 스페인인은 대륙부로의 진출을 꾀할 수밖에 없었다. 그 대륙부에서도 천연두의 만연으로 선주민의 사회는 미증유의 큰 타격을 입게 된다. 이러한 특이한 상황 속에서 멕시코 이남의 지역이 변하게 된다.

코르테스와 피사로의 정복

환상의 지팡구를 찾아서 카리브 해역을 정복한 콜럼버스의 뒤를 이은 것이 2개의 산악 국가를 정복한 콘키스타도르였다. 그들의 활동으로 1520년대부터 1530년대에 걸쳐서 신대륙의 실태가 급속하게 밝혀지게 된다. 옥수수, 감자, 고구마를 주요 식량으로 삼는 아메리카 대륙에서는 산악 지대에서 식량을 생산할 수 있었으므로, 열대의 더위를 피하기 위해 대제국은 고도 2천m에서 3,500m의 산악 지대에서 성장을 이루었다. 소나 말이 없는 아메리카 대륙에서는 20kg 정도의 짐밖에 실어나를 수 없는 라마가 주된 운반용 가축이었으며 기본적으로는 보행이라는 이동 수단밖에 없어서 국가 규모는 필연적으로 작았다.

스페인의 카리브 해 지배의 거점은 이스파니올라 섬의 산토도밍고나 1511년에 디에고 벨라스케스(1465~1524)가 정복한 쿠바 섬에 건설된 아바나였다. 1517년, 새로운 식민을 위한 토지를 찾기 위해 쿠바에 있던 에르난데스 데 코르도바(1475년경~1526)가 3척의 배와 110명을 이끌고 서쪽으로 항해하였다. 그는 유카탄 해협을 지나 유카탄 반도의 열대 우림 속에서 마야 유적을 발견한다.

그리고 1504년, 마드리드 북동의 도시 살라망카에 있는 스페인 최고(最古)의 명문 대학에서 법률을 배운 가난한 귀족, 에르난 코르테스(1485~1547)는 먼 친척인 이스파니올라 섬의 총독을 의지하여 19세에 카리브 해를 건넜으며, 이어서 쿠바 섬의 정복에 참가하여 쿠바 총독의 비서관이 되었다. 식민지 관료로서 입신하려 한 것이다. 이윽고 코르테스는 총독의 명령을 따르지 않고 유카탄 반도의 탐험을 개시한다.

500여 명의 병사와 약 100명의 선원, 16마리의 말, 11척의 배로 이루어진 선단을 이끈 코르테스는 유카탄 반도를 북상하여 베라크루스[14]를 건설하고 그보다 안쪽에 있다고 하는 아즈테카 제국에 관한 자세한 정보를 얻었다. 한편 코르테스 일행의 접근을 알고 위기감을 느낀 아즈테카 왕 몬테수마 2세(재위 1502~1520)는 금, 은, 사금 등으로 코르테스를 회유하고자 하였다. 그러나 그것이 도리어 탐욕적인 스페인인을 자극하는 결과를 낳았다. 코르테스는 주도면밀하게 계획을 세워 옛날에 아즈테카 세계에서 추방된 흰 피부의 신 케찰쿠아틀(날개 달린 뱀의 신)이 돌아온다는 전설을 이용하여 민중을 선동했다. 그리고 인구 20만 명이라고 전하는 수도 테노치티틀란을 함락시켜 막대한 금은보화를 손에 넣는다.

그 후 코르테스는 모반을 일으켰다는 이유로 쿠바에서 파견된 쿠바 총독군의 공격과, 지배 하에 놓인 아즈테카인의 봉기로 인해 일시적으로 위기를 맞이하게 되지만, 1521년에 코르테스는 주민을 대량으로 살육하고, 아즈테카 제국을 멸망시켜 정식으로 그 땅의 정복자가 되었다. 발트제뮐러가 세계지도 상에 제4의 대륙을 그린 14년 후의 일이었다.

코르테스는 정복 후에 누에바 에스파냐(신 스페인)의 총독 및 군사령관의 지위에 올랐다. 그 후에 코르테스는 예전에 카리브 해역에서 이루어진 엔코미엔다 제도를 멕시코에서도 실시한다. 엔코미엔다 제도란 스페인 왕이 입식자(入植者)에게 부여한 선주민 통치를 위한 위탁 제도

---

14 멕시코 만에 위치한 도시로, 1519년에 스페인의 에르난 코르테스가 건설하였다. 아메리카 대륙에서 두 번째로 건설된 도시로서 식민지 시대에는 식민지와 유럽을 연결하는 항구였으며, 현재도 멕시코시티의 관문 역할을 하고 있다.

로, 정복자나 입식자의 신분과 지위에 따라 선주민을 할당하고, 기독교로 개종시킬 것을 조건으로 강제적 노동이나 공납을 부과하는 권한을 부여하는 제도였다.

한편 코르테스는 이주 스페인인에게 새로이 건설된 도시로 이주할 것을 요구했으며 자신이 이상으로 생각하는 새로운 스페인을 건설하려 했다. 그러나 1528년이 되자 왕실 직속의 우디엔시아(행정·사법기관)가 실권을 빼앗았고, 스페인 왕실이 코르테스가 만든 누에바 에스파냐를 지배하게 되었다.

한편 남아메리카의 잉카 제국을 정복한 인물은 프란시스코 피사로(1475/6~1541)였다. 1502년, 콜럼버스의 뒤를 이은 신임 총독의 명령에 따라 카리브 해를 건넌 피사로는, 바르보아(1475~1519)의 파나마 원정에 동행했다. 선주민의 안내로 파나마 지협을 횡단한 바르보아는 유럽인으로는 처음 태평양을 보고 '남쪽의 바다'라고 명명한 인물이다. 이윽고 신임 총독의 명을 받아 잔인한 성격의 바르보아를 처형한 피사로는 파나마의 남쪽에 있다고 소문이 돈 황금의 나라 페루의 존재를 알게 되자, 정복을 노리게 된다. 피사로는 1524년, 180명의 병사를 이끌고 파나마 지협에서 태평양을 남하하여 페루에 상륙하려 했지만, 풍향과 조류를 읽지 못해 애를 먹었으며, 더 나아가서 선주민의 반격을 받고 원정에 참가한 180명 중 130명이 사망하는 큰 실패를 겪게 되었다.

피사로는 일단 스페인으로 돌아가 국왕에게 정복 허가를 받고, 병사를 모집하여 다시 한번 태평양을 남하하여 페루로 쳐들어갔다. 이번에는 모략을 써서 잉카 제국의 왕(잉카)을 포로로 잡고, 1532년에 안데스 산중에 있던 잉카 제국의 수도 쿠스코를 점령했다.

코르테스, 피사로 등의 콘키스타도르가 정복한 토지는 곧 새로운 총독의 임명을 통해서 스페인 왕실의 지배 하에 들어갔고, 1535년이 되자 멕시코의 누에바 에스파냐 부왕령(副王令), 1542년에 페루의 페루 부왕실령이 창설되어 왕의 대리인이 통치하게 되었다. 아메리카 대륙에는 16세기에만 약 24만 명의 스페인인이 이주하였고, 새롭게 건설된 도시의 수는 200곳을 넘었다. 스페인의 수도 마드리드에서 신대륙의 도시로 관료와 성직자가 파견되었고, 세비야의 통상원이 1543년 이후, 연 2회, 선단을 조직하여 신대륙과의 무역을 독점하였고 동시에 신대륙의 도로망과 상업을 통제 하에 두었다. 스페인의 특권 상인단이 신대륙의 상업을 독점한 것이다.

한편, 대륙부에서도 스페인이 들여온 천연두가 크게 유행하여 선주민의 인구가 격감했다. 예를 들어 멕시코에서는 스페인에 의한 정복 전에 인구 2,500만 명이었던 것이 16세기 중엽에는 600만 명, 17세기 초두에는 100만 명으로 격감했다고 한다. 16세기에 멕시코와 페루는 스페인인에 의해 철저하게 재편되었다. 스페인인은 유럽도, 인도도, 중국도 아닌 아메리카를 '발견'하고, '발명'한 것이다.

주변부의 정복과 아메리카 지도

아즈테카, 잉카의 양 제국의 정복 후에 스페인인은 더 나아가 해안부에서 강을 따라 내륙부로 진출했다. 1533년에는 코르테스가 파견한 선단이 캘리포니아 만을 발견했다. 41년에 스페인인에 의해 만들어진 도미니코 델 카스티요의 해도는 상당히 정확하게 캘리포니아 반도를 묘사했다. 그러나 해도는 국가 기밀이었기 때문에 신대륙의 정확한 정보가 유럽에는 전해지지 않았다. 그래서 17세기에는 유럽에서 캘리포니아 반도가 섬으로 취급받았다.

페루에서는 칠레, 콜롬비아, 아마존 강 유역의 세 방향으로 탐험이 이루어졌다. 아마존 강 유역이나 오리노코 강 유역도 분명하게 밝혀졌다. 스페인인은 제2, 제3의 잉카 제국이 존재할 것이라고 믿고 더 깊은 오지로 탐험을 거듭했다.

또한 1530년 무렵부터 스페인인 사이에 퍼진 엘도라도 전설의 영향으로 16세기의 후반에는 기아나 고지가 제3의 탐험목표가 되었다. 엘도라도란 '황금으로 덮인 사람'이란 뜻으로, 콜롬비아의 구아타비타 호수 주변에 사는 수장이 매일 아침 몸에 금가루를 칠하고 저녁에는 씻어내는 관습이 있어 막대한 황금을 소유하고 있다는 이야기가 발단이 된 전승이었다. 이러한 움직임이 남아메리카 각지의 탐험을 가속시킨 원인이 되었다. 남아메리카에서 아마존 강, 오리노코 강에 이은 제3의 강, 라플라타 강을 1502년에 아메리고 베스푸치가 발견한 후, 16세기 중엽까지 식민이 진행되었다. 남아메리카의 탐험은, 연안 루트의 개척, 강을 따라 가는 루트의 개척 순으로 진행되었고, 탐험이 진전되면서 많은 해도가 축적되었다.

【그림 27】 16세기, 스페인 세비야 통상원의 디에고 구티에레스가 그린 「아메리카 지도」

남아메리카 탐험의 진행상황은, 16세기 중엽에 스페인의 세비야 통상원의 디에고 구티에레스(1485~1554)가 그린 「아메리카 지도」를 보면 명백해진다. 구티에레스는 해도 제작자이며, 통상원에 속한 해상 안내인이기도 했기 때문이다. 구티에레스의 지도는 스페인인이 당시 파악하고 있었던 아메리카의 전체상을 그린 것으로 간주할 수 있다.

카리브 해역이 크게 그려져 있기는 하지만 멕시코 이남의 해안선은 거의 정확하게 그려져 있는 이 지도는, 적도가 강조되어 있고 해안선에 많은 지명이 기입되어 있다. 남부에는 미지의 남방 대륙과의 사이에 좁은 해협(마젤란 해협)이 그려져 있으며, 거인의 나라에 관한 기술과 선주민의 모습이 그려져 있다.

굽이진 거대한 대하 아마존, 과장된 라플라타 강이 특징적으로 그려져 있으며 페루, 라플라타 강, 오리노코 강에는 스페인인이 탐험한 범위가 표시되어 있다. 북아메리카 부분에는 스페인의 영유권을 주장하기 위해, 전차를 몰고 플로리다를 향하는 스페인 왕 카를로스 1세(재위 A.D. 1516~A.D. 1556)가 그려져 있다. 당시에, 스페인은 프랑스와 플로리다를 둘러싼 세력 다툼을 하고 있었다.

시볼라의 황금 전설과 밝혀지는 멕시코 북부

카리브 해의 북쪽에 위치한 멕시코의 지도화는 시볼라의 황금 전설을 매개로 진행되었다. 1539년, 피사로의 잉카 정복에 참가하게 되는 에르난도 데 소토(1496?~1542)는 1538년에 7척의 배, 600명의 승무원을 이끌고 플로리다에 있다고 하는 '시볼라의 7도시'의 황금을 찾기 위해 탐험에 나섰다.

'시볼라의 7 도시'란 다음과 같은 전설을 바탕으로 하는 가공의 도시를 말한다. 스페인에서는 12세기, 이슬람교도가 포르투갈과의 국경에 가까운 스페인 내륙부의 멜리다를 정복했을 때 7명의 사제가 성유물을 감추기 위해 지구상의 어딘가 은밀한 곳에 7개의 마을을 만들었다는 전설이 생겼다. 그 가공의 마을 중 시볼라와 키비라는 매우 유복해져, 마을 전체가 황금과 보석으로 이루어져 있다고 전해진 것이다. 믿기 힘든 이야기지만 이것이 멕시코 북부에 있는 푸에블로족의 태양에 반짝이는 마을의 소문과 연결되었다. 점토와 짚을 섞어 만든 기와를 덮은 집들이 기와에 섞인 운모(雲母) 때문에 햇빛을 받아 반짝거려서, 전설의 시볼라에 틀림없다고 하는 소문이 생긴 것이다. 탐험을 조직한 데 소토는 끝내 황금의 도시를 발견하지는 못했지만 1541년에 미시시피 강을 발견했다.

멕시코에서는 1540년, 프란시스코 바스케스 드 코로나도라는 29세의 청년이 '햇빛에 반짝이는 마을' 시볼라로 탐험에 나선다. 코로나도는 리오그란데 강의 상류에서 그 동쪽에 키비라라는 방대한 양의 황금을 산출하는 나라가 있다는 정보를 얻었다. 급하게 방침을 변경한 코로나도는 텍사스 지방의 북동부에 이르러 거기서 캔자스까지 갔지만 역시 키비라를 발견하지 못하고 탐험을 마쳤다. 그러나 시볼라와 키비라의 황금 전승이 북아메리카의 탐험을 진척시킨 것은 확실했다.

8. 은이 연결한 신대륙과 유럽

세비야에 흘러간 포토시의 은

이제 이 시대에 해상의 도로가 확장되면서 제2의 세계에서 시작된 지구 규모의 물류에 대해서 알아보고자 한다. 신대륙과 유럽, 그리고 아시아를 경제적으로 연결하고, 경제의 세계화를 위한 토대를 마련한 것은 신대륙에서 캐낸 값싼 은이었다. 대량으로 산출된 은의 수송을 위해서 해상의 도로가 정비되었고 해도의 집적이 더욱 진전되었다.

대항해시대에 신대륙의 광산에서 캐낸 금과 은은 그 5분의 1이 스페인 왕국에 귀속되었던 것으로 보인다. 16세기 초에는 카리브 해의 섬들, 멕시코 남부, 중앙아메리카, 콜롬비아 등지에서 금이 채굴되었지만, 16세기 중엽이 되자 금의 산출량은 격감한다. 많은 황금전설이 신대륙 정복의 원동력이 되었지만 금은 그다지 많이 산출되지 않았다. 그러나 1540년대가 되자, 페루의 포토시, 멕시코의 사카테카스 등에서 은 광산이 발견되었고, 16세기 후반에는 대량의 은이 채굴되는 시대에 들어섰다. 대량의 은은 대서양이라는 하이웨이를 통하여 통상원이 있는 스페인의 세비야로 옮겨졌으며, 스페인 왕실의 호화로운 생활의 바탕이 된 것은 물론이고 제노바 상인 등을 통해서 유럽 전역으로 퍼져나갔다. 그리고 종교 전쟁의 전쟁비용으로 낭비되었다.

1545년에 발견된 페루의 포토시 은 광산(현재의 볼리비아)에서는 잉카 제국의 주민에 대한 강제 노동 제도(미타 제도)를 통해서, 값싼 은이 산출되었다. 은 광산 노동은 가혹함의 극치에 이르러, 100만 명의 선주민이 목숨을 잃게 된다. 포토시의 광산 마을은 후지산보다도 높은 표고 4천 m에 건설되었음에도 불구하고, 20~30년 사이에 당시의 파리와 비견할 수 있는 인구 20만 명의 대도시로 성장하였고, 17세기가 되자 서반구 최대의 도시가 되었다.

1552년에 수은 아말감법에 의한 수은 정제법이 개발되고 수차를 이용하여 은광석을 파쇄하게 되면서 방대한 양의 은을 캐낼 수 있게 된다. 여러 가지 설이 있지만, 1660년까지 약 15,000톤이라는 막대한 양의 은이 세비야의 통상원으로 흘러들어갔다고 한다. 그 중 약 40%가 스페인 왕실의 수입이 되었고, 나머지는 제노바 상인 등에 의해 온 유럽에 퍼졌다. 1595년에 스페인에 체류한 베니스의 대사, 조반니 벤드라민은 본국에 1530년 이후 아메리카 대륙에서 8천만 두카드(1두카드는 금 3.49g) 값어치의 금은이 스페인으로 반입되었고, 그 중 2,400만 두카드가 제노바 상인의 몫이 되었다고 보고했다. 1575년 이후의 20년간, 스페인은 실로 황금시대를 맞이한 것이다.

제2의 세계가 일으킨 경제 활동

　신대륙의 값싼 은의 수송 루트를 따라가 보면, 하나는 쿠바의 하바나 항구로 모인 뒤 대서양을 횡단하여 유럽으로 옮겨진 경로이고, 또 다른 하나는 후술하듯이 멕시코의 태평양측의 항구인 아카풀코를 경유하여 아시아로 대량 유통되는 경로가 있었다. 신대륙의 은이 3개의 세계를 하나로 연결시킨 것이다.

　대항해시대 전까지 유럽의 은은, 남독일의 티롤 지방의 은이 대부분을 차지했다. 그러나 그곳의 연간 생산은 겨우 약30톤이었던 것에 비해, 16세기 후반에 신대륙에서 스페인으로 유입된 은의 양은 연간 200톤을 넘었다. 구 잉카제국의 강제적 노동 제도를 이용하여 채굴된 대량의 값싼 은은, 대서양을 횡단하는 연간 약100척의 스페인 선박에 의해 유럽으로 들어왔으며, 1500년 이후의 100년간 유럽의 은 값을 3분의 1까지 하락시켰다. 그 때문에 물가가 3배 이상으로 급등하여 '가격 혁명'이라는 초 인플레이션이 서유럽으로 퍼졌다. 이 때문에 유럽 경제는 새로운 성장의 가능성을 손에 넣게 된다.

　대서양에서는 초기에 100톤 전후의 무역선이 사용되었지만, 해적에 대한 대책 때문에 16세기 중엽이 되자 500톤에서 600톤의 대형선이 사용되었고, 거기에 더해 규모가 1,000톤 이상이며 선형이 날씬하고 물에 잠기는 깊이가 얕으며 속도가 빠른 대형 상선인 갈레온선도 등장하게 되었다. 유럽에서는 통상량이 증가하고 네트워크가 대서양으로 넓어지는 와중에, 경제의 중심이 중부 유럽과 남부 유럽에서 대서양 연안으로 이동한다. 또한 대량의 값싼 은으로 구입한 인도·동남 아시아 및 중국의 물산도 유입되어, 새로운 거점 항구 도시로서 플랑드르 지방의 안트베르펜이 현저한 경제적 번영을 이루게 되었다.

9. 해도화·지도화된 북아메리카

아시아로 이어지는 북쪽 해협의 탐색

대항해시대의 후반에 후발주자이지만 제2의 세계로 나선 영국·네덜란드·프랑스에게, 대서양에서 아시아로 이르는 길은 멀기만 하였다. 게다가 해도는 포르투갈이 독점하였고, 아시아 항해를 위한 요충지도 선점당한 상태였다. 그뿐만 아니라 태평양을 경유하는 루트도 후술하듯이 스페인의 지배하에 있었다. 그래서 영국·네덜란드는 제2의 세계의 중추가 되는 카리브 해의 북쪽 편서풍 해역에서 아시아(실제로는 신대륙)를 노릴 수밖에 없었다. 대서양과 태평양을 연결하는 환상의 해협이 북아메리카 연안의 해도를 차례로 장식하게 된다.

영국은 신대륙의 북부에 아시아에 이르는 아직 발견되지 않은 해협이 있다고 생각하여, 콜럼버스의 항해가 성공한 직후부터 아시아로 빠지는 항로의 발견에 힘썼다. 그러나 강풍이 불고 주기적으로 악천후가 닥치는 북대서양의 항해는 매우 힘들었다. 아시아로 연결되는 해협을 발견하려고 한 조반니 캐벗이, 항해 도중에 목숨을 잃게 된 사실은 이미 언급하였다.

　그 후 세비야에서 활동하고 있었던 영국 상인 로버트 손은, 1527년에 "스페인은 인도 여러 나라와 서쪽의 바다를 발견하고, 포르투갈도 인도 여러 나라와 동쪽의 바다를 발견했지만, 아직 발견되지 않은 항로가 남아있다. 그것은 북방항로이다"라고 말하며, 대서양과 태평양을 동쪽과 서쪽 그리고 북극권 직항의 세 가지 루트로 연결될 수 있다고 주장했다. 그러한 와중에 중국으로 진출하길 바라던 비단 상인의 후원을 받은 피렌체의 항해사 조반니 다 베라차노(1485~1528)는, 프랑스 왕 프랑수아 1세(재위 1515~1547) 밑에서, 1524년 지도 장인의 동생 지롤라모와 함께 카타이를 찾아나섰다. 북아메리카의 연안을 남쪽의 플로리다에서 북쪽의 뉴펀들랜드 섬까지 북상하는 항해를 시도하여, 아시아로 가는 해협을 탐색했다. 결국 베라차노는 새로운 해협의 발견에 실패했다. 그러자 그는 새로운 버지니아와 노스캐롤라이나 사이에 아시아의 바다로 이어지는 해협이 있을 것으로 예상하고 미래에 희망을 걸었다. 지롤라모의 지도에서는 북아메리카의 노스캐롤라이나 주변에 상상 속의 지협이 그려져 있으며 "이 동쪽의 바다에서 서쪽의 바다가 보인다"라고 적혀 있다. 그 후 지도 제작자들은 이 지롤라모의 지도를 믿고 아메리카 대륙 북방의 대부분을 차지하는 베란차노 해와 아시아로 빠지는 해협을 약 1세기 동안 계속 그리게 된다.

　이윽고 북아메리카의 중위도 지대에는 해협이 존재하지 않는다는 사실이 밝혀지자 이번에는 고위도 지대에 해협이 있을 것으로 기대하였다. 네덜란드의 지도 제작자 메르카토르는 북극 해역을 횡단하여 대서양에서 태평양으로 갈 수 있다고 확신하고, 북극점의 주변에 4개의 수로와 항해 가능한 외양을 그렸다.

　1576년 태평양에 이르는 북방 항로에 관심을 가지고 있었던 영국인 험프리 길버트(1537년경~1583)는 북아메리카의 세인트로렌스 강에서 캘리포니아 만까지 북아메리카를 가로지르는 해협을 해도에 그렸으며, 북위 60도 부근에도 아시아로 빠지는 해협이 있다고 주장했다. 길버트는 온난한 지역이 있는 해협을 지나가면 말루쿠 제도로의 거리가 스페인인들이 이용하는 항로보다 짧아진다고 주장했다. 그러한 '북서항로'의 항행이 가능하다고 하는 주장에 근거하여, 북아메리카를 동서로 관통하는 해협을 탐색하기 위한 시도가 거듭되었다. 영국 동인도회사와 베네치아회사의 출자를 받은 항해사 헨리 허드슨(1560년경~1611)은 1610년부터 이듬해에 걸친 탐험을 통해 북부에서 광대한 허드슨 만을 발견했지만, 아시아로 통하는 해협은 없었다. 당시에는 깊은 만을 해협으로 착각하였고 사람들은 헛된 기대를 계속 품게 되었던 것이다.

　북아메리카 대륙을 횡단하는 가공의 해협 입구가 존재하지 않는다는 사실을 최종적으로 확인한 사람은, 후술할 18세기에 북아메리카 태평양 연안을 탐험한 제임스 쿡과 조지 밴쿠버였다.

사략선의 거점 구축에서 촉발된 아메리카 식민

　16세기의 영국에서는 대서양에서 아시아로 빠지는 수로 탐색을 위한 기지 확보, 자국 내의 가난한 사람들의 식민, 더 나아가 카리브 해를 중심으로 세력을 확대하는 스페인을 견제할 목적으로, 북아메리카의 대서양 연안에 식민지를 건설하려는 움직임이 활발해졌다. 진출의 논리적 근거가 된 것이 앞에서도 다룬 영국 왕의 지원 하에 이루어진 캐벗의 탐험이었다. 플로리다에서 북위 67도에 이르는 광대한 대서양 연안은 모두 영국에게 선점권이 있다고 주장하였다.

1548년 식민에 대한 특허장을 얻은 엘리자베스 1세(재위 1558~1603)의 총신(寵臣) 월터 로리(1552~1618)는 이듬해에 현재의 노스캐롤라이나 연안의 로아노크 섬에 종형제가 이끄는 75명의 식민자를 보내고, 엘리자베스1세의 이름을 따서 버지니아 식민지라고 명명했다. 로리는 스스로 영국을 떠나지는 않았지만 로아노크 섬을 카리브 해에서 스페인으로 향하는 은을 운반하는 선박을 습격하는 사략선의 근거지로 삼으려고 했다. 제2의 세계의 요충지, 카리브 해에 대한 영향력을 북방으로부터 높이려고 한 것이다. 참고로 사략선이란 전쟁 상태에 있는 적국의 배를 습격하여 약탈할 수 있는 허가장을 국왕으로부터 얻은 배를 말한다. 영국에서는 정규 해군을 보완하는 역할을 맡고 있었다.

그러나 로리의 식민 활동은 식량의 보급이 충분치 않다는 이유에서 도중에 끝나고 말았다. 식민자는 1년 후, 카리브 해에서 스페인선의 습격에 성공한 캡틴 드레이크가 지휘하는 사략선을 타고 귀국했다. 8년 후, 다시 117명이 로아노크 섬으로 보내졌지만, 1588년의 스페인과의 아르마다 전쟁에 대비하느라 보급이 끊겼고, 식민은 이때에도 실패로 끝났다.

로리는 남아메리카에서 엘도라도를 찾는 오리노코 강 유역의 탐험 사업을 적극적으로 추진하였고, "바다를 지배하는 자가 세계를 지배한다.'라는 말을 남기는 등, 해외에 관심을 둔 확장론자였다. 그의 머릿속에는 카리브 해의 주변에 해당하는 북아메리카에 영국의 세력권을 구축하고 스페인에 대항하려 한 의도가 있었던 것이다.

그 후 1607년, 로아노크 섬의 북서쪽에 위치한 체사피크 만으로 흐르는 제임스 강의 변두리에 제임스타운이 건설되었다. 영국 최초의 영속적인 식민지였다. 이어서 대서양 연안에 13개의 식민지가 들어섰다.

그 땅에 입식한 주민들은, 선주민이 "산 너머에 큰 바다가 있다"라고 말한 것을 믿고, 육로, 하천, 해협를 사용하면 아시아로 갈 수 있을 것이라고 진지하게 기대했다. 이러한 소문을 역시 그대로 믿은 영국 정부는 대륙을 통과하여, 북 또는 북서의 해역에 진출하는 것을 식민지의 특권으로 인정했다.

맨해튼 섬과 누벨프랑스

영국과 마찬가지로 후발주자로서 스페인·포르투갈과 경쟁하는 관계에 있었던 네덜란드는, 암스테르담의 반관반민 회사였던 동인도회사를 이용하여 태평양에 이르는 북서항로의 개발을 목표로 삼았다. 1609년이 되자, 영국의 항해사 헨리 허드슨을 고용하여 탐험에 나서게 했다.

허드슨은 모국인 영국이 제임스타운을 건설하고 북아메리카의 중앙부에서 아시아로 이르는 수로를 발견했다는 정보를 얻자, 그에 대항하기 위해 1609년 허드슨 강이 실제로 아시아로 이어지는지를 조사하기 위해 올버니까지 거슬러 올라갔다. 거기서 그는 이 지역이 모피의 거래로 유망하다는 사실을 간파하고 모피 교역소를 설치한다. 네덜란드 의회에 제출된 1614년에 제작된 네덜란드 동인도회사의 지도에는 네덜란드가 허드슨 강 유역에 뉴네덜란드 식민지를 영유하고 있다는 사실이 확실하게 적혀있었다.

1621년에 설립된 반관반민의 네덜란드 서인도회사는, 브라질 북동부에 식민지를 만들고, 브라질의 설탕 농장의 질낮은 설탕을 매수하여 다시 정제한 다음, 유럽 시장에 판매하는 사업을 궤도에 올렸다. 이윽고 사탕수수 농장의 경영에도 손을 대지만 잘되지 않았고, 1654년에 브라질의 거점을 잃자, 북아메리카의 뉴네덜란드에 세력을 집중한다. 1626년 네덜란드 서인도 회사는, 60길더의 상품을 대가로 주고 선주민으로부터 허드슨강 하구의 맨해튼섬을 구입하여 뉴암스테르담이라고 명명하고, 뉴네덜란드의 수도로 삼았다. 그러나 이 뉴네덜란드는 17세기 후반, 네덜란드가 영란전쟁(1652~1674)에 패하면서 영국으로 양도되었고, 네덜란드는 북아메리카의 식민지를 잃게 된다. 1664년에 뉴암스테르담은 뉴욕으로 개명된다.

1660년대가 되자 영국·네덜란드보다 더 늦게 프랑스도, 캐나다 동부에서 아시아에 이르는 북서 수로의 개발, 비버 모피의 획득, 선주민의 기독교화를 목표로, 모피 거래의 거점인 누벨프랑스(신 프랑스)의 건설에 나섰다. 1682년이 되자, 탐험가인 카블리에 드 라 살(1643~1687)은 미시시피강을 내려가 하구에 도달하였고, 미시시피강 유역의 광대한 영역을 루이14세의 이름을 따서 루이지애나라고 하여, 프랑스의 식민지로 만들었다.

라 살은 루이지애나의 지정학상의 중요성을 주장하기 위해, 미시시피 강을 실제보다도 서쪽으로 옮겨 그려, 스페인의 식민지인 멕시코에 가깝다고 주장했다. 그는 미시시피 강의 삼각주에 식민지를 구축하고자 하여, 1648년에 4척의 배에 320명의 이민자를 태워 프랑스에서 출항했다. 그리고 그의 사후, 그 땅은 선주민 사이에 모피 거래를 중심으로, 캐나다·루이지애나에 이르는 식민지 건설이 진행될 정도로 발전한다. 멕시코만으로 흘러가는 미시시피강의 하구에 위치한 뉴올리언스는 프랑스의 경제 거점이 되었다.

그러나 곧 프랑스는 영란전쟁에서 세력을 확대한 영국과 프렌치 인디안 전쟁(1755~1763)을 일으켰고, 여기서 패배한다. 그래서 북아메리카의 모든 식민지를 잃어버린다. 이처럼 북아메리카에서는 영국, 네덜란드, 프랑스가 아시아로 가는 해협의 발견, 세력권의 확대를 둘러싸고 장기간에 걸쳐 다투었으며, 그 와중에 많은 북아메리카의 지도와 해도가 집적되었다.

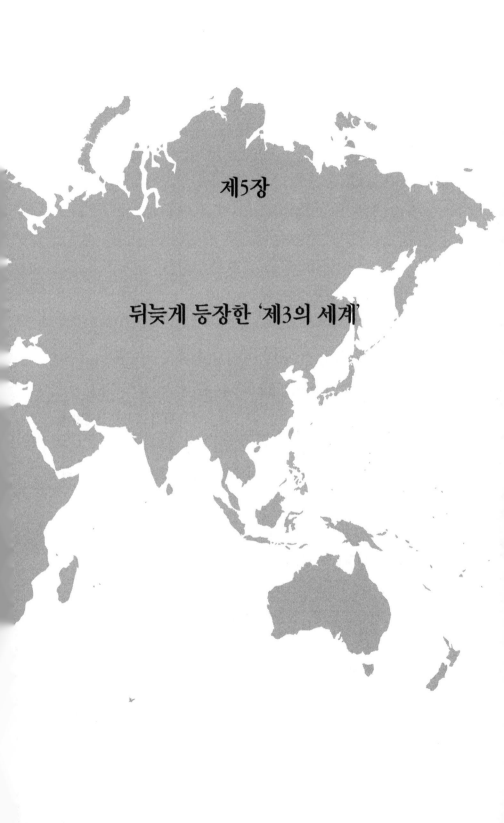

제5장

뒤늦게 등장한 '제3의 세계'

1. 태평양의 윤곽을 밝힌 마젤란

제3의 세계는 압도적인 바다의 세계

신대륙의 서쪽으로 펼쳐져 있으며 중국과 접하는 제3의 세계는, 태평양이라는 거대한 해양이 대부분을 차지하고 있는 특수한 세계이다. 태평양은 지구의 모든 육지로 채우고도 남아서 다시 거기에 아프리카를 넣어야 겨우 채워지는 넓이를 가지고 있다. 범선이 항해할 수 있는 해상의 도로를 만들기에는 너무나도 넓은 바다였던 것이다. 게다가 태평양은 신대륙보다 더 서쪽에 위치하고 있기 때문에, 1519년부터 1522년에 걸쳐 페르디난도 마젤란(1480년경~1521)의 항해가 이루어지기까지, 유럽인의 시야에 들어오지 않았다. 태평양의 존재를 밝힌 마젤란의 항해가 제2의 세계와 제3의 세계의 배치를 단번에 밝혀내게 된다.

태평양의 서쪽에는 북에서 남으로, 베링 해·오호츠크 해·동해·황해·동중국해·남중국해라는 비교적 좁은 부속해가 이어져 있으며, 남북아메리카 대륙에 의해서 대서양과 대소 순다 열도와 오스트레일리아에 의해서 인도양과 구분된다. 일본열도와 붙어 있는 태평양이지만 아메리카 대륙에서 보면 망망대해가 이어질 뿐이며, 유럽이 서쪽에 제3의 세계가 있다는 것을 상상한다는 자체가 곤란한 일이었다. 제3의 세계의 발견은 당연히 아메리카대륙이 새로운 대륙이라는 인식이 전제가 되어야 하지만, 프톨레마이오스의 세계지도가 정착시킨 전통적인 이미지가 이를 방해했다.

바스코 다 가마가 인도 항로를 개발한 후에 포르투갈이 인도양 상에 바다의 제국을 건설하려는 계획이 앞당겨졌다. 포르투갈은 1511년에 동남아시아의 경제상의 요충지 믈라카를 정복하였고, 그 후에 말루쿠 제도로 진출하여 향로를 확보했다. 그러한 와중에 지구는 구체이므로 스페인과 포르투갈의 경계선은 대서양뿐만 아니라, 아시아에서도 설정되어야만 한다는 주장이 나왔다. 토르데시아스 조약에 의한 경계선의 연정선 상에 아시아의 '대척경계선(對蹠境界線)'이 있다는 사고방식이었다.

스페인 입장에서 보면 콜럼버스가 도달한 인디아스는, 1510년대에는 아직 포르투갈의 '바다의 제국'과 같은 권익을 만들어내지 못했다. 그래서 프톨레마이오스의 세계지도의 '인디아스 대반도'를 남미대륙과 겹쳐서 생각한 스페인은 대반도의 건너편에 있는 만 안에 위치한 말루쿠 제도와의 향료 무역을 꾀했다. 이야기가 앞뒤가 다소 뒤바뀌지만, 1510년대의 스페인에서는 여전히 대서양을 아시아와 이어지는 하나의 바다라고 생각하였고, 태평양은 전혀 시야에 넣지 않았다.

남아메리카는 인디아스 대반도인가

1492년의 콜럼버스 항해 이후, 해도 제작자나 항해사는 프톨레마이오스의 세계지도를 계승하는 전통적인 세계상과 대항해시대에 새롭게 획득된 지리적 지식을 어떻게든 정합적으로 연결시켜야 하는 난제에 직면했다. 당시에는 크게 구별해서 다음과 같은 3종류의 세계지도가 존재했다.

(1) 1500년에 그려진 후안 데 라 코사의 세계지도처럼, 탐험에 의해 발견된 아메리카 대륙을 그렸지만, 아메리카 대륙과 유라시아의 관계를 애매하게 둔 세계지도

(2) 1490년경에 그려진 헨릭스 마르테르스의 세계지도, 마젤란이 이용한 1493년에 작성된 마르틴 베하임의 지구의 등과 같이, 아메리카 대륙을 인디아스 대반도로 보고, 그곳을 넘어서면 황금 반도와 사이에 시누스 마그누스라는 큰 만이 있고, 그 만에 말루쿠 제도가 존재한다고 본 세계지도

(3) 아시아와 유럽 사이에 독립적인 아메리카 대륙을 그린, 1507년에 작성된 발트제뮐러의 세계지도

이들 3종류의 세계지도는 모두 과도기의 세계지도였다. 물론 혁신적인 발트제뮐러의 세계지도도 여전히 프톨레마이오스의 세계지도를 밑바탕으로 삼았으므로, 태평양의 저편 아시아 부분에는 인디아스 대

반도가 그려져 있다. 당시의 해도와 지도는 'world'의 이미지가 크게 전환하는 시대를 반영하게 되면서 혼란스러운 상황이었으며, 발트제뮐러의 세계지도처럼 혁신적인 세계지도는 어디까지나 소수에 불과했다. 콜럼버스가 생각한 것처럼, 프톨레마이오스의 세계지도가 보여주는 틀에 새로이 획득된 지리적 정보가 반영되는 것이 일반적이었다.

페르디난도 마젤란은 스페인의 해도와 포르투갈에서 임무를 맡고 있었던 시기에 본 아시아의 해도를 바탕으로, 남아메리카를 인디아스 대반도로 보고, 대반도의 남단을 우회하면 간단하게 말루쿠 제도로 갈 수 있다고 생각했다. 서쪽으로 항해하는 편이, 희망봉을 우회하는 것보다 빠르다고 믿은 것이다. 그러나 실제로는, 신대륙의 서쪽에 광대한 태평양이 있었다.

2. 돌연 모습을 드러낸 '제3의 세계'

동남아시아에서 활약한 마젤란

인디아스 대반도를 우회하여 아시아로 항해한다는 발상은, 대항해 시대의 대명사인 마젤란의 특수한 경력에 의한 것이라고 할 수 있다. 그 래서 일단 마젤란의 생애에 대해서 간단하게 살펴보고자 한다.

1480년경, 포르투갈 북부의 폴트 부근의 소귀족 집안에서 태어난 마젤란은, 콜럼버스가 대서양을 서쪽으로 항해한 1492년, 포르투갈 궁정의 시종이 되었다. 마젤란은 말하자면 콜럼버스의 항해나 바스코 다 가마의 항해 성공의 분위기를 신트라의 궁전에서 느끼며 자란 것이다.

바스코 다 가마에 의해 인도 항로가 열리자 포르투갈 왕실은 인도 상 무원을 중심으로 아시아의 향료 무역을 국영화하고, 인도양의 요충지에 상관을 지어 무역 루트의 안정화를 꾀했다. 1505년이 되자 마누엘 1세는 프란시스코 데 알메이다(1450~1510)를 초대 인도 총감으로 임명하고, 21 척의 배와 3,100명의 선원·병사를 주어 인도에 파견했다. 당시에는 포 르투갈 왕실의 세입의 4분의 1이 향료 무역에서 비롯되었다.

알메이다의 원정에 25세의 마젤란은 남동생과 종형제인 세란과 함께 참가했다. 마젤란은 이 항해에서 부조타수로서 경험을 쌓게 된다. 인도 서안의 코치에 거점을 둔 포르투갈은, 1509년에 인도 북서부의 작은 섬 디우의 앞바다에서 벌어진 해전(디우 해전)에서, 이집트의 맘루크 왕조의 해군을 격파하고, 인도양의 패권을 쥐게 된다. 마젤란도 이 전투에 참가했다. 그러나 전투에서 마젤란은 전치 5개월의 중상을 입게 된다.

전투에서 입은 상처가 나은 마젤란은 제2대 인도 총독의 알부케르크(1453~1515) 밑에서 두아르테 파체코 페레이라(?~1533)가 이끄는 4척의 포르투갈 함대에 타고 믈라카 왕국으로 처음 원정에 참가한다.

당시에 믈라카 해협이 가장 좁아지는 곳에 위치한 믈라카 왕국은, 동남아시아의 교역 중심지로 번성했다. 인도에서 향신료의 중요한 산지가 동남아시아에 있다는 말을 들은 포르투갈은, 스페인이 서쪽으로 도달하기 전에 동남아시아를 자국의 세력권으로 편입할 필요가 있었던 것이다. 그러나 이때의 믈라카 공격은 실패로 끝났다. 단지 마젤란은 공을 세워 선장으로 승진한다.

1510년, 포르투갈은 인도 서안에서 교역거점인 고아를 회득하자, 이듬해에 다시 믈라카를 공격하여 이번에는 공략에 성공한다. 마젤란은 그 활약이 높이 평가되어 1척의 캐러밸선을 얻는다. 그러나 그 이상으로 마젤란에게 중요했던 것은, 후에 세계 일주에 동행하게 되는 말레이인 노예를 획득한 것이었다. 즉, 마젤란은 동남아시아의 정황을 알기 위한 귀중한 정보원을 손에 넣게 되었다.

1513년, 마젤란은 포르투갈로 돌아가지만, 이윽고 약 400척의 함대를 동원한 모로코 대공략에 참가하여, 아자무르 전투에서 오른쪽 다리가 불구가 되는 부상을 입게 된다. 그러나 불행은 그것만으로 끝나지 않았다. 마젤란은 전리품을 부정하게 이용하여 사익을 채웠다는 혐의를 받고 만다. 귀국한 후에 혐의는 풀렸지만, 마젤란을 꺼리는 마누엘 1세의 냉대를 견디지 못하고, 결국 궁정을 떠나게 된다.

향료 무역 참가를 획책한 푸거 가문

16세기 초에 스페인의 세비야 통상원을 장악하고 있었던 인물은 폰세카라는 귀족이었다. 폰세카는 콜럼버스의 제2회 항해를 준비한 책임자이기도 했다. 그는 콜럼버스의 사업이 충분한 성과를 올리지 못한 상황에서, 인디아스 대반도라고 생각한 남아메리카를 경유하여 말루쿠 제도로 가는 새로운 항로를 개척하려고 생각하고 있었다.

그런데 당시 바다의 세계에서는 선구자 포르투갈이 압도적 우위에 있었으며, 스페인은 임무를 감당할 만한 인재를 도저히 찾을 수 없는 상황이었다. 그래서 포르투갈의 사정에 자세한 상인 크리스토발 아로의 조언을 받아, 폰세카는 인디아스 대반도를 남하하여 말루쿠 제도로 항해하는 리더로서, 숙련된 포르투갈인 항해사인 에스테반 고메스를 고용했다. 그러나 고메스에게는 말루쿠 제도로 항해할 계획을 세울 만한 능력이 없었다(고메스는 마젤란의 항해에 선장으로서 참가한 적이 있다). 그때 세비야의 통상원에서 일하던 포르투갈인 듀라르케 바르보사가 적임자가 있다고 하여, 예전 친구였던 마젤란을 폰세카와 아로에게 소개한다. 아로는 원래 독일 아우구스부르크의 거상 푸거 가의 리스본 대리인이었지만, 이탈리아 상인과의 이권 쟁탈에서 패하여 활동의 장을 세비야로 옮겼고, 실력자인 폰세카의 환심을 사게 된다. 말루쿠 제도에서 무역을 통한 이익을 얻고자 하였던 아로와 배후의 푸거 가문이 마젤란 항해의 자금원이 된 것이다.

말루쿠 제도로 항해해 줄 것을 요청받은 마젤란은 말루쿠 제도가 스페인의 지배 해역에 속하는지 아닌지가 미묘한 상황이기도 하였으므로, 포르투갈에서부터 동행한 친한 천문학자(코스모그래퍼) 루이 데 팔레이로가 동행한다는 조건으로 요청을 수락했다. 참고로 천문학은 대항해시대에 유행한 학문으로, 우주와 지구의 구성, 지리 정보, 항해술 등을 복합적으로 다루는 학문이다. 마젤란은 팔레이로의 설을 수용하여 말루쿠 제도는 스페인의 아시아지역 경계선 쪽의 해역에 위치한다고 주장했다. 마젤란의 항해는 말루쿠 제도의 영유권을 노리는 성격도 있었으므로, 말루쿠 제도가 아시아 지역의 스페인 경계선 내부에 있는지 아닌지가 큰 문제가 되었다.

즉 마젤란의 항해는 가장 먼저 상업 루트의 개발을 목표로 한 항해였으나, 그와 더불어 말루쿠 제도가 스페인의 세력권에 속한다는 지리적 가설을 실증하는 항해이기도 했다. 그러한 지리적 가설을 보강하기 위해서 팔레이로를 중요한 파트너로 여겼던 것이다.

그러나 실제로는, 마젤란의 항해의 준비 과정에서 주도권을 쥔 것은 폰세카와 아로였다. 그들의 입장에서는 향료 무역에서 이익을 올리는 것이 최우선 과제였다. 마젤란의 맹우 팔레이로는 결국 준비 단계에서 제외되었고, 선단 간부의 대부분도 폰세카가 추천한 인물로 채워진다. 말루쿠 제도에서의 무역 이권을 다투는, 암투와 흥정이 뒤에서 이루어진 것이다. 당시에 스페인에서는 자금 조달은 항해자 자신이 맡는 것이 보통이었지만, 마젤란의 항해에 관해서는 상인 아로와 배후의 푸거 가문에게 일임되었고, 이권도 아로에게 집중되는 모양새가 되었다. 이 러저러한 사정 때문에 항해를 위해 최종적으로 조달된 것은 5척의 노후선과, 어중이떠중이로 규율이 없는 280명(일설에 의하면 265명)의 선원이었다.

마젤란 선단의 항해 비용이 핍박해진 이유 중 하나는, 말루쿠 제도가 혹시라도 스페인의 지배 해역에 속하지 않을 지도 모른다는 의구심이 완전히 지워지지 않았기 때문이다. 말루쿠 제도에서는 이미 포르투갈이 향료 교역을 하고 있었으며, 웬만한 논거가 없다면 스페인인이 말루쿠 제도에서 향료 무역에 참가하는 일은 어려웠다. 그러나 포르투갈 입장에서는 같은 나라 사람인 마젤란이 국익을 해치는 항해를 하는 사실에 위기감을 느끼고 있었다. 암살을 포함한 다양한 방해 공작이 있었다고 한다.

말루쿠 제도를 향한 통상 항해

결과적으로 제3의 세계의 발견으로 이어진 마젤란의 항해도, 처음에는 종래의 세계지도에 기반한 통상적인 항해로 시작되었다. 예전의 콜럼버스의 항해와 마찬가지로 프톨레마이오스의 세계지도에 대해서는 조금도 의심하지 않았다. 1515년 8월, 세비야에서 출항한 마젤란의 선단은 항해의 준비를 위해, 먼저 120km 떨어진 선박의 수리항구 산루

카르 데 바라메다에 들렀다. 그리고 1519년 8월 20일에 정식으로 항해에 나선다.

마젤란의 선단은 이전에 포르투갈 왕실에서 일한 해도 제작자 디오고 리베이루 등의 포르투갈인의 해도를 바탕으로, 단기간에 남아메리카의 남단을 경유하여 말루쿠 제도에 갈 수 있다고 확신한 통상적인 항해였다. 리베이루는 당시에 세비야 통상원에서 해도의 작성에 관여한 포르투갈인이었다. 항해를 위한 해도의 제작자도 포르투갈로부터 고용되었던 것이다.

스페인의 선단은 모두 해도, 항해 기록의 작성, 발견지에서의 친선과 무역이 의무화되어 있었다. 통상적인 무역을 목적으로 한 마젤란 선단에서도, 역시 그러한 체제가 정비되어 있었다. 참고로 마젤란의 선단은 말루쿠 제도에서 교역하기 위하여 각종 천, 진주와 구리팔찌, 종, 나이프, 거울, 유리 세공품 등의 방대한 양의 상품을 적재하였다. 말루쿠 제도는 세계 유수의 향료 산지이며, 특히 트르나테 섬과 티드레 섬은 막대한 이익을 창출하는 정향나무와 육두구의 세계적인 산지로 알려져 있었다. 그래서 이 항해에 대해서 큰 상업적인 이익을 기대하고 있었다.

카나리아 제도에서 남서로 침로를 잡은 마젤란의 선단은 브라질의 리우데자네이루 부근까지는 무사히 항해할 수 있었다. 거기서 말루쿠 제도까지의 루트를 찾으며 남하하여, 라플라타 강을 경유하여 1520년 3월 31일에 파타고니아의 산훌리안 항구에 입항하여 월동했다. 여기까지는 좋았으나 그 후는 고난의 연속이었다. 애초부터 오합지졸로 이루어진 선원이었고, 그들이 도착한 남아메리카를 인디아스 대반도로 생각하였으므로, 거기를 넘어서면 길어봐야 2~3일 만에 말루쿠 제도로

갈 수 있을 것이라고 안이하게 항해를 예측하고 있었다. 그것이 예기치 않은 어려운 항해가 되어 버리자, 승무원들은 약속이 틀리다면서 불만을 나타냈다. 선단은 갑자기 불온한 기운에 휩싸였다. 중세의 해사법에서는 자신의 생명을 위태롭게 하는 항해를 거절할 수 있는 규정이 있었다. 그래서 일단 스페인인 간부에 의한 반란이 일어난다. 포르투갈인인 마젤란의 지휘에 대한 스페인인 간부의 불만도 있었다. 그러나 반란이 일어나자 마젤란은 재빠른 대응에 나서 진압에 성공한다. 그러나 반란은 고난에 찬 그 뒤에 이어진 항해의 서막에 불과했다.

돌연 나타난 미지의 대해

남하를 계속한 선단은 1520년 10월 겨우 인디아스 대반도의 남단 해협(마젤란 해협)에 들어섰다. 마젤란 해협은 좁은 수로로 조류가 빠르며, 암초가 여기저기 흩어져 있는 항해의 난소였다. 마젤란 선단이 전장 560km의 이 해협을 불과 3일 만에 통과할 수 있었던 것은 그야말로 기적이라고 할만 했다. 해협의 출구는 제3의 세계의 입구에 해당했지만, 물론 마젤란에게는 그러한 인식은 없었고, 말루쿠 제도가 있는 프톨레마이오스의 세계지도에 그려진 시누스 마그누스(거대한 만)의 입구라고 생각했다. 마젤란은 기대를 품고 해협의 출구를 '희망의 곶'이라고 명명했다.

마젤란 해협의 남부는 푸에고 섬이었다. 선단 대부분의 선원은 그냥 섬이라고 여겼지만, 프톨레마이오스의 세계지도의 미지의 남방대륙(테라 아우스트랄리스 인코그니타)이라는 이미지에 집착했던 동승한 해도 제작자는, 선입관에 기반하여 푸에고 섬을 미지의 남방대륙의 일부로 해도상에 그렸다.

문제는 계속되었다. 마젤란 해협에서 선단의 식량을 실은 에스테반 고메스가 지휘하던 산안토니오호가 탈주하여 스페인으로 돌아가버린 것이다. 남은 함대는 3척이었고, 식량도 불과 3개월 치로 줄었다.

우여곡절 끝에 강풍이 부는 편서풍 해역을 빠져나와 선단이 몬순 해역에 들어서자, 바다는 금새 잠잠해졌다. 인디아스 대반도 끝에 있다고 여기고 있었던 시누스 마그누스라는 환영에 사로잡힌 마젤란은, 목적지가 가깝다고 생각하면서 기분이 좋아졌다. 그 바다를 평화로운 바다(El Mare Pacificum)라고 명명할 정도였다. 고생의 대가를 받을 때가 왔다고 생각하면서 섣부른 기쁨을 만끽한 것이다.

선단은 페루 해류와 서남 몬순을 이용하여 빠른 속도로 북상한후, 이번에는 침로를 서쪽으로 변경했다. 마젤란이 이용한 해도에 의하면 곶을 넘으면 섬이 흩어져 있는 시누스 마그누스로 들어설 순간이었다. 그러나 가도 가도 섬은 나타나지 않고, 망망대해만 보이는 항해가이어졌다. 이 때문에 프톨레마이오스의 세계지도를 바탕으로 한 세계상이 크게 흔들렸다. 남아메리카는 인디아스 대반도가 아니었다. 자신들은 세계지도에 존재하지 않는 미지의 대양을 항해하고 있을지 모른다는 의구심이 한없이 커져갔다. 실제로 마젤란의 선단은 우연히도 불행한 항로 위를 항해한 것이다. 조금 더 남쪽으로 침로를 잡았다면 타히티 섬, 사모아 섬 등과 조우할 수 있었다. 그러나 어떤 섬과도 마주치지않게 되자 미지의 대양이라는 이미지는 한층 선명해졌다.

선단은 11월 8일에 마젤란 해협을 통과한 후, 이듬해 3월 6일, 마리아나 제도에 도착할 때까지 3개월이 넘는 긴 항해를 계속했다. 물도 식량도 썩어버릴 정도로 한계를 벗어난 항해였다. 항해에 동행한 베니스의 항해사 안토니오 피가페타(1491~1534)는 "1520년 11월 8일, 우리는 그 해협을 통과하였고, 평화로운 바다가 우리를 삼켰다"고 기록했다.

평온한 바다에서 항해가 계속되었지만 선상은 그야말로 지옥이었다. 식량의 결핍과 음료의 부패로 고통스러워한 승무원들은, 돛의 포장재 껍질까지 입에 댈 수밖에 없었다. 더 귀중한 식량은 쥐였다. 한 마리가 반 두가트(금 1.8g)라는 고가에 거래되었다고 한다. 신선한 식량과 음료수의 결핍으로 1월 중엽에는 괴혈병 등으로 승무원 3분의 1 이상이 움직일 수 없게 되었다.

1월 20일, 마젤란은 분노하면서 아무런 도움도 되지 않는 엉터리 해도를 던져버렸고, 바다를 향해 원통함을 쏟아냈다고 한다. 마젤란은 억측에 의해서 그려진 해도에게 배신당한 것이다. 도움이 되지 않는 해도가 지옥의 항해라는 결과를 가져왔다.

3. 목숨을 건 항해의 대가

마젤란과 리베이로

마젤란이 사용한 해도와 지구의에 말루쿠 제도를 그린 것은 당시 포르투갈에서 저명한 해도 제작자로 알려진 디오고 리베이로 이외에, 페드로 레이넬과 조르주 레이넬 부자였다. 그들은 마젤란과 마찬가지로 예전에는 포르투갈 왕 밑에서 일하였고, 리스본에서 지도 제작자 겸 항해 심사관의 직책을 맡고 있었다. 그들이 말루쿠 제도로 가는 항로 정보를 스페인 왕에게 제공한 것이다. 그러나 리베이로 등의 신대륙에 관한 지식은 부족했으며, 신대륙을 인디아스 대반도로 보고 그곳을 우회하는 항로는 희망봉을 경유하는 항로보다 짧다고 계산했다. 참고로 디오고는 마젤란 그리고 콜럼버스의 아들인 페르난도와 친구이기도 했다.

마젤란은 해도의 잘못을 목숨을 건 항해를 통해서 실증했으나, 디오고 리베이로는 추도의 뜻을 담아 친구의 업적을 후에 확실하게 세계지도에 반영했다. 그가 왕실의 천문학자로서 세비야 통상원의 표준 해도를 개정하는 직책에 있었기 때문이다. 리베이로가 1529년에 그린 세계지도는 아시아의 넓이가 과장되어 있다는 점을 제외하면, 여러 대륙의 윤곽과 제1의 세계, 제2의 세계, 제3의 세계의 분포를 거의 정확하게 보여주고 있다. 태평양에 대해서는 마젤란의 항해 성과와 스페인인 탐험가에 의한 남아메리카, 중앙아메리카의 탐험 성과를 반영함으로써, 제3의 세계를 개관한 최초의 세계지도가 되었다. 현장에서의 고군분투가 3개의 세계를 확정시킨 것이다.

태평양 횡단과 마젤란의 죽음

풍부한 경험을 가진 항해사, 마젤란은 천체관측으로 위도를 측정하면서 등위도 항법으로 태평양의 항해를 계속했다. 고난의 항해 와중에도 마젤란은 아시아의 대척경계선의 위치를 밝히려고 하였고, 요소요소에서 부정확하게나마 경도의 측정을 계속해 나갔다. 항해자이자 해도 제작자로서의 프로 의식을 버리지 않은 것이다.

다행히 마젤란의 선단은 1월 25일, 투아모투 제도의 북단 푸카푸카 섬(마히나 환초)에 도달할 수 있었다. 거기서 선단은 1주일간 체재하며 바다거북과 바다새의 알로 영양을 섭취하고, 스콜로 내리는 빗물을 음료수로 확보했다. 그러나 고난의 항해는 계속되어 3월 4일에는 끝내 식량이 바닥나고 말았다.

3월 5일, 아사 직전의 승무원을 태운 마젤란 선단은 마리아나 제도의 로타 섬에 도달했다. 겨우 기아의 해역을 빠져나온 것이다. 마젤란은 거기를 '라틴 돛의 섬'이라고 이름 붙였다. 이윽고 괌 섬이 발견되자 마젤란은 40명의 무장병을 상륙시켜 40채에서 50채의 집을 불사르고 식량을 조달했다.

3월 28일, 선단은 말루쿠 제도에서는 전혀 식량을 얻을 수 없다는 사전 정보를 알고 있었던 까닭도 있어, 북으로 침로를 잡고 필리핀 군도의 사말 섬에 이르렀다. 마젤란이 앞서 말루쿠에서 구입한 말레이인 노예가 현지의 주민에게 말레이어로 말을 걸어, 필리핀 군도에 도달한 사실이 확인된 것이다. 이는 제2의 세계와 제3의 세계의 존재가 동시에 밝혀진 결정적 순간이기도 했다.

4월 7일, 세부 섬에 이른 마젤란은, 세부 섬의 왕이 부근의 수장 중에서도 가장 유력하다는 사실을 알고, 스페인인의 상투 수단인 포교를 개시했다. 그리고 세부 왕을 시작으로 500명을 개종시켜, 주변 여러 부족에 대해 세부 왕에 대한 복종과 기독교 개종을 요구했다. 마젤란은 갑자기 그 이상의 항해를 중단하고 포르투갈에 대항할 수 있는 세력권을 필리핀 군도에 만들고자 생각한 것이다.

그러나 마젤란은 세부 섬 부근에 있는 막탄 섬의 왕 라푸라푸를 무력으로 복종시키기 위해 49명의 무장 병력을 이끌고 상륙했으나, 오히려 1,000명의 병사에게 역공을 당하여 목숨을 잃게 된다.

마젤란이 죽고 난 뒤, 다수의 승무원을 잃은 선단은, 3척의 배를 운항할 수 없다고 판단하여, 세부 섬에서 콘셉시온호를 소각하였다. 선원들은 트리니다드호와 빅토리아호에 나누어 타고 출항하여, 11월 8일에 겨우 말루쿠 제도에 도달한다. 티도레 섬에서 가까스로 많은 정향나무를 샀지만, 과욕으로 너무 많은 정향나무를 적재한 트리니다드호가 침수되어, 도중에 버릴 수밖에 없었다. 선장 후안 세바스타인 엘카노

(1486~1526)가 지휘하는 빅토리아호 1척만이 60명의 선원을 태우고 귀국하게 된다.

곧바로 상업 기지가 되지 못한 태평양

빅토리아호는 희망봉, 베르데 곶 제도를 거쳐, 괴혈병과 영양실조로 간신히 목숨을 부지한 선원을 태우고, 1522년 9월 6일 산루카르 항에 도착했다. 며칠 후에야, 겨우 세비야에 돌아오게 된다. 출발 때 280명이었던 선원은 3년간의 항해 끝에 18명으로 격감했다. 그러나 엘카노가 가져온 정향나무, 육두구, 백단 등은 788만 8,684마라베디로 매각되어, 선단의 파견 비용을 상회했다. 아쉬웠던 것은 고생 끝에 마젤란이 항해 도중에서 획득한 요소요소의 귀중한 항해기록이 구름처럼 흩어져버린 점이다. 에르카노를 포함한 귀환자들 중 항해 때 반란에 가담한 승무원이 많았던 점, 반란으로 숙청된 자들 중 왕의 측근이나 세비야 대사제의 친족이 많았던 점이, 해도 전체의 보존에 나쁘게 작용했다. 다만 빅토리아호의 귀환으로, 지구가 구형이며 3개의 세계로 구성되어 있다는 사실은 증명되었다.

빅토리아호의 귀환으로, 스페인 왕실은 태평양 횡단 항로의 정기화를 목표로 삼았다. 태평양에 확실한 해상의 도로를 만들려고 했던 것이다. 스페인은 포르투갈의 항의를 무시하고, 대귀족인 로아이사를 지휘관으로 하고, 엘카노를 보좌관으로 한 새로운 선단을 조직하여 태평양으로 보냈다. 그러나 선단은 마젤란 해협을 통과하는 데만 4개월을 허비하였고, 로아이소와 엘카노도 괴혈병에 걸려 태평양 상에서 목숨을 잃었다. 남아메리카의 남단을 우회하여 제3의 세계를 횡단하는 항로의 정기화가 범선 시대에는 얼마나 어려운 일인지 새삼 분명해졌다. 대서양과 광대한 태평양을 연결하는 항해를 상업이 가능한 수준으로 만들기에는, 당시의 항해 기술로는 무리였던 것이다.

그러나 마젤란의 항해는, 태평양을 중심으로 하는 제3의 세계의 존재를 처음으로 밝혔고, 지구의 넓이와 육지와 바다의 분포를 명확하게 한 점에서 세계사적인 의의를 가진다. 생각해보면, 콜럼버스도 마젤란도 똑같이, 전혀 도움이 되지 않는 프톨레마이오스의 세계지도를 바탕으로 탁상에서 만들어진 해도로 항해하였다. 그러나 콜럼버스의 항해가 평온한 대서양의 몬순 해역을 약 8,000km 항해하였던 것에 비해, 마젤란의 항해는 강력한 편서풍 해역을 포함한 약 35,000km에 달하는 대항해였다. 콜럼버스가 개발한 항로는 대서양의 간선 루트가 되었지만, 마젤란의 항로는 항해의 어려움 때문에 실용화되지 못했다. 제3의 세계를 다닐 수 있는 해상의 도로는, 후술하듯이 중위도에 위치하는 멕시코와 페루의 태평양 연안에서 만들어진다.

팔려버린 말루쿠 제도

엘카노가 세비야에 귀환함으로써 새삼 지구가 구형인 사실이 밝혀졌다. 이로써 동반구에도 서반구의 토르데시야스선과 마찬가지로 경계선을 긋지 않으면, 스페인과 포르투갈의 두 왕의 세계 분할이 실효성을 갖지 못한다는 점도 밝혀졌다. 동시에 스페인이 지배하는 남아메리카가 인디아스 대반도가 아니라는 점, 태평양을 횡단하여 말루쿠 제도로 가는데 시간이 매우 많이 걸린다는 점이 판명되었다.

물론, 포르투갈이 동쪽으로 말루쿠 제도로 가는 항해도 결코 용이하지는 않았다. 고아와 말루쿠 제도의 왕복에는 23개월에서 30개월의 기간이 걸렸다.

1524년, 스페인과 포르투갈의 지도·해도 제작자의 회의가 개최되었다. 향료 무역에서 큰 이익을 기대할 수 있는 말루쿠 제도가 어느 세력권에 속하는지가 논의된 것이다. 그러나 당시에는 아직 정확한 경도를 측정하는 기술이 없었으며, 말루쿠 제도의 경도 측정도 추론에 의한 것이었다. 회의에서는 포르투갈이 "말루쿠 제도는 토르데시아스 조약에서 정해진 대서양의 경계선(서경 46도 37′, 대척선은 동경 134도이다)에서 정확히 180도 떨어진 경선의 43도 서쪽에 위치하며, 포트투갈 세력권에 속한다"고 주장한 것에 대해, 스페인은 "경계선에서 3도 동쪽에 위치하므로, 스페인 세력권에 속한다"고 주장했다.[15]

교착 상태가 계속되었지만 결국 스페인 왕이 양보하는 것으로 결판이 났다. 스페인 왕 카를로스 1세가 말루쿠 제도의 권리를, 포르투갈 왕에게 35만 두카드로 팔아넘긴 것이다. 이렇게 정향나무, 육두구의 산지 말루쿠 제도는, 포르투갈의 세력 하에 놓인다. 1529년, 사라고사 조약이 체결되어, 말루쿠 제도의 동17도에 대척 경계선이 설정되었다. 그 결과, 제3의 세계가 포르투갈과 스페인의 세력권으로 분할되었고, 그 대부분

---

15 말루쿠 제도의 암본이 동경 128도 10′에 위치한다.

이 스페인의 세력권이 되었다. 이처럼 태평양은 처음에 스페인이 지배하는 바다로 인식되었다. 이 조약에 의해 오스트레일리아도 스페인의 세력권에 포함되었다. 그러나 스페인은 오스트레일리아에 대해서 흥미를 보이지 않았다.

세계지도에 마젤란의 항로를 그리게 한 황제

【그림 28】 16세기, 신성 로마 제국 황제 카를 5세가 황태자 펠리페에게 선물한, 바티스타 아니에제에 의한 호화로운 지도첩

마젤란의 항해를 스페인 왕으로서 지원한 신성 로마 제국 황제 카를 5세(스페인 왕으로서는 카를로스 1세)는, 16세였던 황태자 펠리페(후의 스페인

왕 펠리페 2세)에게 지도첩을 선물했다. 당시에 베니스에서 활약하던 제노바의 지도 제작자 바티스타 아니에제에게, 1543년부터 45년 사이에 그리게 한 호화로운 지도첩이었다. 거기에는 마젤란의 세계일주 루트를 그린 지도도 포함되어 있었다.

참고로 아니에제는 1527년부터 64년에 걸쳐서 활약했으며, 섬세하고 우아한 장식용 지도를 제작한 장인으로 알려졌다. 그가 제작한 70점 이상의 지도첩이 남아있다. 그러나 그 대부분은 포르투갈의 해도와 지도를 복사한 장식적인 사본이었다.

황태자 펠리페에게 선물한 세계일주를 그린 지도의 전체는 타원형으로 그려졌고, 카나리아 제도에 본초 자오선을 두었으며, 아시아의 동단을 왼쪽, 대륙 부분을 오른쪽에 그렸다. 지도의 아시아 부분은 프톨레마이오스의 세계지도의 틀에 의거하여 그렸으며, 거기에 포르투갈 해도의 아프리카와 스페인 해도의 남북아메리카 대륙을 결합시켰다.

해양 부분에서는 스페인의 자랑인 마젤란이 발견한 대서양, 태평양, 인도양을 연결하는 세계일주의 항로가 그려져 있으며, 동시에 스페인의 부의 원천인 스페인 카디스 항구에서 카리브 해, 파나마 지협을 넘어, 태평양, 페루에 이르는 은 운반선의 항로가 그려져 있었다. 당시는 페루의 포토시 은광산이 발견된 직후였다.

왕족이나 귀족들 사이에서 최신 정보를 반영한 지도를 선물하는 것은, 당시의 유행이었다. 프랑스의 국왕 앙리 2세(재위 1547~1559)가 황태자였던 시대에 선물로 받은, 프랑스의 지도 제작자 피에르 데셀리에의 「드 팡 지도」 등은, 지금도 예술적 가치가 높은 것으로 평가되고 있다.

4. 정기화된 마닐라 갈레온 무역

중위도의 태평양 횡단 시도

마젤란의 말루쿠 제도를 향한 항로 개척이 실패로 끝난 뒤에도, 스페인은 말루쿠 제도에서 얻을 수 있는 향료 무역 이익을 포기하지 않았다. 마젤란이 시도한 편서풍 해역을 경유한 대항해는 어렵지만, 몬순 해역에서 항해하는 것은 비교적 용이할 게 틀림없다고 생각한 것이다. 스페인은 태평양의 몬순 해역과 마주한 멕시코에서 몬순을 이용하여 필리핀 군도에 이른 다음, 그곳에서 말루쿠 제도와 교역하기 위한 항로를 개발하려는 시도를 반복했다.

1527년, 코르테스의 종형제로서 멕시코 정복에도 참가한 사베드라 이 셀론(?~1529)이, 북동 몬순을 이용하면 2주 만에 필리핀 군도로 갈 수 있는 것이라고 생각하여 항해를 시도하였고, 민다나오 섬에 도착했다. 그는 마젤란이 작성한 해도에 의거해서 항해한 것으로 보인다. 북위 20도 전후의 몬순 해역에 위치한 멕시코 연안에서 북위 15도의 필리핀 군도로 가는 항해는, 북동 몬순을 이용하면 비교적 용이했던 것이다.

그러나 태평양 횡단의 정기화를 방해한 것은 필리핀 군도에서 돌아오기 위한 안정된 항로가 발견되지 않은 점이었다. 태평양에서 멕시코로 부는 몬순이 약했기 때문이었다. 사베드라도 귀환하지 못하고, 표착한 하와이 군도에서 목숨을 잃고 만다.

1541년, 멕시코 부왕(副王)은 항해사 루이 로페스 데 비얄로보스(1500년경~1544)에게 태평양을 남하하여 동인도 제도[16]로 항해할 것을 명령했다. 비얄로보스는 이듬해에 4척의 배를 이끌고 루손 섬의 남안에 이르렀고, 거기서 사말 섬과 레이테 섬까지 갔다. 그는 이 군도에, 스페인 황태자 펠리페를 기리는 뜻으로 필리핀 군도라고 이름 붙였다. 그러나 선주민의 저항이 강했기 때문에, 식민지화는 포기할 수밖에 없었다. 비얄로보스는 선주민과의 싸움에서 패하여 포르투갈 세력권의 말루쿠 제도로 도망갔지만 잡히고 말았고, 그곳에서 옥사했다.

그 후 1540년대가 되자, 페루의 포토시, 멕시코의 사카테카스 등에서 거대한 은 광산이 발견되었고, 세비야의 통상원은 막대한 은을 손에 넣었다. 이윽고 스페인은, 그러한 값싼 은을 태평양을 횡단하여 아시아로 가져가서 교역할 수 없을까 궁리하게 되었다. 과연 태평양에 「해상의 도로」를 건설할 수 있었을까?

1564년 11월, 스페인 왕 펠리페 2세(재위 1556~1598)의 명을 받은 정복자 미겔 로페스 데 레가스피(1502~1572)는, 5척의 함선과 500명의 병사를 이끌고, 멕시코의 서해안에서 겨울 북동 몬순을 타고 항해에 나섰다. 레

---

16 유럽에서 인도 동쪽에 위치한 지역을 막연히 지칭하던 용어이다. 말레이제도, 인도차이나 반도 남부, 중국 등을 가리켰다.

가스피는 태평양을 9일간 항해하여, 마리아나 제도에 일시적으로 상륙한 후, 1565년 2월에 세부 섬에 상륙했다. 레가스피는 70년 5월, 이슬람 교도가 지배하고 있었으며, 중국·동남 아시아와의 무역으로 번성한 마닐라 항구를 정복한다. 그러나 멕시코로 돌아가는 항로가 발견되지 않았기 때문에, 필리핀 군도의 지배는 불완전했다.

태평양 횡단 항로를 개척한 우르다네타

필리핀 군도에서 멕시코로 돌아가는 해상의 도로를 발견하는 과제를 해결한 사람이, 수도사이자 항해사인 안드레스 데 우르다네타[17] (1508~1568)였다.

우르다네타는 비스케이 만을 마주한 바스크 지방 출신이었다. 1525년, 17세의 우르다네타는, 로아이사가 이끄는 7척의 배와 450명 이상의 승무원으로 이루어진 말루쿠 제도로 향하는 선단에 참가했다. 이 항해에서 해상 안내인이 된 사람이, 마젤란 사후에 선단을 이끌고 세계 일주를 달성한 엘카노였다. 그러나 항해는 비참한 결과로 끝났으며, 로아이사와 엘카노는 태평양상에서 목숨을 잃었다. 다행히도 살아남은 우르다네타를 포함한 24명은 말루쿠 제도에 도달했지만, 포르투갈인에게 잡혀 8년간 말루쿠 제도에 구류되었다가 스페인으로 귀국했다. 그 후, 우르다네타는 바다의 세계를 떠났고, 1553년에 아우구스티누스 수도

---

17 그의 출생연도는 1498년으로 알려져 있는데, 저자는 1508년이라고 하였다.

회에 들어갔으며, 57년에는 성직자가 되었다.

그러나 우르다네타의 전환기가 만년에 찾아왔다. 1560년, 스페인은 사라고사 조약으로 스페인 세력권이 된 필리핀 군도로 가는 선단을 새롭게 조직했다. 60세를 넘은 우르다네타는 왕명에 따라 원정에 참가하였고, 태평양을 왕복하는 루트를 발견하고자 노력하였다. 우르다네타는, 1564년에 레가스피의 원정에서 선장으로서 참가했었다. 현지에서 레가스피로부터, 필리핀에서 멕시코로 돌아가는 항로의 개척과 필리핀 식민지에 대한 증원 요청을 멕시코에 전달하라는 명령을 받고, 1565년 6월 1일, 세부 섬의 산미겔항에서 출항했다.

그때 우르다네타는, 대서양 항해의 경험을 바탕으로 태평양의 안정적인 해상의 도로를 개발하려고 하였다. 그래서 열대 지역에서 해류를 타고 몬순 해역을 북상한 다음, 편서풍을 이용하여 멕시코로 돌아가는 루트를 구상하였다. 대서양에서는 카리브 해로부터 스페인으로 돌아갈 때, 플로리다 해에서 멕시코 만류를 타고 아소레스 제도를 향해 북동으로 나아간 다음, 거기에서 편서풍을 타고 스페인으로 돌아가는 루트가 이미 개척되었다. 지령을 받은 우르다네타는, 태평양을 서에서 동으로 부는 편서풍 해역으로 들어가기 위해, 쿠로시오 해류를 타고 일본열도의 동안을 북위 39도까지 북상하는 방법을 생각해냈다. 그 시도는, 예상한 대로 성공을 거두었다. 우르다네타가 지휘하는 산베드로 호는 4개월 하고도 8일에 걸쳐 태평양을 횡단한 끝에, 캘리포니아의 멘도시노곶(샌프란시스코에서 북으로 300km거리) 부근에 도착했다. 그 후, 일행은 무사히 멕시코 남부의 항구 아카풀코로 귀환했다. 약 2만km에 이르는 대항해였다. 이렇게 제3의 세계에 장대한 해상의 간선도로가 만들어졌고, 비로소 아메리카 대륙과 아시아가 제대로 연결되었다. 콜럼버스에 필적

하는 업적을 남긴 우르다네타의 소박한 기념비가 아카풀코에 세워졌다.

우르다네타의 항로는 세비야 통상원의 표준 해도에 실렸으며, 이후 멕시코의 아카풀코와 마닐라를 잇는 마닐라 갈레온 무역이, 1565년부터 1815년에 이르는 250년간 계속된다. 말할 필요도 없이, 이 해상의 도로를 나타내는 해도는 스페인이 엄중하게 비밀로 삼았다.

5. '제3의 세계'의 간선 루트에 의해 아시아로 유입된 은

태평양의 간선 항로와 마닐라 갈레온 무역

세비야 통상원의 관리 하에 이루어진, 신대륙의 값싼 은을 아시아로 수송하는 '마닐라 갈레온 무역'은 전례 없는 대항해였다. 운 좋게 바람의 도움을 받아도 왕복 4개월, 운이 없으면 왕복 7개월이라는 장기간 항해가 이루어졌다. 그 때문에 대형 선박이 필요했다. 풍부한 필리핀의 목재를 사용하여, 배의 길이가 40m 이상, 평균 1,700톤에서 2,000톤에 달하는 갈레온선이 건조되었으며, 아카풀코와 마닐라의 두 항구에서 3척씩(1593년 이후에는 2척씩) 출항하여 태평양을 횡단하는 무역에 참여했다.

신대륙의 은이 모이는 마닐라 항구는, 대만 해협을 횡단하여 남중국해를 남하한 복건(福建) 상인이 중국의 비단, 도자기, 칠기 등을 대량으로 가져오고, 동남 아시아 상인은 향신료와 상아를 가져왔다. 대량의 무역품 중에서 특히 큰 비중을 차지한 것이 중국의 비단이었으므로, 갈레온선은 '나오 데 치나(중국선)'라고도 불렸다.

이슬람교도가 지배하던 마닐라가 정복되었을 때, 마닐라는 이미 중국 상인의 교역권에 포함되어 있었고, 40명의 중국 상인과 20명의 일본 상인이 거주하고 있었다. 이미 아시아에는, 복건에서 대만 해협을 경유하여 필리핀 군도에 도착한 다음 슬라베시 섬, 마카사르 해협, 자바 섬, 믈라카 해협으로 가는 교역로가 개척되어 있었다. 스페인인이 신대륙에서 가져온 압도적으로 싼 은은, 그러한 동남아시아 교역권의 유력 상품이 되었다. 많은 복건 상인이 비단, 도자기, 약재를 마닐라로 가져와, 은과 교환했다.

이전의 프톨레마이오스 세계지도에는 서쪽 끝의 카나리아 제도에서 동쪽 끝의 애매한 세리카(중국)에 이르는 공간이 그려져 있었지만, 1565년의 마닐라 갈레온 무역의 개시에 의해 태평양에 영구적인 해상의 도로가 생겼으며, 신대륙과 중국 사이에 있는 제3의 세계의 존재가 밝혀졌다. 프톨레마이오스의 세계지도를 대신할, 지구 규모의 세계 이미지가 이윽고 형성된 것이다.

중국에 대량으로 유입되는 은

신대륙에서 마닐라로 옮겨진 은의 가격은 당시 아시아의 은 가격의 약 3분의 1에 불과했으며, 스페인인은 중국의 비단, 도자기, 칠기, 동남아시아의 향신료를 대량으로 구입할 수 있었다. 그 수익이 매우 커서 신대륙에서 산출된 은의 3분의 1이 태평양을 건너서 아시아로 옮겨졌다. 이렇게 아메리카 대륙과 중국 사이에 은과 비단, 도자기가 거래되는 거대한 파이프가 생겼다.

　마닐라 무역의 주요 상품이 복건 상인이 가져오는 비단 제품이었기 때문에, 중국에서는 세금을 은으로 내는 명대 후기의 일조편법(一條鞭法), 청대의 지정은(地丁銀)처럼 세금 제도를 변혁시킬 정도로 대량의 은이 신대륙에서 흘러 들어왔다. 또한 마닐라에서는 중국 상인의 거주 허가세, 관세 등 중국 상인에게 거두어들이는 세수가, 마닐라 정청 수입의 20%에서 25%를 차지하고 있었다.

　희망봉을 우회하여 동쪽으로 항해하는 무역로는 16세기에는 포르투갈, 17세기에는 네덜란드가 장악하고 있었지만, 대서양을 서쪽으로 항해하여 태평양과 대서양을 잇는 장대한 루트는 스페인의 주요 무역로가 되었다. 마닐라에서 멕시코의 아카풀코로 옮겨진 비단 제품이나 도자기는, 카리브 해를 마주한 베라크루스 항구에서 쿠바의 하바나 항구로 옮겨진 다음, 다시 멕시코 만류를 타고 대서양을 횡단하여, 스페인의 세비야로 옮겨졌다. 태평양과 대서양의 해상의 도로가 하나로 이어진 것이다.

　마닐라 갈레온 무역에서 이용한 태평양을 횡단하는 해상의 도로는 은에 의해 연결되는 세계 경제의 간선이기도 했다. 우르다네타가 개발한 항로의 세계사적 의의는 이루 헤아릴 수 없을 정도다.

제6장

3개의 세계를 정착시킨 플랑드르 해도

1. 세계의 바다를 변모시킨 네덜란드

몬순 해역에서 연결을 강화하는 세계

16세기에 스페인이 마닐라 갈레온 무역의 항로와 대서양 횡단 항로를 이음으로써, 세계사의 무대는 지구 규모로 확장되었다. 제1의 세계, 제2의 세계, 제3의 세계의 해상의 도로가 몬순 해역에서 하나가 된 것이다. 한편 포르투갈도 15세기 말에 희망봉 발견을 계기로 제2의 세계와 제1의 세계를 연결하는 해상의 도로를 개척했다. 또한 17세기가 되자 신흥 세력인 네덜란드와 영국 등도 공해의 자유를 내세워, 몬순 해역으로 폭넓게 진출하게 된다.

원래 소국이었던 포르투갈과 해양 국가로 완전히 변신하지 못한 스페인은, 다수의 상선을 보유한 해운 대국인 네덜란드, 사략선(私略船)에서 출발하여 해군의 창설을 목표로 힘을 쏟은 영국에 패배하였다. 한편 네덜란드와 영국이라는 신흥 세력이 구세력을 압박해나가는 과정에서, 프톨레마이오스의 세계지도에 대한 수정이 진행되었고, 4개의 대륙과

3개의 대양이 통합된 새로운 세계상이 점차 모습을 드러낸다.

대항해시대에는 나침반을 사용하여 대양을 항해하는 데 도움이 되는 세계지도가 아직 만들어지지 않았으며, 개정된 프톨레마이오스의 세계지도가 이용되었지만, 이윽고 새로운 시점의 세계지도가 플랑드르 지방에서 탄생한다. 인쇄업의 융성 덕분에 해도, 지도가 대량으로 발간되었고, 해도와 지도 제작이 산업화되었다. 선원들에게 공개된 3개의 세계를 결합한 해도가, 해상 교역을 비약적으로 확충한 것이다.

새로운 바다의 세계를 개척한 선구자가 된 것이, 네덜란드 독립 전쟁(1568~1609)을 통해서 스페인의 식민지 상태로부터 독립을 달성한 새로운 형태의 상업 국가 네덜란드였다. 네덜란드는 포르투갈, 스페인을 훨씬 능가하는 해운력을 활용하여 대서양과 인도양에 급속하게 진출했다. 포르투갈이나 스페인이 항로를 통제하고 왕실이 해도를 엄중하게 관리하는 '점과 선'의 교역을 행한 데에 비해, 네덜란드는 반관반민의 특허 회사에 소속된 다수의 상선을 자유롭게 교역에 참가하도록 허용함으로써, 해도를 공유하는 상선이 '면'의 교역을 실현할 수 있도록 하였다.

보급되는 인쇄 해도

네덜란드, 영국, 프랑스 등이 발흥하자 로마 교황이라는 권위를 배경으로 한 포르투갈과 스페인이라는 두 대국에 의한 해양 지배 체제는 급속히 붕괴되었다. 상인들이 자유롭게 세계의 바다로 진출하는 시대가 도래한 것이다. 1609년, 네덜란드의 법학자 푸고 글로디우스(1583~1645)는 『자유해론(自由海論)』을 저술하여, 해양의 전유는 인정되지 않으며 모든 국가는 해상 무역을 위해 국제적 영역인 바다를 자유롭게 사용할 수 있다고 하면서 신흥국들의 자유로운 항해권을 주장했다. 네덜란드는 그러한 주장에 힘입어 세계의 바다로 진출했으나, 그 전제 조건은 수로지와 해도의 공개였다. 네덜란드의 수로지와 해도가 출간되던 초기에 활약한 인물이 루크 얀손 와게너였다. 와게너는 1584년에 『항해의 본보기』라는 북아프리카에서 스칸디나비아 반도에 이르는 대서양과 발트 해안선에 대한 자세한 안내서를 발간하였고, 92년에는 대경도(對景圖)[18]를 첨부한 유럽 연안의 수로도(水路圖)인 『항해의 자산』을 발간했다. 와게너의 수로지는 지도첩 형식이어서, 유럽의 선원들에게 인기가 있었으며 '와고너'라는 애칭이 보급되어 88년에는 영어판이 출판될 정도였다.

17세기가 되자 마닐라 갈레온 무역 관계의 해도 등 일부를 제외하고, 세계의 해상의 도로의 위치를 나타내는 해도가 폭넓게 공개되기에 이르렀다. 해도는 원래 필사로 제작되는 것이 보통이었지만, 16세기 초에 이탈리아에서 목판 해도가 출판되었으며, 1540년경이 되자 동판(銅版) 해도가 제작되기 시작했다. 그러한 동판 기술은 바로 네덜란드에도 전해져 순식간에 보급되었다. 유럽의 무역의 중심이 지중해에서 대서양 연안으로 옮겨진 까닭에(이 시기의 상업 혁명 때문이다), 해도의 수요가

---

18 배의 시점에서 바라본 풍경도

많았던 네덜란드가 이탈리아 여러 도시를 대신하여 동판 해도 제작의 중심적 지위를 담당하게 되었다.

이 과정에서 제도 제작자와 조판 장인이 협력하게 되면서 해도와 지도의 출판이 대규모화되는데, 이에 앞서 네덜란드가 해운 대국이 되는 과정을 먼저 간단하게 살펴보도록 하자

2. 청어 어업과 조선과 플랑드르 해도

안트베르펜의 번영과 인쇄업

대항해시대에 유럽 경제의 중심이 된 곳이 플랑드르 지방이었다. 유럽 경제의 중심이 이탈리아에서 북해를 마주보는 저습지로 이동한 것이다. 플랑드르 지방에서 최초로 번영한 것은 스헬더 강의 하항(河港)인 안트베르펜(앤트워프)이었는데, 16세기 말이 되자 안트베르펜은 급속도로 쇠퇴하고, 네덜란드의 암스테르담으로 중심이 이동하였다.

아시아와의 향료 무역을 궤도에 올린 포르투갈이었지만 아직 유럽에 독자적인 판매망을 가지고 있지 않았다. 그래서 포르투갈 왕실은 안트베르펜에 후추, 계피 등 아시아의 특산물을 가져와 팔았다. 1501년 이후, 포르투갈 선이 안트베르펜에 아시아의 물산을 반입해오자, 스페인 상인, 베니스 상인, 라인 강에서 활약하는 쾰른 상인 등이 모여들었다. 16세기 중반에 안트베르펜은 하루에 수백 척의 배가 출입하게 되었고, 알프스 산맥 이북에서 최대의 상업도시로 성장하게 된다. 피렌체의 외교관 프랑체스코 귀치아르다니(1483~1450)는, 안트베르펜의 활황에 대해 "하루에 수백 척의 선박이 출입하며 매주 1,000대의 마차가 온다"라는 보고를 남겼다.

대항해시대 이전에 유럽 경제를 주도한 북이탈리아의 베니스, 제노바가 유럽의 각도시에 상관을 지어 상인을 파견한 것에 대해, 포르투갈인이 가져오는 향신료가 모이는 안트베르펜은, 유럽 각지의 상인이 이 도시를 찾아오는 새로운 형태의 경제 도시가 되었다. 또한, 종교 심문의 폭풍이 부는 스페인에서 추방된 유태인의 대부분을 흡수한 것도 신흥 도시 안트베르펜이었다.

1549년에 파리에서 안트베르펜으로 이주한 한 사람의 프랑스인이 있었다. 그는 크리스토프 플랜틴(1520년경~1589)이란 인물이었다. 그가 안트베르펜에 지은 인쇄 공장은, 이윽고 인쇄기 16대, 직원 80명 이상의 플랑드르 지방 최대의 인쇄, 출판사로 성장하였다. 이 시대에는 파리, 리옹, 베니스가 유럽의 인쇄업 중심이었지만, 안트베르펜은 이 도시들과 어깨를 견줄 수 있을 정도로 성장하였다. 플랜틴은 34년 동안 약 2,450종류의 서적을 출판했다.

해도의 인쇄와 출판도 활발해졌다. 후술할 아브라함 오르텔리우스(1527~1598)는 안트베르펜 출신이었으며, 1570년에 안트베르펜에서 가장 오래 출판업을 경영해온 질리스 코펜스 반 디스트의 밑에서, 프톨레마이오스의 세계지도의 세계관을 전면적으로 혁신하는 세계지도첩 『세계의 무대』를 간행했다. 참고로 당시의 지도는 매우 고가였으며 제본이나 채색되지 않은 『세계의 무대』도 인쇄공의 1개월 급여에 상당했다고 한다.

그러나 안트베르펜의 번영은 반 세기도 지속되지 않았다. 스페인에 대한 플랑드르 지방의 독립전쟁이 일어나자, 스헬더 강의 하구를 스페인 군이 봉쇄하면서 안트베르펜은 급속도로 몰락했다. 그리고 그 후에 상인 국가 네덜란드의 수도, 암스테르담이 이를 계승하게 되지만, 네덜란드는 1585년 이후 안트베르펜의 부흥을 저지하기 위해 스헬더 강 하구를 계속 폐쇄하였다.

청어가 만든 해운 대국

유럽의 17세기는 네덜란드의 세기라고 불러도 좋을 정도였다. 활발한 해운과 중계 무역을 배경으로, 암스테르담에는 신대륙의 은, 아시아의 향신료, 유럽 각지의 산물이 모였다. 1650년에 네덜란드가 소유하는 선박 수는 16,000척, 선원의 수는 13,000명에 달하였던 것으로 추정된다. 네덜란드가 소유한 선박 수는 영국의 4~5배에 달했고, 영국·스페인·포르투갈·독일을 합친 수를 상회했다고 한다. 네덜란드인은 무겁고 많은 짐을 옮기기 위해, 잠기는 깊이가 얕고, 평평한 바닥에 3개의 마스트를 단 100톤에서 900톤의 플라이트선이라는 표준화된 화물선을 대량으로 만들었다. 플라이트선은 적재량이 많고, 적은 인원으로도 항해가 가능했기 때문에, 다른 나라의 반 정도의 값싼 비용으로 화물을 옮길 수 있었다. 그래서 네덜란드 상인은 유럽의 바다를 제패할 수 있었다.

또한, 네덜란드선이 값싼 선박운임을 유지할 수 있었던 비밀 중 하나가 효율 높은 조선업이었다. 네덜란드의 조선업은 연간 2,000척이라는 조선 능력을 자랑했다. 조선소는 노르웨이에서 값싼 목재를 구입하여 조선 공정을 표준화하고, 제재기(製材機)나 기중기의 사용 등을 통해서 생산 코스트를 낮추었다. 17세기 말의 네덜란드 조선 비용은 영국에 비해 40%에서 50%나 낮았다고 한다. 그 결과, 네덜란드에서는 선주의 부담이 대폭 경감되었다. 네덜란드의 해운업의 상황은 다음과 같은 자료에서도 알 수 있다.

> "1634년에 네덜란드는 34,850척의 배를 가지고 있었다. 그 중 2만 척은 사방팔방의 내수 항해에 사용되었다. 나머지 14,850척 중 6,000척은 발틱 무역에, 2,500척은 북해에, 1,000척은 라인과 뫼즈 강의 항해에 사용되었다. 영·불 등과의 무역에는 1,500척, 스페인·아프리카 북안·지중해에는 800척, 아프리카·브라질·동서 인도에는 300척, 러시아·그린랜드에는 250척, 나머지 2,500척은 다양한 방면에서 사용되었다. 그야말로 유럽의 해운을 장악한 대해운 제국이었다."
>
> (오카자키 히사히코, 『번영과 쇠퇴 ─ 네덜란드사에서 보는 일본』, 문예춘추사)

이처럼 값싼 배의 대량생산이 네덜란드의 시대를 만든 원동력이 되었다. 그러면, 네덜란드에서 조선업이 흥한 이유는 무엇일까? 의문을 따라가 보면, 유럽에서 '겨울에 먹는 생선'으로 익숙한 길이 약 30cm의 대중어(大衆魚)인 청어에 이르게 된다.

청어는 14세기에는 발트 해의 입구에 위치하는 덴마크령의 좁은 해협부에 산란하기 위해서 큰 무리를 지어 쇄도했다. 청어의 무리가 워낙 많아서 칼을 꽂아도 칼이 들어가지 않을 정도였다고 한다. 이러한 대량의 청어를 뤼베크 등 한자 동맹에 속한 독일 상인들이 소금으로 절여 나무통에 담아서 유럽 각지에 판매하였다. 한자 동맹의 맹주 뤼베크가 번영한 이유는 절인 청어와 절임용 소금의 판매 때문이었으며, 14세기 말에 덴마크 왕이 노르웨이 왕, 스웨덴 왕과 칼마르 동맹이라는 연합을 맺어, 사실상 스칸디나비아 3국의 지배자가 된 것도, 청어 이권에서 덴마크 왕의 힘이 탁월했기 때문이었다.

청어는 1월에서 3월에 걸쳐 북해 서부의 어장에서 많은 네덜란드 어선이 유망(流網)으로 대량으로 포획하였고, 소금절임, 초절임 등으로 가공하여 유럽 각지로 판매되었다. 이것이 네덜란드가 부유해질 수 있는 원천이 되었다. 예를 들어서 1610년에 네덜란드에서는 2,000척의 청어 어선이 활동했으며, 약 2만 명이 청어잡이에 종사했다고 한다. 1669년에는 청어잡이와 청어의 가공에 종사하는 인구가 45만 명에 이르렀다고 한다.

그러면 왜 유럽에서 청어를 대량으로 섭취하게 된 것일까? 유럽에서는 예수가 황야에서 단식 수행을 한 것을 본받아, 부활절 전 40일간은 기도, 단식, 희사를 내용으로 하는 절제를 요구하였다. 그래서 고기를 끊을 필요가 있었던 것이다. 사순절에 들어가기 전의 축제를 사육제(카니발)이라고 부르는데, 그 어원은 13세기의 라틴어로 "고기여 안녕(카루

네 바레)에서 비롯되었다는 설이 있다. 겨울에서 봄 사이의 시기에 고기가 없는 식탁에 대신 등장한 것이, 소금에 절인 청어였다. 전 유럽에서 청어가 소비되었으므로 엄청난 양에 이르게 된 것이다. 그러한 막대한 수요가 네덜란드의 청어잡이를 활성화시켰고, 청어잡이를 위한 방대한 수의 어선이 네덜란드의 조선업과 해운업을 급성장시켰다.

청어는 변덕스러운 생선으로, 이전까지 찾아오던 산란지에 돌연 오지 않는 경우도 있다. 일본에서도 한때 청어잡이가 활발했던 북해도의 오타루, 루모이, 마시케 등이 갑자기 쇠퇴한 예가 있는데, 원인은 같다. 덴마크령에 들이닥친 청어가 갑자기 모습을 감추자, 이번에는 주된 청어 어장이 외양인 북해로 옮겨졌다. 원양에서 청어를 잡을 수밖에 없게 되었는데, 그것이 네덜란드에게 유리하게 작용했다.

17세기의 암스테르담의 부유층은 청어잡이가 부의 원천인 점을 잘 알고 있었으며, 입버릇처럼 "이 마을은 청어의 뼈로 지어졌다"라고 자랑스럽게 말했다고 한다.

아시아로 항해할 필요가 생긴 네덜란드

1578년, 24세의 포르투갈 국왕 세바스티앙 1세(재위 1557~1578)가 모로코와의 전쟁에서 전사하면서, 포르투갈 왕의 혈통이 끊겼다. 장렬한 전투 속에서 왕의 시체도 찾지 못했다고 한다. 그 와중에 이웃나라 스페인의 국왕 펠리페 2세(재위 1556~1598)는, 모친이 포르투갈 왕 마누엘 1세의 딸인 것을 이유로, 포르투갈의 왕위 계승자임을 주장하였고, 1580년에 포르투갈 왕위를 겸하게 된다. 그 결과, 스페인의 영토는 멕시코, 페루, 카리브 해, 브라질, 아프리카 연안, 필리핀, 고아, 믈라카, 마카오에 이르는 세계의 전역에 미쳤고, 스페인은 '태양이 지지 않는 제국'이라고 불리게 되었다. 펠리페 2세는 1584년에 일본이 유럽에 파견한 사절단을 환대한 왕이기도 하다.

펠리페 2세는 "이단자 위에 군림할 형편이라면 목숨을 100번 잃는 것이 낫다"는 말로 알려질 정도로, 이단에 대해서는 무자비했다. 가톨릭에 의한 국가의 통합을 목표로 하고 있었다. 그래서 종교 심문을 통해서 가톨릭을 강요하는 스페인과, 프로테스탄트가 많은 식민지 네덜란드의 관계는 한층 악화되었다. 1579년, 플랑드르 지방의 북부의 여러 주(州)는 펠리페 2세와 싸우기 위한 군사 동맹인 유트레히트 동맹을 결성하면서 스페인과 전쟁의 막을 올렸다. 그러나 펠리페 2세가 포르투갈 왕위를 겸하자 그때까지 포르투갈이 플랑드르 지방으로 반입해 오던 후추, 육계 등의 향신료가 끊기게 되었다. 펠리페 2세의 노골적인 종교 정책의 결과, 향신료를 적재한 포르투갈 배가 입항하지 못하게 된 것이다. 암스테르담은 심각한 경제 위기에 직면했다. 여러 도시의 상인을 끌어 들이던 아시아의 향신료를 스스로 조달하지 못하면 쇠퇴할 수밖에 없었다.

참고로 플랑드르 지방의 북부 7주는, 80년간의 전쟁을 겪은 끝에, 1648년의 베스트팔렌 조약을 통해서 네덜란드연방공화국으로서 독립을 인정받았다. 7주 중 홀란트 주가 연방 경비의 반 이상을 부담할 정도로 강대해서, 홀란트(Holland)가 연방의 통칭이 되었다. 오란다(Olanda)라는 국명은, 홀란트의 포르투갈어 이름에서 유래했다.[19] 1648년에 독립이 승인되기 이전에도 실질적으로 이 지역은 독립된 상태였으므로, 이 책에서는 그 이전 시기에도 네덜란드라는 호칭을 쓰기로 한다.

아시아로 향한 길을 개척한 해도와 모험심

네덜란드인의 아시아 진출은, 포르투갈이 해도를 엄중하게 관리했던 까닭도 있어서, 매우 힘들었다. 배는 있지만 해도와 항로 정보가 부족하여 손도 쓸 수 없는 상태였다. 네덜란드인은 해도를 가지고 있지 못한 한계를 어떻게든 극복해야만 했다.

그 와중에, 네덜란드인 린스호턴(1563~1611)은, 고아 대사제의 시종으로서 1583년부터 5년간 인도의 고아에 체재하면서, 인도와의 교역 정보를 수집하는 일을 맡았다. 그가 1592년에 귀국한 뒤 간행한 『동방안내기』는, 네덜란드 상인을 아시아로 안내하는 책이었다. 이 책에는 1장의 귀중한 해도가 포함되어 있었고, 이것이 널리 사용되었다. 그 해도는 동쪽이 위로 가고, 지명은 포르투갈어로 표시되었으며, "포르투갈인의 해상 안내인이 사용하고 있는 가장 정확한 해도"라는 설명이 달려 있었다. 이 때문에 이 해도는 포르투갈인을 매수하여 만든 것이 확실하

---

19 Holland를 영어로는 홀란드라고 읽으며, 한자로는 화란(和蘭)으로 표기하였다. 일본에서는 서구의 학문·기술이 주로 네덜란드를 통해 들어왔기 때문에 난학(蘭學)이라고 하였다.

다. 이러한 해도는, 네덜란드인이 아시아를 머릿속에 떠올릴 때 큰 역할을 했다.

또한, 네덜란드의 상인 코르넬리스 데 호우트만(1540~1599)도, 해도와 항해 정보 획득에 기여한 인물이었다. 그는 포르투갈의 리스본에 체재할 때, 금전 문제를 일으켜 투옥되었는데, 옥중에서 인도 항로의 정보를 듣고 1594년에 귀국했다. 이 당시는, 아시아 정보가 매우 귀중한 시기였다. 1596년, 호우트만은 자신이 리스본에서 얻은 정보, 해도, 그리고 지리학자 프란시우스와 린스호턴의 권유를 배경으로 하여 상인의 우두머리로서 4척의 배와 249명의 승무원을 이끌고, 아시아를 향한 모험적인 항해에 나섰다.

호우트만의 선단은 희망봉까지 남하하여, 포르투갈 세력을 피하기 위해서 마다가스카르 섬의 북쪽까지 올라간 다음 동북동으로 침로를 잡아, 6천km나 되는 인도양을 횡단하여 수마트라 섬에 도착했다. 그 후, 수마트라 섬과 자바 섬 사이의 순다 해협을 남쪽으로 통과하여, 약 14개월의 항해 끝에, 서부 자바의 반탐에 도착했다. 선단은 거기서 향신료를 구입하여 1597년에 네덜란드로 돌아갔다. 1척의 배를 잃었고, 원래 249명이었던 선원이 괴혈병으로 89명밖에 살아남지 못한 힘든 항해였다고 한다. 그러나 이 호우트만의 모험적인 항해는, 네덜란드인이 아시아로 향하는 일련의 항해에 도움이 되었다. 호우트만이 사용한 포르투갈인의 해도나 프란시우스가 작성한 동인도 섬들을 그린 지도가, 선원들이 아시아로 향하는 길을 인도했다.

호우트만은 1600년에 간행된 동판의 세계지도에, 자신의 항로를 적어 넣었다. 또한, 그는 자바 섬의 폭이 좁은 것을 실제로 보고, 자바 섬이 프톨레마이오스의 세계지도에 그려진 미지의 남방대륙의 일부가 아니라는 사실을 확인했다. 프톨레마이오스가 그린 것처럼 인도양은 미지의 남방대륙에 의해 닫힌 것이 아니며, 항해 가능한 광대한 바다가 인도양의 남쪽에 존재한다는 정보를 사람들에게 알렸다.

이렇게 네덜란드인도 아시아로 가는 해양의 도로의 개발에 참가하게 되었다. 해도와 항로 정보가 있으면, 아시아로의 항해도 그리 어려운 것은 아니었다. 호우트만을 뒤따르듯이 아시아로 향하는 선단이 차례로 조직되었다. 1596년에서 1601년에 이르는 불과 6년 사이에 15개의 선단, 65척의 네덜란드선이 아시아로 향했다.

모험심이 왕성한 네덜란드인은, 한편으로 마젤란이 시도한 것처럼 태평양을 서쪽으로 항해하여 말루쿠 제도에 가는 항해도 두려워하지 않고 시도했다. 포르투갈인, 스페인인이 수십 년에 걸쳐 이룬 것을 네덜란드인은 불과 몇 년만에 해내고 말았다. 1598년에는, 아시아로의 항로를 개발하기 위하여 예전 마젤란이 사용한 항로를 따라 세계일주를 목표로 하는 2개의 선단이 파견되었다. 로테르담에서 5척의 배로 출항한 야콥 마후의 선단과, 헬레에서 4척의 배로 출항한 올리비에 반 멜트의 선단이었다. 후자는 성공하여 대량의 항로 정보를 네덜란드로 가져왔다.

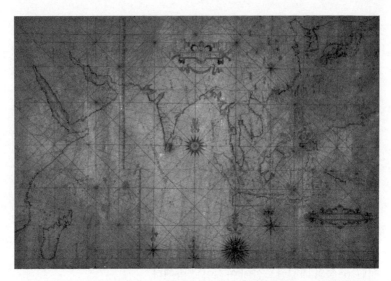

【그림 29】 17세기, 주인선(朱印船) 무역에 사용된 「동양 제국 항해도」(동경 국립 박물관 소장,
Image: TNM Image Archives)

1598년, 야곱 마후의 선단에 참가하여 로테르담에서 5척의 다른 배
과 함께 출항한 에라스뮈스호 (후에 일본에서는 리프데호로 불린다) 는, 마젤
란 해협을 통과한 후 악천후로 다른 배와 떨어졌지만, 110명이었던 승
무원 중 생존자가 불과 24명에 불과했던 힘든 항해 끝에, 일본 규슈의
분고(현재의 오이타현)에 표착했다. 표착한 배는 오사카를 거쳐 우라가로
회항하게 되었다. 생존자인 네덜란드인 얀 요스텐(1556년경~1623)이나
영국인 윌리엄 아담스(1564~1620)는, 해외 무역에 관심이 많았던 도쿠가
와 이에야스에게 에도 막부의 외교 고문으로서, 주인선(朱印船) 무역에
대하여 조언을 하게 된다. 네덜란드인의 모험적인 태평양 횡단 항해는
일찍부터 일본의 역사와 엮이게 된 것이다.

참고로 일본에서는 1604년에 도쿠가와 이에야스가 주인선 제도를 정비하였다. 1604년부터 1635년까지 32년간, 약 350척의 배가 일본에서 대만, 베트남 북부, 중부, 남부, 태국, 캄보디아, 루손 섬 등에 파견되었다. 이 주인선이 사용한 해도도 사실은 포르톨라노였다. 주인선이 포르투갈인이나 네덜란드인을 해상 안내인으로 고용하면서, 유럽의 포르톨라노가 일본에 전해진 것이다. 이윽고, 이런 유럽의 포르톨라노는 양피지나 두꺼운 일본 전통종이(和紙)에 복사되었고, 지명도 일본 문자로 쓰인 일본제 해도가 되었다. 이 무렵에 주인선에서 사용된 포르톨라노는, 수십 점이 현존한다. 그 중 하나가 동경 국립 박물관 이 소장하고 있는 「동양 제국 항해도」(1598년 제작)는 포르투갈제의 포르톨라노이며, 인도양, 벵갈 만, 남중국해, 동중국해의 항로가 그려져 있는데 동남아시아 부분이 특히 확대되어 있다. 그러나 일본 열도의 북부는 애매하게 그려져 있다. 17세기가 되자, 일본인 선원의 손에서 연안 항해용의 해도도 제작되었다.

동인도회사와 '40도의 굉음'

아시아로 가는 루트가 개척되자, 네덜란드 도시들의 상인은 너도나도 아시아를 향해 배를 보냈고, 이번에는 역으로 향신료의 과잉 공급에 의한 가격 폭락이 문제가 되었다. 그 와중에, 과도한 경쟁을 피하면서 아시아 무역의 이익을 독점하기 위해 생긴 것이, 1602년 유력 상인이 공동 출자하여 암스테르담에 설립한 동인도회사(VOC: Vereenighde Oost

Indische Compagnie)였다. 네덜란드 동인도회사는 세계 최초의 주식회사였으며, 희망봉에서 마젤란 해협으로 가는 광대한 지역에 대한 무역, 식민, 군사 부문에 걸치는 독점권을 네덜란드 연방 의회로부터 보장받았다.

동인도회사의 창설자 중 한 명인, 지도 제작자 프란시우스(1552~1622)는, 포르투갈의 해도를 다수 손에 넣어 인도 항로에 정통했다. 그는 나침반을 사용한 등위도 항법에 도움이 되는 해도도 많이 제작하여 회사의 성장에 공헌했다. 그는 100장 이상의 해도, 지도를 만들어 네덜란드의 아시아 진출을 적극적으로 도왔다. 네덜란드 동인도회사의 약진은, 뛰어난 해도가 기반이 되었던 것이다.

네덜란드 동인도회사는, 다수의 무장 선박과 강력한 해군력을 배경으로 포르투갈 (당시에는 스페인 왕이 포르투갈 왕을 겸했다) 의 교역 네트워크를 빼앗았으며, 자바·수마트라·말루쿠(향료) 제도·믈라카·실론 섬 등을 세력권으로 편입하였다.

1619년 동인도회사는 자바의 바타비아(현재의 자카르타)에 거점을 구축하고, 말루쿠제도, 슬라베시섬, 순다 제도, 믈라카, 샴, 실론 섬, 인도 동안과 서안에 지점을 두고 정향나무, 육두구, 육계 등의 거래를 독점하여, 막대한 이익을 얻게 되었다. 동인도회사의 조직 제도는 각지의 상관에는 장관을 두었으며, 장관은 1년에 한번 몬순을 타고 오는 회사의 배에 적재할 산물을 입수하여 보관하였다. 네덜란드인다운 성실함으로, 동인도회사에는 막대한 양의 동인도 총독으로부터 온 보고서, 본국에서 보낸 지령서, 각 상관의 일기 등이 보존되어 있다. 1614년부터 1794

년까지의 약 180년간의 공문서, 약 3,000권이 남아 있다. 당연히 해도의 축적량도 방대하였다.

왕실이 무역을 담당한 포르투갈과는 달리, 상인이 운영을 담당한 네 덜란드 동인도회사는 합리적인 경영으로 효율적으로 이익을 올렸다. 3.5%의 이자의 지불이 약속된 회사의 주식 배당은 규정을 아득히 초월 해, 1606년에는 75%에 달했다. 좋은 배당률이 호평 받아, 불과 6년 만에 동인도회사의 자본액은 4.6배로 증가했다.

1602년부터 96년 사이에, 동인도회사가 주주에게 지불한 배당의 약 20% 이상으로 유지되었고, 때로는 50%를 넘기도 했다. 전성기인 1669 년에, 동인도회사는 전함 40척, 상선 150척, 1만 명의 군대를 가지는 대 기업으로 성장했다.

네덜란드 동인도회사는, 포르투갈과의 마찰을 피하기 위해, 1610년 에 '울부짖는 40도'라며 사람들이 두려워하던 남반구의 편서풍 해역을 통해 자바섬에 이르는 '로어링 포티(울부짖는 40도)'라고 불리게 된 항로 를 개척했다. 다른 나라 선원들이 두려워하는 편서풍을 역으로 이용하 여, 강한 순풍을 탈 수 있는 고속 항로를 아시아 방면으로 개척한 것이 다. 거친 북해에서 청어잡이에 나섰던 경험이 사나운 바다를 두려워하 지 않는 용기와 기술을 가져다 준 것이다.

암스테르담에서 출항한 네덜란드선박은 스코틀랜드의 북쪽을 경 유하여 대서양을 남하한 다음, 베르데 곶의 남쪽에서 큰 원을 그리듯이 항로를 잡으며 희망봉에서 잠시 쉰다. 그 후, 남위 63도과 42도 사이의 편서풍 해역을 동진하여, 약 850 네덜란드 마일을 나아가 산폴 섬, 뉴암스테르담 섬에 이르고, 거기서 남동 몬순을 이용하여 북상하여, 순다 해협을 경유하여 자바 섬의 바타비아에 도착했다. 전체로는 8개월에서 9개월이 걸리는 대항해였다. 네덜란드는 새로운 해상의 도로를 번영의 기초로 삼은 것이다.

메르카토르 도법의 등장

네덜란드인이 아시아의 바다로 쇄도했던 시대, 해도 산업도 네덜란드가 우위를 점했다. 정확히 그 시기에 인쇄 기술이 진보하여, 동판의 해도가 양피지, 독피지(犢皮紙, 송아지 가죽)의 해도로 바뀌어 가는 시대였다. 항해도 가까운 항해에서 아시아, 아메리카 대륙 사이의 대양을 횡단하는 항해가 주류가 되었다. 그러나 아직 나침반을 사용하여 대양을 항해하기 위한 해도는 형태가 갖추어지지 않았다. 종래의 포르톨라노는 구체인 지구의 장거리 항해에는 부적절했다. 그 와중에, 플랑드르 지방에서는 후술할 메르카토르 도법이 등장하여, 세계지도와 해도가 통합되었다. 새로운 타입의 지도를 만든 것이, 플랑드르, 굳이 말하자면 네덜란드의 해도가 유럽을 제패한 중요한 이유가 되었다. 16세기 중엽에서 17세기 중엽에는, 플랑드르파라고 총칭되는 해도, 지도 제작자가 크게 활약하였다.

항로가 지구 규모로 확대되자, 둥근 지구를 평면화하는 투영법으로 구체인 지구를 지도화할 수 있는 방법이 필요했다. 시대의 요청에 응답하여 새로운 해도 제작의 단서를 만들어낸 사람이, 플랑드르파의 기초를 쌓은 뤼벤의 천문학자 게마 프리시우스(1508~1555)였다. 프리시우스는, 뤼벤의 대학에서 의학을 배우고 의학 교수가 되었지만, 젊었을 때부터 지구의나 천체 관측 기기의 공방을 열었으며, 천문 관측 기구의 개량이나 지구의의 제작으로도 명성을 얻었다. 프리시우스의 연구의 영향으로, 이윽고 플랑드르의 독자적인 해도, 지도를 작성하려는 움직임이 생겨났다. 그 프리시우스의 조수를 지낸 사람이 '정각원통도법(正角圓筒圖法, 메르카토르 도법)'이라는 새로운 지도 제작 기법을 개발하여, 플랑드르파의 해도, 지도의 융성을 이끈 게라르두스 메르카토르(1512~1594)이었다.

메르카토르의 기법은, 원거리의 지점을 연결하는 항정선(등각 항로)을 지도상에 직선으로 표시할 수 있도록 했다는 점에서 획기적이었다. 나침반으로 타각(舵角)을 일정하게 유지하면, 배는 지도상의 항정선을 따라갈 수 있었던 것이다. 메르카토르가 새롭게 개발한 정각원통도법은, 투영법에 의해 구형의 지구를 평면으로 표현하려는 프톨레마이오스의 세계지도와, 실제 항해에 도움이 되는 포르톨라노를 결합한 새로운 기법이라고 볼 수 있다. 그러나 연안 항해에서는 여전히 포르톨라노가 유용했으며, 메르카토르가 해도와 지도의 작성원리를 공개하지 않은 탓도 있어서, 메르카토르의 해도, 지도의 보급에는 상당히 오랜 시간이 걸렸다. 메르카토르 해도가 일반화되는 것은, 더들리(1574~1649)가 1646년부터 이듬해에 걸쳐 제작한 해도집 『바다의 신비』가 이탈리아에 간행된 때였다. 그 이후, 메르카토르 도법이라는 명칭이 생겼고, 「메르카토르 해도」가 급속하게 보급된다.

화가 베르메르가 그린 해도 제작자

해도가 그대로 항해에 사용될 정도의 정확도를 얻기 위해서는, 동시에 망원경, 사분의 등을 이용하는 위도 측정 기술의 발전, 수심 측정 기술의 진보, 작도 기술의 표준화가 필요했다. 해도에는, 항해에 필요한 모든 정보가 들어있어야 하기 때문이다. 17세기가 되자, 해도 장인이 항해에 동행하여 전문적인 관측과 해도의 작성을 담당하게 된다. 일정한 형식을 가진 표준적인 작도가 행해진 것이다.

17세기에는 포르투갈, 스페인을 대신해 네덜란드인, 영국인 등이 새로운 형태의 해양 국가를 만든 시기였는데, 해도와 지도 측면에서는 네덜란드가 다른 나라를 압도했다. 선원들을 세계의 바다로 유혹해 내는 해도 장인은, 시대의 인기 직업이기도 했다. 네덜란드의 번영기는, 네덜란드의 해도·지도의 시대라고 해도 좋을 것이다.

17세기를 대표하는 네덜란드 델프트 출신의 화가, 요하네스 베르메르(1632~1675)의 작품 중에는, 가운 같은 옷을 걸치고 컴퍼스를 오른손에 잡고 해도를 바라보는 유명한 해도 제작자의 그림(『지리학자』, 1669)이 있다.

이 그림 속에는 바닥에 해도가 널브러져 있고, 인물의 등 뒤에 있는 선반에는 몇 권의 책과 인도양이 보이는 지구의가 놓여 있으며, 벽에는 유럽의 해도가 걸려 있다.

【그림 30】 베르메르 작품 「지리학자」 (1669년. 바닥에 해도가 널브러져 있으며, 배경에 있는 선반에는 지구의가 놓여 있다.)

해도 장인은 창문을 통해 들어오는 빛을 향해 얼굴을 돌려, 먼 바다를 생각하는 듯한 구도로 잡혀 있다. 여성을 주로 그렸고 남긴 작품의 수도 많지 않은 화가 베르메르가 남긴 남성의 단신상은, 이 「지리학자」와 「천문학자」 2점밖에 없다.

3. 신시대를 개척한 메르카토르 도법

세계지도가 되어가는 해도

해도는, 처음 빈번하게 배가 왕래하는 유럽 근해를 다루었지만, 이윽고 대양 특히 새롭게 개척된 해역으로 범위를 넓혀 갔다. 17세기는 상선이 대서양이나 인도양을 넘어 항해하는 시대였으므로, 해도도 넓은 해역을 포함해야만 했다. 각 해역의 해도와, 그것을 연결하는 종합적인 세계지도가 공통적으로 필요했다.

이 시대에는, 뱃사람은 다른 사람을 위해서 자신의 항로를 해도상에 기록하는 것이 불문율이 되었다. 동시에 뱃사람에게 있어서, 자신의 이름이 해도상에 표기되는 것은 최고의 영광이었다.

해도가 대규모로 재편되는 16세기 후반부터 17세기가, 네덜란드 해도의 황금기였던 사실은 이미 앞에서 언급하였다. 그러한 네덜란드 해도의 시대를 지탱한 것은, 이것 또한 앞선 언급한 메르카토르 도법이었다. 메르카토르가 고안한 것은 구형의 지구에 원기둥 형태의 종이를 감싼 다음, 지구의 중심에 광원을 두고 구체의 지표면을 평면상에 투영한 후에 전개하는 새로운 도법이었다. 지표의 일부만을 평면화하는 프톨레마이오스의 원추 도법을 개량하여, 지표 전체를 투영하는 도법('정각원통도법')으로 바꾼 것이다. 프톨레마이오스가 지중해와 에리트라 해라는 좁은 해역을 대상으로 한 것에 비해, 메르카토르는 제1의 세계, 제2의 세계, 제3의 세계의 전체를 작도 대상으로 삼았다.

메르카토르가 그린 세계지도

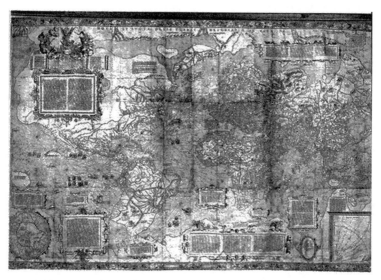

【그림 31】 1569년, 네덜란드의 지도 제작자 메르카토르에 의한
세로 1.3m, 가로 2m의 세계지도

메르카토르는, 1512년 안트베르펜에 가까운 플랑드르 동부에서 독

일인의 아들로 태어났다. 젊은 나이에 양친과 사별한 메르카토르는 백부의 신세를 지며 뢰벤 대학에 진학하였고, 거기서 수학자 게마 프리시우스로부터 기하학, 천문학, 지리학을 배웠다. 졸업한 후, 메르카토르는 해운업 전성 시대의 풍조에 따라, 아스트로라베(측천의), 지구의 등을 제작했으며, 지도나 해도의 조판을 시작하였고, 24세라는 젊은 나이에 실력을 인정받게 되었다.

메르카토르가 자란 시기는, 1517년에 시작되는 종교 개혁의 움직임이 플랑드르 지방으로도 퍼져, 이와 관련된 종교 신문이 강화된 시기였다. 진취적인 성격이었던 탓에, 메르카토르는 1544년에 이단의 혐의로 체포되어, 몇 개월간 감옥에 갇히게 된다.

그 후, 출옥을 허락받은 메르카토르는 화를 피하기 위해 가족과 함께 독일의 뒤스부르크로 이주하였고, 프로테스탄트 제후의 비호 하에 지도 제작에 전념할 수 있었다. 새로운 지구상을 그리려 한 메르카토르에게 이 시대는 결코 평온하지 않았다.

1564년, 메르카토르는 발트제뮐러의 세계지도를 계승하여, 아메리카 대륙의 중남부의 태평양 측의 해안선까지 그린 메르카토르 도법으로 만든 세계지도를 발간했다. 1569년이 되자, 후에 메르카토르의 대표작이 되는, 18장의 지역도를 통합하는 세로 약 1.3m, 가로 약 2m의 세계지도를 완성시켰다. 대서양을 중심에 두고, 바다 위에 32개의 항정선을 가진 많은 컴퍼스 로즈를 배치한 이 세계지도는 「항해자에게 최적화된 신 세계지도」라는 이름으로, 대양의 항해 안전을 목적으로 만들어졌다.

세계지도에서는 전체적으로 유라시아가 상당히 정확하게 그려져 있었으나, 동아시아 부분은 기본적으로 프톨레마이오스의 세계지도를 계승했다. 중국 부분은 본래 남부에 위치하는 만지가 북으로, 북에 위치하는 카타이가 남쪽에 그려져 있는 오류가 있다. 또한 상당히 크게 지팡구 섬이 그려져 있다. 아메리카 대륙은 유라시아에 비해 상당히 크게 그려져 있으며, 특히 북아메리카 부분은 동서로 크게 확대되었다. 그리고 아시아와 아메리카의 양 대륙은 아니안 해협에 의해 분리되어 있다. 양 대륙의 동서 간격은 상당히 좁게 그려져 있으며, 그만큼 태평양의 폭이 대서양보다 좁아졌다. 지도의 밑부분에는, 프톨레마이스 세계지도처럼 거대한 미지의 남방대륙이 동서로 뻗어있고, 지도의 상부에도 다른 대륙이 크게 그려져 있었다.

메르카토르의 세계지도는 적도에서 고위도 지대에 걸쳐서 위선 간의 변화가 상당히 애매하며, 실제의 항해에는 쓰기 어려웠다. 그러나 1599년, 영국인의 에드워드 라이트가 경위간 거리의 계산표를 작성한 이후, 해도로서 널리 항해에 이용된다.

4. 오르텔리우스의 『세계의 무대』에 의한
   세계상의 혁신

오르텔리우스의 『세계의 무대』

메르카토르와 동시대의 인물로, 근대적인 지도첩의 제작자로서 유명한 인물이 아브라함 오르텔리우스(1527~1598)이다.

오르텔리우스는, 은의 매매로 번성한 푸가 가문이나 벨저 가문이 세력을 떨친 남 독일의 경제도시인 아우구스부르크의 명문가 출신이었는데, 아시아의 산물과 신대륙의 값싼 은의 유입으로 번영한 안트베르펜에서 평생을 보낸 인물이다. 부유한 집에서 태어난 오르텔리우스였지만, 1547년에는 지도의 인쇄 길드에 가입하였다. 처음에는 골동품상이었던 아버지의 영향을 받아, 오르텔리우스는 고서와 고미술품 상인으로서 프랑스, 이탈리아 등을 다니며 장사를 했다. 그의 전환점은, 1560년에 메르카토르와 함께 프랑스의 로렌, 푸아티에를 여행했던 때였다. 그 여행 도중에 메르카토르로부터 세계 각지의 지도를 한 권의 책으로 정리하려는 구상을 듣고, 이후 오르텔리우스는 메르카토르의 도법을 바탕으로 한 통합적인 세계지도첩의 편찬을 목표로 삼게 된다.

오르텔리우스는 독학한 인물이며, 실제의 지도 제작자보다는 지도의 편찬 및 출판업자로서 평판을 얻었다. 감정가로서 그는 많은 해도·지도 제작자의 힘을 합하여, 새로운 세계상을 그렸던 것이다. 그는 1570년에, 70장의 지도를 53쪽의 지도첩으로 정리한 『세계의 무대』를 편찬하여, 안트베르펜에서 간행했다. 그것은 세계지도, 4대륙도, 40장의 유럽 지역도, 8장의 아시아·아프리카지도로 이루어진 획기적인 세계지도첩이었다. 오르텔리우스는 다양한 지도를 모음으로써 세계를 재구성하는 방법을 취했다. 각 지도 제작자의 이름을 명확하게 지도첩에 기록하였는데, 초판에서는 87명, 최종적으로는 183명에 이르렀다. 시대의 총력을 결집한 지도첩 『세계의 무대』는, 이윽고 1400년간 세계지도로서 군림한 프톨레마이오스의 세계지도를 대신하는 표준적인 세계지도의 지위를 획득하게 되었다.

『세계의 무대』는 유럽에서 좋은 평판을 받았으며, 같은 해 중에 4회에 걸쳐 중간되었다. 그 후, 라틴어, 유럽 각국어로 번역되었고, 1612년까지 약 40판이 출판되어, 유럽에 새로운 세계상을 보급했다.

『세계의 무대』는 인쇄된 지도로서, 메르카토르의 기법을 보급시키는 역할을 해냈다고 할 수 있다. 참고로 1590년에 유럽에 파견되었다가 일본으로 귀국한 천정소년사절단(天正少年使節團, 1582~1590)은, 베니스 부근의 대학 도시 파도바에서 오르텔리우스의 『세계의 무대』와 해도를 일본으로 들여왔다. 오르텔리우스의 세계지도첩은, 발행 후 20년이라는 아주 빠른 시간 안에 일본에 전해진 것이다.

『세계의 무대』에서 명성을 얻은 오르텔리우스는, 그 후 1575년에 스페인 국왕 펠리페 2세로부터 부름을 받아, 국왕 직속 지리학자가 되었다.

좁게 생각한 제3의 세계

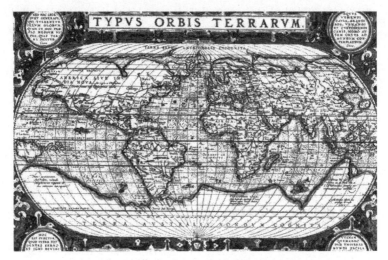

【그림 32】 1570년, 안트베르펜의 지도 편찬자인 아브라함 오르텔리우스가
간행한 『세계의 무대』

오르텔리우스의 『세계의 무대』는 대항해 시대의 여러 정보를 집대성한 세계지도라고 할 수 있었다. 『세계의 무대』는 남북아메리카를 세계지도 상에 정확히 위치시켰으며, 새로운 세계상의 정착에 공헌했다. 그러나 오류도 많았다. 태평양을 중심으로 한 제3의 세계에 대해서는 아직 상당히 애매했으며, 거대한 미지의 남방대륙이 큰 비중을 차지하

고 있었다. 마닐라 갈레온 무역의 해도를 스페인이 비밀로 하고 있었기 때문에 대중에 공개되지 않았고, 태평양에 관해서는 프톨레마이오스의 세계지도의 정보가 변형되면서도 끈질기게 살아남아 있었다. 광대한 태평양은 여전히 두꺼운 베일에 싸여 있었으며, 전모가 해명되지 않았다.

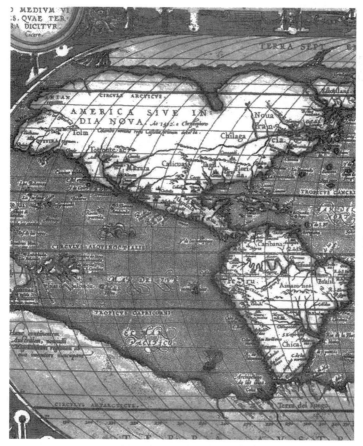

【그림 33】 오르텔리우스의 『세계의 무대』에 수록된 태평양 지도. 태평양이 원래 크기와 비교가 되지 않을 정도로 좁게 그려져 있다.

오르텔리우스는, 1587년 「태평양(Maris Pacifici)」이라는, 그 이름 그대로 태평양을 취급한 최초의 동판 지도를 『세계의 무대』에 반영했다. 태평양에서는 이미 스페인인이 마닐라 갈레온 무역의 항로를 열었으며, 포르투갈이 믈라카 해협과 대만 해협을 경유하여 일본에 이르는 항로를 열었다. 그러나 남북의 편서풍 해역은 항해가 곤란하여, 정보가 극단적으로 부족했다.

앞서 언급한 지도 「태평양」에서는, 남쪽의 미지의 남방대륙과 평행하게 뻗은 북아메리카 대륙이 그려져 있으며, 남북아메리카, 미지의 남방대륙, 아시아 대륙에 둘러싸인 좁은 내해로서, 태평양이 그려져 있다. 실제의 태평양은 지구 상의 모든 대륙을 집어넣을 수 있을 정도로 큰 세계 최대의 바다이지만, 지도 「태평양」에서는 실제와는 비교도 되지 않을 정도로 좁은 바다로 그려졌다.

「태평양」에는, 태평양의 남동 부분에 선수와 선미에서 축포를 쏘며 마젤란 해협에서 모습을 드러내는 마젤란 선단의 빅토리아호의 그림이 크게 그려져 있다. 태평양을 마젤란이 개척한 바다로 여긴 때문이다. 마젤란 해협은, 거대한 미지의 남방대륙과 남아메리카 대륙의 사이의 좁은 해협으로서 인식되었다.

또한, 태평양 상의 솔로몬 섬이나 뉴기니아는 특별히 거대한 섬으로 그려져 있다. 1567년 바다 너머의 황금의 나라를 찾아 나선 스페인의 항해사 알바로 데 멘다나(1541~1595)는 페루의 카야오 항에서 2개월 반을 항해하여, 남태평양의 솔로몬 제도를 발견했다. 그것이 지도상에 반영되어, 앞서 언급한 「태평양」에서 솔로몬 섬이 태평양의 거의 중앙에 크게 그려져 있다. 멘다냐는 태평양 상에, 아와튠비와 니나튠비라는 2개의 보물섬이 있다는 정보를 얻고, 탐험 항해에 나섰다. 그런데 생각지도 못하게 항해 끝에 남태평양의 멜라네시아에 도착했다. 멘다냐는, 이 해역의 섬들이 『구약성서』에서 솔로몬왕에게 황금과 재보를 바쳤다는 섬이 틀림없다고 판단하여, 솔로몬 제도라고 명명했다.

지도 「태평양」에서, 솔로몬 섬은 실제의 위치보다 경도로 50도나 서쪽에 표시되었고, 그만큼 태평양이 좁아졌다. 솔로몬 제도의 바로 서쪽에는 매우 큰 섬으로 뉴기니아 섬이 그려져 있다. 발견된 지 얼마 되지 않은 탓도 있어서 제3의 세계는 아직 애매한 상태였다.

【그림 34】 오르텔리우스의 『세계의 무대』의 「루이스 테리쉬의 지도」가 그린 일본열도

그에 비해, 마젤란이 상륙한 괌 섬은 거의 정확히 그려져 있다. 레스티가 데 라도로네스(스페인어로 '도둑의 바위', 마젤란의 선단이 섬주민에게 많은 물건을 도둑맞았기 때문에 붙여진 이름)라고 섬 이름이 적혀 있으며, 거의 동위도의 서쪽에 필리핀 군도, 그 남쪽에 유럽 상인이 갈망한 토지였던, 정향나무과 육두구의 산지 말루쿠 제도가 그려져 있다.

「태평양」의 북서 부분에는 폭이 넓은 해협을 끼고 중국의 해안부가 그려져 있으며, 그 동쪽에 상당히 크게 혼슈, 시코쿠, 규슈로 이루어진 일본열도가 그려져 있다. 혼슈의 서쪽에는 '은산(銀山)'이라고 적혀있으며, 열도의 주변에는 "일본이 기독교로 개종했다"라든가, "예수회가 기독교의 포교를 목표로 중국으로 향한다"라는 기술도 적혀 있다. 혼슈의 북쪽에는 '이슬라 데 플라트(은의 섬)'라고 이름 붙여진 에조 섬(홋카이도)이 그려져 있으며, 혼슈와 에조 섬의 동쪽에는 바로 북아메리카 대륙이 있다.

포르투갈인은 1543년에 타네가시마(種子島)에 이르렀고, 57년 경에는 광주 만의 마카오에 거주구를 확보하였으며, 1571년에는 나가사키에 상관을 설치했다. 하지만 일본에 대한 정보는 아직 부정확하게 전해졌던 것 같다. 그러나 1595년에 오르텔리우스가 발행한 『세계의 무대』에 수록된 포르투갈인 「루이스 테리쉬의 지도」에 이르면, 혼슈의 대부분, 시코쿠, 큐슈의 해안선이 상당히 정확하게 그려지게 된다. 하지만 열도의 서쪽에 가늘고 긴 섬으로 한반도가 그려져 있으며, 열도가 대륙과 90도의 각도로 가로로 그려져 있었다. 동북아시아의 정확한 지리 정보가 확보되는 것은 아직은 먼 미래의 이야기이다.

5. 금·은섬의 해명에서 시작된 '제3의 세계'의 북부 해역

스페인의 금·은섬 탐색

아직 해명되지 않은 북쪽의 편서풍 해역에 속하는 북태평양에 대한 탐험이 개시된 것도, 황금의 섬 지팡구 전설과 깊이 관련되어 있었다.

1511년 믈라카 왕국을 정복한 포르투갈인은 명나라와의 감합 무역에 믈라카 왕의 사절단으로 둔갑하여 개입하려 했지만 실패하고, 당시에 중국 연안에서 부흥한 밀무역 네트워크를 이용하여 일본 열도와 연결되었다. 1543년 타네가시마에 표착한 포르투갈인이 조총을 전하였고, 이것이 전국시대의 전쟁 방식이 크게 바뀌는 계기가 되었다는 사실은 잘 알려진 이야기지만, 그 포르투갈인을 태우고 있었던 배가 명나라의 밀무역 상인 왕직(王直)이 이끄는 승무원 백여 명의 대형 정크선이라는 사실은 그다지 알려져 있지 않다.

1548년이 되자, 포르투갈 상인이 거점으로 삼고 있던 절강(浙江)의 밀무역항 량포(雙嶼)가 명군의 공격으로 궤멸되었고, 그 이듬해 예수회의 선교사 프란시스코 자비엘이 일본에 도착한다. 자비엘의 뒤를 이은 예수회는, 규슈의 다이묘(大名)와 포르투갈선을 연결하는 요원 역할을 하면서, 포르투갈의 대일 무역이 본격화되었다.

일본을 찾아온 포르투갈 상인은 처음에 자신들의 눈을 의심했다. 왜냐하면 황금의 섬 지팡구인 일본이, 대량으로 산출된 은으로 명나라로부터 분명 넘쳐날 터인 금을 대량으로 구입하고 있었기 때문이었다. 일본의 은으로 명나라에서 실, 비단, 목면과 함께 금을 구입한 것이다. 이러한 모순을 목격한 포르투갈인 사이에 새로운 소문이 퍼졌다. 일본 열도의 동쪽 해상에 풍부한 금을 산출하는 금섬과 은섬이 존재한다는 소문이었다. 어쩌면 지팡구 섬은, 일본 열도의 동쪽 해상에 따로 존재할지도 모른다고 말이다.

그러한 소문을 스페인의 궁정에 전한 것이, 장기간 마닐라에 체재한 적이 있으며 궁정에 영향력을 가지는 천문·지리학자 콜로넬이었다. 콜로넬은 근거도 없이, 일본 열도의 동방 해상의 북위 35도에 은섬, 북위 29도에 금섬이 있다는, 단정적인 정보를 궁정에 전한 것이다.

스페인 왕 펠리페 3세(재위 1598~1621)는, 일본 열도의 동방 해역이 마닐라 갈레온 무역의 항로에 해당하였기 때문에, 금·은섬의 정보에 큰 관심을 보였다. 1609년에 곧바로 멕시코 부왕에게 금·은섬의 탐험을 명했다.

멕시코 부왕은 명령을 받고, 콜로넬이 상상한 금·은섬의 탐험에 나선 것은 멕시코의 상인인 세바스티안 비스카이노(1548~1615)이었다. 비스카이노는 캘리포니아 연안의 탐험과 해도의 작성에서 이미 많은 성과를 올린 상인이었다. 참고로, 고래의 번식지로서 세계적으로 유명한 멕시코의 바하칼리포르니아 반도 중앙부의 바스카이노 만은, 비스카이노의 이름을 따서 지은 것이다.

1611년 3월, 비스카이노의 배는 멕시코의 아카풀코에서 출발하여, 6월에 우라가와(현재의 우라가)에 입항했다. 그 후, 도쿠가와 이에야스로부터 일본 연안의 측량 허가를 얻어서, 11월에 혼슈 북부 연안의 측량에 나섰다. 마닐라 갈레온 무역의 항로가 쿠로시오 해류를 타고 일본 연안을 북위 40도까지 북상하여 편서풍을 타는 항로였기 때문에, 스페인에게 있어서 일본 연안의 해도 작성은 더없이 중요한 일이었다. 12월 2일, 비스카이노는 현재의 오후나와타리(大船渡) 앞바다의 항해 중에, 게이쵸 산리쿠 지진[20]에 의한 쓰나미를 만나게 되지만 다행히 피해는 없었고, 그 후 규슈 연안까지 넓은 해역을 측량했다. 마닐라 갈레온 무역의 중계항을 찾고 있었던 비스카이노는, 미즈하마(현재의 미야기 현 이시마키 시 오가치 군 미즈하마)가 적당하다는 보고서를, 다테 마사무네(伊達正宗)에게 제출했다. 그의 해도에는, 그곳이 '산디에고'라고 적혀 있었다.

1612년 비스카이노는 드디어 금·은섬의 탐색에 나서지만, 폭풍을 만나서 탐험을 도중에 단념할 수밖에 없었으며, 금·은섬은 발견하지 못한 채 항해는 끝나고 말았다. 그 후, 비스카이노는 막부에 멕시코로 돌아가기 위한 배의 건조를 신청하지만 거절당하고, 다테 마사무네의 명으로 건조된 500톤 급의 산후안바티스타호로, 1613년에 프란시스코의 선교사 루이사 소테로(1574~1624)와 하세쿠라 쓰네나가(支倉常長)가 이끄는 유럽으로 가는 사절단과 함께 멕시코로 돌아갔다.

---

20 慶長 연간에 지역에서 일어난 地震.

태평양의 북쪽 끝을 오인한 후리스

비스카이노가 실패한 금·은섬의 탐색을 이어받은 것이, 네덜란드의 동인도회사였다. 1643년, 회사의 명을 받은 선장 마르텐 후리스(1589~1647)가 이끄는 카스트리쿰호, 브레스켄스호라는 2척의 배와 116명의 승무원으로 이루어진 선단이, 자바 섬의 바타비아에서 일본 열도의 동방 해역으로 향하여, 금·은섬의 탐색에 나섰다. 이 선단의 탐색 범위에는 일본 열도의 북쪽, 달단 해(오호츠크 해)도 포함되어 있었다. 아시아와 아메리카 사이에 해협이 있는지에 대해서 당시에는 아직 모르고 있었기 때문에, 그 해역의 관측이 큰 과제였다.

참고로, 아시아와 아메리카 사이에 놓인 해협을 최초로 지도상에 그린 것은, 이탈리아의 지도 제작자 G. 가스탈디였다. 그는 1562년에 제작한 해도에서, 해협의 아시아측을 '아니안 지방'이라고 명명했다. '아니안'이란, 마르코 폴로의 『동방견문록』에 있는 아니우에서 유래한 지명이다. 사실 아니우는 '금·은이 풍부한'이라고 적힌 운남 지방의 아녕(阿寧) 지역을 가리키는 말로, 완전히 억지로 붙인 이름이다. 그러나 1564년에 작성된 메르카토르의 세계지도에서도, 이 아니안 해협이라는 이름은 그대로 사용되고 있다. 즉, 짙은 안개와 강풍이 지배하는 아니안 해협의 해역에는, 좀처럼 배가 진입할 수 없었던 것이다.

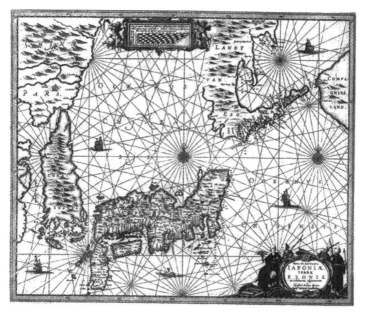

【그림 35】 17세기 중엽, 네덜란드 동인도회사의 선장 마르텐 후리스가 수기로 작성한
「해도」(헤이그의 국립 문서관 소장)

　동인도회사의 명을 받은 후리스는, 북상하여 짙은 안개가 낀 네무로
(根室) 해협을 통과하여, 오호츠크 해로 들어갔다. 후리스는 그 해역이
야말로 달단해라고 단정하였다. 쿠릴 열도의 이투루프 섬과 우르프 섬
사이에 위치한 이투루프 해협을 아시아 대륙과 아메리카 대륙 사이의
아니안 해협으로 보고, 새롭게 후리스 해협이라고 명명했다.

　이투루프 섬을 '스테튼란트(나라의 섬)', 우르프 섬을 아메리카 대륙의
일부라고 생각하여, '컴퍼니스란트(회사의 섬)'라고 명명했다. 동인도회
사의 땅이라는 의미이다.

　짙은 안개가 낀 해협에서 항해를 할 수밖에 없었던 후리스는, 혼슈

와 에조(북해도) 사이의 해협을 너무 넓게 보아, 에조를 북쪽의 카타이, 동쪽의 쿠릴 열도 남부와 붙여서, 하나의 반도로 보았다. 거대한 에조가, 이투루프 섬을 끼고 아메리카 대륙과 마주보고 있다고 상상한 것이다. 후리스가 만든 이 수기 해도는, 현재, 헤이그의 국립 도서관에 보존되어 있다. 후리스의 애매한 해도는, 1650년 무렵부터 인쇄 지도에 포함되어, 유럽에 넓게 유포되었다.

짙은 안개와 강한 바람이 지배하는 오호츠크 해의 항해는 어려웠으며, 오랜 시간 동안 후리스 해협이 태평양의 북부에서 아시아와 아메리카를 연결하는 해협으로 여겨졌지만, 실제의 상황은 밝혀지지 않은 채로 시간이 흘렀다. 후리스는 항해의 귀로에 금·은섬의 탐색도 시도하였지만, 말할 필요도 없이 발견되지 않았다.

표토르와 베링 해협

네덜란드인의 탐험을 계승하여, 태평양의 북쪽 끝에 위치한 해협의 실태를 최종적으로 밝힌 사람이, 20년 이상 러시아 해군에서 복무한 덴마크인의 고용 외국인, 베링(1681~1741)이었다.

국가 세입의 과반이 모피의 판매액이었던 모피 대국 러시아는, 17세기에 약 반세기 남짓한 단기간에 시베리아 정복을 이루지만, 그 뒤를 이은 황제 표토르(재위 1682~1725)는, 네덜란드·영국이라는 해양 대국을 동경하여, 북방 전쟁에서 스웨덴을 물리치고 발트 해의 패권을 잡자, 내륙부의 모스크바에서 바다를 마주본 상트페테르부르크로 수도를 옮겼다. 그는 해군을 창설하여, 해양 국가로의 길을 모색했다.

1723년, 표토르는 빌스터라는 지휘관에게 2척의 선단을 이끌고, 대서양에서 희망봉을 우회하여, 마다가스카르 섬에서 무굴 제국으로 항해할 것을 명령했다. 그러나 빌스터의 선단은 폭풍 때문에 발트 해를 벗어나지 못하고 항해 불능이 되었고 항해는 실패로 끝났다. 이 때문에, 대양으로 나가기 위해서는 시베리아의 북쪽 해역에서 아시아로 향하는 방법을 취해야겠다고 생각한 표토르는, 2년 뒤 죽음을 맞이하기 3주 전에, 북극해를 경유하여 중국·인도와 무역 할 수 있는 루트를 개척하기 위한 해협 탐험을 명했다. 그 임무를 맡은 것이 베링이었다.

베링의 제1차 항해(1725~1730)는 준비 부족 때문에 실패로 끝났지만, 제2차 항해(1734~1743)에서는 작게나마 성과를 얻었다. 베링은, 1741년에 캄차카 반도의 페트로 파블롭스크항에서 출발하여 탐험의 길에 나섰으며, 베링 해협의 존재를 밝혀냈다. 오랫동안 명확하지 않았던 아시아와 아메리카 사이에 있는 해협의 실태가 명확해졌으며, 환상의 아니안 해협은 모습을 감추었다. 애매했던 제3의 세계의 북부 해역에 비로소 한줄기 빛이 비치게 되었다.

6. 세계지도에서 사라진 미지의 남방대륙

미지의 남방대륙 등장의 배경

프톨레마이오스의 세계지도에 거대한 대륙으로 그려진 인도양, 대서양, 태평양에 걸쳐 있는 미지의 남방대륙은, 고대부터 르네상스 시기의 지도까지 그대로 존재했었다.

이는 고대의 몬순을 이용한 인도양 항해가, 홍해, 아라비아 반도와 인도 반도 사이에서 행해졌기 때문에, 거기서 벗어난 남인도양이, 오랜 기간 미지의 해역으로 남아 있었기 때문이다. 수학적, 천문학적으로 생각할 때 북반구의 대륙 덩어리에 대응하는 거대한 대륙의 존재가 있을 것으로 사람들은 상상했다. 지구라는 말이 있듯이, 고대에는 육지 중심의 지구가 상식이었으며, 남북의 육지가 균형 잡혀 있다고 생각하는 편이 이론적으로 타당했던 것이다.

종래에는 미지의 남방대륙의 끝이 적도 부근에 있을 것으로 생각하였지만, 발트로메오 디아스의 희망봉 발견에 의해, 대륙은 더 남방으로 후퇴하였고, 마젤란의 항해에 의해 다시 남위 52도까지 물러난다. 그러나 희망봉이나 마젤란 해협, 혼 곶의 남쪽 해역은, 바다가 일년내내 사나운 편서풍 해역이었으므로, 항해나 탐험이 지극히 곤란하였고, 미지의 남방대륙 탐험은 좀처럼 진행되지 않았다.

이렇게 프톨레마이오스의 세계지도에 나타난 미지의 남방대륙이라는 이미지는, 과장된 채로 존속하게 되었다. 1569년의 메르카토르의 세계지도에서도 미지의 남방대륙은 온대까지 북상하여, 남북아메리카보다도 넓으며, 인도나 아메리카 대륙 근처까지 뻗어 있는 것으로 그려졌다.

스페인인에 의한 미지의 남방대륙 탐색

포르투갈에 비해, 태평양의 몬순 해역을 마주보고 멕시코(누에바 이스파냐)와 페루의 두 부왕령을 가지고, 마닐라 갈레온 무역을 행하였던 스페인은 미지의 남방대륙 탐색에 착수하기 쉬운 조건을 가지고 있었다. 그러나 멕시코에서 적도를 넘어 남반구로 남하하려 하자, 남동 몬순에 떠밀려 항해가 어려웠다.

그래서 페루의 태평양 연안 최대의 항구인 카야오가 미지의 남방대륙 탐험의 거점이 되었다. 당시에는 포토시 은산의 은을 시작으로 하여 페루, 볼리비아, 아르헨티나의 산품이 안데스 산맥을 넘어 카야오로 모였다. 그 후 배로 파나마로 옮겨서 파나마 지협을 파나마에서 카리브해 쪽의 항구인 포토벨로로까지 육상으로 넘은 다음, 최종적으로 쿠바 섬의 하바나를 경유하여 유럽으로 운반되었다.

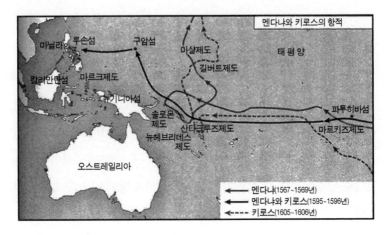

【그림 36】 멘다냐와 키로스의 항적

　1567년 11월 19일, 미지의 남방대륙에 구약 성서의 솔로몬 왕에게 헌상된 황금을 산출하는 금산이 있다고 생각한 스페인인 알바로 데 멘다냐(1541~1595)는, 2척의 배를 이끌고 카야오 항을 출항하여, 이듬해 2월 1일에 뉴기니아의 동쪽 솔로몬 제도에 도착했다. 멘다냐는 그로부터 25년 이상이 지난 1595년에, 두 번째로 솔로몬 제도의 탐험에 나선다. 그 목적은 이민이었으며, 멘다냐의 배에는, 이민자 400명의 남녀가 타고 있었다. 그러나 불확실한 해도, 서투른 항해 기술 때문에, 솔로몬 제도를 다시 발견하지 못하고 항해는 끝났다.

　그 후, 포르투갈인 키로스(1565~1615)는, 고생 끝에 스페인 왕에게 미지의 남방대륙을 발견하려는 항해 계획을 신청하고, 제2의 콜럼버스가 되려고 했다. 국왕의 허락을 얻은 키로스는 1605년 12월 21일, 페루의 카야오에서 출항하여 태평양의 섬들을 거쳐, 1606년 5월 3일에 솔로몬 제도의 동쪽 뉴헤브리디스 제도에 도착했다. 그리고 섬 중에서 가장 큰 섬을 미지의 남방대륙 본섬이 틀림없다고 추측하여, '오스트렐리 델 에스피릿 산트'라고 이름 붙이고, 이 대륙에서 남극까지를 스페인 왕의 영토로 선언했다. 그는 그 섬에 매우 엄격한 규율을 확립하고, 이상적인 새로운 예루살렘을 건설하려고 했다. 그러나 선주민의 저항을 받자, 키로스는 뒷일을 부관 루이스 바에스 데 토레스(1565년경~1613년경)에게 맡기고, 재빨리 물러나고 말았다. 결국, 키로스가 남방대륙이라고 생각한 곳은, 비교적 큰 섬임에는 틀림없었다. 그러나 해도 제작자들은 키로스의 발견을 계승하여, 남태평양의 섬들을 '어머니 대륙'의 자식으로 보는 잘못을 범한다.

키로스로부터 뒷일을 부탁받은 토레스는, 그 섬들로부터 뉴기니아와 오스트레일리아 사이의 토레스 해협을 항해하여, 뉴기니아 섬을 우회한 다음 마닐라에 이르렀으나, 그 후의 토레스의 족적은 분명하지 않다. 토레스 일행이 이 해역에서 작성한 해도와 보고서는, 스페인의 공문서관에 보존되어 있다. 이러한 스페인인의 일련의 항해를 통해서, 제3의 세계 중 적도 이남의 멜라네시아에 속하는 섬들이 밝혀졌다.

네덜란드인과 오세아니아

스페인인이 태평양의 동쪽에 위치하는 페루에서 미지의 남방대륙의 발견에 힘쓴 것에 비해, 희망봉에서 동방으로 직진하여 편서풍을 이용하는 항로를 개척한 네덜란드 동인도회사는 서에서 동으로 탐색을 진행했다.

네덜란드인은 편서풍이 부는 북해에서 청어의 유망 어업을 기반으로 해운업을 성장시킨 경험 때문에, '울부짖는 40도'라고 불리는 강풍이 부는 남반구의 편서풍 해역을 두려워하지 않았다. 그러한 네덜란드인이 희망봉의 남쪽 혹은 남동쪽에 위치한다고 생각한 미지의 남방대륙의 발견에 나선 것은 당연한 일이었다.

1605년, 뉴기니아 동안의 조사에 나선 해도 제작자 빌렘 얀스존이, 자바섬의 밴텀에서 출항하여 처음으로 오스트레일리아를 발견하고, '뉴홀랜드(새로운 네덜란드)'라고 명명했다. 1615년이 되자, 지휘관인 야곱 르 멜과 선장 빌렘 코르넬리스존 스호텐이 이끄는 탐험선이 남아메리카의 마젤란 해협 남쪽에 있는 푸에고 섬에서 다시 동남쪽으로 항해하여, 혼 곶을 발견했다. 그 결과, 메르카토르 등의 세계지도가 그린 미지의 남방대륙이, 마젤란 해협의 남쪽에는 존재하지 않다는 사실이 밝혀졌다.

그 후, 미지의 남방대륙이 존재하는 것으로 생각한 해역으로 네덜란드인의 항해가 계속되었고, 새로운 네덜란드라고 불리게 된 오스트레일리아 연안의 상황이 점차 밝혀졌다. 오스트레일리아가 뉴기니아와는 다른 대륙인 사실을 밝힌 사람은, 네덜란드인의 탐험가 아벨 태즈먼(1603~1659)이었다. 태즈먼은, 1642년에 태즈메니아 섬과 뉴질랜드를 발견했다. 44년에는, 요크 곶 반도와 오스트레일리아 서부의 연안을 항해했다. 그러나 선상에서 오스트레일리아를 보면 황량하고 매력이 없는 땅으로 보이기 때문에 네덜란드인들은 그다지 흥미를 느끼지 않았고, 오스트레일리아는 약 1세기에 걸쳐 그대로 방치되었다.

네덜란드의 황혼과 영국의 대두

이처럼 네덜란드인은 제3의 세계의 북부, 남부의 미지의 해역을 해명하는 데 크게 공헌했다. 그러나 네덜란드의 번영도 오래 가지는 않았다.

1651년, 영국의 퓨리턴 혁명을 주도한 크롬웰(1599~1658)이, 해외로 망명한 왕당파의 근거지가 된 네덜란드에 타격을 주기 위한 항해법을 반포하자, 중계 무역에 의존도가 높았던 네덜란드의 해운은 큰 타격을 입게 된다. 항해법에는 "어떠한 화물도 영국선에 의한 것이 아니라면, 아시아, 아프리카, 아메리카에 있는 영국령을 상대로 무역할 수 없다", "어떠한 외국선도, 영국 연안 무역에 종사할 수 없다" 등의 규정이 들어 있었다.

그 후, 세 번에 걸친 영란전쟁(1652~1654, 1665~1667, 1672~1674), 거듭된 프랑스의 침공 등으로 네덜란드는 빠르게 국력을 소모하였고, 18세기가 되자 그 쇠퇴는 더욱 두드러졌다. 한편, 해군이 지켜준 영국의 해운업은 순조로운 성장을 이룬다. 예를 들면, 잉글랜드의 여러 항구에서 출항한 영국선의 총톤수는, 1663부터 1669년 사이에 연 평균 93,000톤이었는데, 1700년부터 1712년 사이에는 연평균 274,000톤으로 약 반세기만에 3배로 증가하였으며, 1774년에는 798,000톤으로 다시 3배로 증가했다.

영국, 덴마크, 노르웨이 등과의 경쟁이 격화되어 어업이 쇠퇴한 것도, 네덜란드의 조선업에 정체를 가져와, 영국의 조선업에 뒤지게 되었다. 해운업의 쇠퇴로 인해 이후, 지도와 해도 제작 측면에서도 네덜란드는 영국에 주도권을 넘겨주게 된다.

제7장

영국 해도와 일체화하는 세계

1. 과학의 시대와 지도·해도의 정밀화

경선, 위선의 측정과 미터법

17세기 후반에서 18세기에 걸쳐, 측량 기술의 급속한 진보로 지도도 해도도 실제의 측정을 통해 정확하게 만들어지게 되었다. 측량이 반복되면서, 해상의 도로의 정밀도도 한층 높아졌다.

과학적인 측량은 프랑스에서 시작되었다. 중상주의의 입장에서 상업의 활성화와 항로의 확충이 부국강병의 전제조건이라고 생각한 재무총감 콜베르(1619~1683)는 과학의 진흥을 중시하여, 루이 14세(재위 1643~1715)가 하사한 12,000천 리블의 기금을 바탕으로 1666년에 과학 아카데미를 창설했다.

과학 아카데미는, 지구의 크기를 정확히 측정하는 일을 중요한 연구 테마로 잡고, 1669년에 천문학자 장 피카르(1620~1682)에게 경선의 호의 정확한 길이와 지구의 둘레를 계산하도록 명령했다. 피카르는 파리에서 퐁텐블로까지의 거리를, 길이가 변화하지 않도록 건조시킨 다음 니스를 칠한 가늘고 긴 나무막대를 사용하여 세밀하게 측정하였고, 11.4km라는 수치를 도출했다. 그는 그것을 기준선으로 잡고, 파리 부근에서 아미엥까지를 삼각측량하여, 경도 1도의 길이를 110.46km라고 계산했다.

지구가 완전한 원이라면 경선, 위선은 어디를 골라도 같을 것이다. 그의 계산을 근거로 지구의 반경을 계산해보면 6,372km가 된다. 실제의 값인 6,375km에 상당히 가까우며, 매우 정확도가 높은 계산이었음을 알 수 있다.

같은 시기, 영국의 뉴턴은 만유인력의 법칙에 의해 지구는 원심력 때문에 적도 부분이 부풀어올라 있다는 설을 주장했다. 이탈리아 출신의 천문학자 장 도미니크와 그의 아들 잭의 카시니 부자(아버지 1625~1712, 아들 1677~1756)는 이 가설의 증명에 도전하여, 됭케르크에서 피레네 산맥에 이르는 지역에 대하여 삼각측량을 행했다. 그리고 지구가 회전 타원체인 사실을 증명하였으며, 남아메리카에서도 대규모 측량을 했다. 4대에 걸쳐 1세기 이상의 세월을 투자한 카시니 일족의 대규모 측량의 결과, 1793년에 172장으로 이루어진 축적 86,400분의 1의 프랑스의 대축척 지도(카시니 지도)가 완성되었다. 자오선의 정확한 측량에 의해, 해도의 정밀도도 대폭 상향되었다.

자오선의 정확한 측정에 성공한 사실은 프랑스인의 자랑거리가 되었다. 프랑스 혁명이 일어나자, 이성을 중시하는 계몽사상에 의거하여 세계관의 재편이 이루어졌고, 1791년 국민의회는 극점에서 적도까지의 거리의 1,000만분의 1을 1m로 하기로 결정하였다. 현재, 세계에 널리 보급된 미터법은, 프랑스에서 성장한 과학적 지구관에 근거해서 결정된 것이다. 1919년에 개최된 국제 수로 회의는 미터법의 채용을 정식으로 의결하였다.

2만 파운드가 가능케 한 경도의 측정

　18세기 이전에는, 범선은 태양이나 특정한 별의 고도를 측정하여 위도를 확인하였으며, 나침반으로 방위를 측정하면서 항해했다. 카시니 부자가 자오선의 길이를 정확하게 측정해 냈지만, 그 후에도 바다에 떠 있는 배에서는, 경도의 정확한 측정 없이는 위치를 확정하기 어려웠다.

　해도상에는 이미 경도가 기입되어 있었지만, 실제의 경도의 측정은 배의 속도와 항해시간을 계산하여, 본초자오선을 기준으로 하여 계산할 수밖에 없었다. 시계에 의한 항해 시간의 정확한 계측이, 경도 측정의 기본이었던 것이다. 본초자오선에서 어느 정도의 속도로 얼마 동안 항해한 것을 알 수 있으면 경도의 정확한 계산을 할 수 있었지만, 실제로는 불가능했다. 왜냐하면, 당시에는 육상에서 사용하던 진자시계가 파도와 바람의 영향을 많이 받는 선상에서는 전혀 도움이 되지 않았기 때문이다. 아무리 배가 흔들려도 멈추지 않고 정확하게 시간을 측정할 수 있는 시계가 없으면, 해도상의 경도는 애매할 수밖에 없었으며, 배의 위치 판단도 정확할 수 없었다.

　참고로 대항해시대 이후, 선원들은 추를 단 나뭇조각에 긴 끈을 연결해서, 선미에서 바다로 던져넣고 끈을 풀어, 모래시계로 일정시간을 측정한 후 풀린 끈을 회수하여, 배의 시속을 측정하는 방법을 취했다. 이렇게 배의 속력을 측정하는 도구는 더치맨 로그라고 불렀으며, 끈에 매듭(노트, knot)을 만든 핸드 로그를 주로 사용하여, 측량의 편의를 꾀하였다. 그러한 측정 도구 때문에, 배가 1시간 당 나아가는 거리가 '노트

(knot)'라고 불리게 된 것이다. "1노트는 1시간에 1해리 나아가는 걸 의미한다"라고 정의되었으며, 오늘날에는 시속 1,852m라고 정의되어 있다.

1675년에, 런던 교외의 그리니치에 왕립 천문대가 지어져 천문대 위를 지나가는 경선이 영국의 본초자오선으로 설정되었으나, 항속시간을 정확히 계측할 수 없으면 경도를 확정할 수 없었던 것이다.

1707년, 영국 해군의 군함 4척이 실리 제도 해상에서 조난되어 2,000명의 승무원이 목숨을 잃는 해난 사고가 발생했다. 사고의 원인은, 함선이 경도를 정확히 측정할 수 없었던 것과 관련되어 있었다. 그 사고를 계기로, 군함이나 상선의 안전한 항해를 위해서는 정확한 경도의 측정이 필요하다는 인식이 강해졌고, 경도 측정법의 개발이 모색되었다. 이러한 여론의 요청을 받은 영국 의회는, 정확한 경도의 측정법을 개발한 사람 또는 단체에게 상금을 주기로 의결을 하였다. 상금은, 경도의 오차가 1도 이내이면 1만 파운드, 40분 이내이면 15,000파운드, 30분 이내이면 2만 파운드로 정해졌다. 당시의 2만 파운드는, 현재의 가치로 환산하면 약 100억원이라는 거금이었다. 영국 내의 학자나 시계 장인들은 모두 이 과제에 몰두하게 되었다. 이 현상금에 자신의 생애를 걸고 도전한 한 사람의 인물이 있었다. 요크셔의 가난한 목수 집안에서 태어나, 시계장인 밑에서 일을 배운 해리슨(1693~1776)이었다. 해리슨은, 1735년에 최초로 시험적인 시계를 만든 이후, 4분의 1세기라는 세월에 걸쳐서 1호기에서 4호기까지 4개의 선박 시계를 만들었으며, 1761년에 흔들리는 배 위에서도 정확히 시간을 재는 시계를 완성시켰다.

몇 번의 실증 항해의 결과, 해리슨의 시계의 우수성이 알려져, 1773

년이 되어서 마침내 서민 계급인 해리슨에게 2만 파운드라는 대금이 지불되었다. 그 3년 후에 해리슨은 83세의 생애를 마쳤으므로, 선박 시계의 개발에 그야말로 일생을 바쳤다고 할 수 있을 것이다.

해리슨의 해양 시계에 의해, 본초 자오선을 기준으로 하는 정확한 경도의 측정이 가능하게 되었다. 그 결과, 해도를 기준으로 선박이 정확하게 항해할 수 있게 되었다. 후술할 제임스 쿡(1728~1779)의 제2회와 제3회의 항해는, 해리슨의 해양 시계를 사용하여 경도를 측정하며 행해진 과학적인 항해였다. 이 두 번의 항해가 성공리에 끝남으로써, 선박 시계의 유용성이 실증되었다. 해리슨의 해양 시계는, 그리스 신화에 나오는 시간의 신인 크로노스(chronos)의 이름을 따서 '크로노미터(chronometer)'라고 불렸다.

2. 카리브 해역의 설탕과 산업 혁명

플랜테이션의 보급과 해도의 확충

대서양의 해상의 도로가 안정된 18세기는, 유럽인의 신대륙으로의 이주나 흑인 노예의 카리브 해역으로의 이입이 급격하게 증가하여, 제2의 세계의 재편이 격렬하게 진행된 시대였다. 신대륙이 '제2의 유럽'으로 크게 모습을 바꾸어 갔다. 그리고 제1의 세계의 어디서도 볼 수 없는, 개성적인 사회가 출현하였다.

17세기 후반에 신대륙의 은이 고갈됨에 따라 유럽으로의 유입량이 감소한 것이, 제2의 세계의 구조를 크게 바꾸는 계기가 되었다. 신대륙의 광산 자원이 줄어듬에 따라, 새로운 수익원으로서 유럽 시장에 판매되는 상품 작물을 대량으로 생산하는 '플랜테이션(plantation)'이 확산되었다. 플랜테이션이란, 공장 생산 방식을 도입하여 열대나 아열대의 대규모 농지에 자본을 투입하고, 흑인 노예 등의 노동력을 활용하여 값싸게 생산된 작물을, 유럽 시장에서 싸게 판매하는 시스템이었다. 대항해 시대에 천연두가 유행하면서 선주민의 대다수가 사망한 카리브 해역과 신대륙에는 플랜테이션을 보급하기 쉬운 특수한 상황이 조성되었다. 그래서 제2의 세계에서 플랜테이션은 폭발적으로 확장되었고, 서아프리카의 흑인 노예 유입을 비약적으로 증가시켰다. 플랜테이션으로 만들어진 대량의 상품 작물이 유럽으로 운송됨으로써 유럽 시장이 급속도로 팽창하게 된다.

카리브 해역 플랜테이션의 주요 작물은 사탕수수였다. 사탕수수를 가공해서 얻은 설탕은 조미료로서 서민의 식탁까지 보급되었고, 설탕 생산의 급증이 대서양의 삼각무역 규모를 확대시켰다. 설탕 생산의 중심지인 카리브해, 노예 공급의 중심지인 아프리카, 수공업품의 공급지인 유럽이 상호연결을 강화하면서, 제2의 세계가 새롭게 구조화되었다. 해상의 도로가 안정되면서 경제 성장의 기반이 된 것이다. 필연적으로 대서양의 각 해역의 해도 정비가, 항로의 정기화를 위해서 필요하게 되었다. 그 결과, 대서양의 삼각무역의 평균 이익률은 30%에 달했다.

카리브 해역의 설탕 생산은 자급자족을 토대로 하는 종래의 농업과는 달리, 대량의 상품 작물의 생산, 유통, 교환에 의한 새로운 경제 시스템이었다. 그것이야말로 대서양 상권, 또는 제2의 세계로부터 모습을 드러낸 '자본주의 경제 시스템'이었다. 해상의 도로를 안정시키는 해도의 확충이, 자본주의 경제 확대에 불가결한 전제 조건이 된 것은 말할 나위도 없었다.

자본주의는 카리브의 설탕으로부터

신대륙의 플랜테이션에서는 많은 상품 작물이 대량으로 재배되었는데, 그 중 특히 중요한 상품이 앞서 언급한 사탕수수였다.

사탕수수는, 처음에 마데이라 제도 등의 대서양 제도, 이어서 16세기에는 포르투갈 식민지의 브라질에서 재배되었는데, 17세기가 되자 네덜란드인이 기아나에서 영국인과 프랑스인이 제2의 세계의 핵심을 이루는 카리브 해역의 서인도 제도에서 재배하였다.

18세기에는 영국인이 자메이카에서, 프랑스인이 아이티에서 대량의 설탕을 생산하게 되자, 설탕은 사치품에서 대중적인 조미료로 모습을 바꾸었다. 누구나 손에 넣을 수 있는 조미료가 된 설탕은, 커피, 홍차, 코코아 등의 기호품과 결부되어 판로를 넓히게 되었다. 예전에 설탕은 지위를 나타내는 귀중한 기호품이었지만, 대량 생산에 의해 가격이 내려가자 서민도 앞다투어 이 달콤한 설탕을 소비했다. 값싸진 설탕은 급속도로 소비량이 증가했다.

영국에서는 한 명당 설탕 소비량이 1600년의 연간 400~500g에서, 17세기에 약 2kg, 18세기 약 7kg으로 급격하게 증가했다. 그러나 조미료만으로는 설탕의 소비량에 한계가 있었다. 그래서 앞서 언급한 것처럼 설탕은 점차 동반자를 찾아가게 되었다. 그 역할을 담당한 것이 커피, 홍차, 코코아 등의 기호품을 비롯하여 케이크나 과자 등이었다. 중국의 홍차나 이슬람의 커피와 결합되면서, 설탕은 순조롭게 수요를 늘려갔다. 네덜란드는 아라비아 반도의 모카 독점을 깨고, 자바 섬, 실론 섬에서 커피 재배를 시작하였으며, 커피의 판매 경쟁에서 패한 영국은 중국으로부터 홍차를 본격적으로 수입하였다. 유럽의 식탁에서는, 카리브 해의 설탕, 동남아시아의 커피, 중국의 홍차, 신대륙의 코코아나 초콜렛이 만나게 되었고, 이러한 현상을 식탁 혁명이라고 불렀다.

참고로 오늘날에도 설탕 소비량의 증가 경향은 지속되고 있으며, 청량음료, 스낵, 가공 식품 등에 첨가되고 있는 것은 잘 알려진 사실이다. 사탕수수의 생산량은 밀, 쌀 등의 주요 곡물과 어깨를 견줄 수 있는 수준이다. 이와 같이 현재에 이르는 대량의 설탕 소비의 근원이라고 할 수 있는 18세기의 제2의 세계에서의 사탕수수 재배와 설탕 생산 급증이, 이른바 자본주의 경제를 출현시킨 것이다. 유럽 국가들은 중상주의 정책에 의거하여, '신대륙'의 식민지에서는 수공업에 의한 생산을 인정하지 않았으며, 유리한 조건으로 공업 제품을 판매함으로써 경제의 균형을 유지하고 있었다. 그러나 설탕 생산은 대규모화되는 반면, 모직물을 주산업으로 하는 유럽 국가들의 대서양 시장에 대한 수출은 그만큼 늘어나지 않자, 무역 수지의 균형이 붕괴되었다. 그래서 영국 동인도회사는, 후술하듯이 인도산의 캘리코(면포)를 대서양 시장에 들어오게 된다. 인도 면포는 크게 호평을 받았으며, 1750년에서 70년에 걸쳐, 대서양 상권에 대한 영국의 면포 수출량이 약 10배로 증가한다.

설탕 생산과 공존한 노예 무역

사탕수수는 1년 반만에 다 자라기 때문에 농장주(플랜터)는 심는 시기를 조절함으로써, 연속적으로 수확할 수 있었다. 그러나 사탕수수에는, 수확한 뒤 급속도로 단맛이 떨어지는 치명적인 문제점이 있었다. 그래서 단시간의 집약적인 가공이 필요했다. 설탕의 생산에는 많은 노동력의 투입이 필요했던 것이다.

그러나 이미 스페인인이 옮긴 천연두의 대유행으로, 카리브 해역에서는 선주민이 거의 전멸한 상태였다. 자메이카 섬이나 아이티 섬의 사탕수수 생산이, 서아프리카의 흑인 노예들이 제공한 대규모 노동력으로 이루어진 것은 이유가 있었다. 거꾸로 말하면 노예만 확보할 수 있으면, 값싼 농지를 이용하는 사탕수수 재배로 막대한 이익을 얻을 수 있었던 것이다. 노예무역을 위한 '중간항로'는, 제2의 세계의 부정적인 유산들을 토대로 성립된 것이다. 설탕 플랜테이션에서는 100명 정도의 노동력이 있으면, 연간 80톤의 설탕 생산이 가능했다고 한다. 1645년의 바르바도스의 한 영국인의 편지에는, "흑인 노예는 1년 반만 일을 시키면 본전을 회수할 수 있다"고 기록되어 있다.

18세기에 설탕 생산이 폭발적으로 증가하자 플랜테이션의 설비는 대규모화되었고, 노예의 식량은 북아메리카의 영국 식민지로부터 사들였으며, 제당을 위한 각종 설비나 일용품은 모두 화폐로 구입되었다. 그리고, 생산된 대량의 설탕은 유럽 시장에서 상품으로서 매각되었다. 모든 것이 화폐로 굴러가는 설탕 산업이, 제2의 세계의 카리브 해에서 싹튼 것이다. 이윤을 추구하는 플랜터가 자본을 투하하여, 노동력(흑인 노예)·생산에 필요한 화물·식량을 구입하고, 생산된 설탕을 시장에서 매각하는 자본주의 시스템이 성립되었다.

영국의 항구 리버풀, 프랑스의 항구인 낭트 등지에서는 유럽을 대표하는 노예 무역의 거점이 생겼으며, 총기·섬유 제품·럼주 등을 서아프리카로 운반하고 그곳에서 노예를 가득 싣고, 브라질이나 서인도 제도에서 팔아치웠다. 노예선은 북동 몬순과 카나리아 해류를 타고 유럽에서 서아프리카로 가서 노예를 구입한 뒤, 남적도 해류를 타고 서인도 제도로 가거나, 남적도 해류와 브라질 해류를 타고 브라질 남동부에 가서 노예를 팔고, 돌아가는 길에는 남서 몬순과 멕시코 만류를 타고 아소레스 제도에 이르러, 편서풍을 이용하여 유럽으로 돌아갔다.

제2의 세계가 일으킨 산업 혁명

산업 혁명은, 1760년대 이후 영국에서 일으킨 면공업의 방적 부문에서 시작된 기계의 도입, 증기 기관의 이용에 의한 생산의 비약적 확대와 그에 따른 경제·사회의 대변동을 가리킨다.

영국에서 산업 혁명이 시작되는 것은 결코 우연이 아니었으며, 네덜란드·프랑스와의 경쟁에 승리하여 대서양 상권에서 패권을 확립하면서 무역이 급증한 상황과 직접적인 관련이 있다. 1770년의 영국의 수출의 50%가 직물, 44%가 금속 등의 공업 제품이었다.

17세기 말 이후, 대서양 상권에서 영국의 주력 상품은, 모직물에서 동인도회사가 인도로부터 수입하는 면포(캘리코)로 바뀌었다. 그러나 무굴 제국으로부터 대량의 면포를 구입할 정도의 은을 영국은 갖고 있지 않았으므로, 자국에서 면포를 생산하지 않을 수 없었다.

그러나 영국의 모직물 업자들은 새로운 면업이 성장함으로써 국내 시장을 잃을까 두려워하고 있었다.

모직물 업자의 의중을 읽은 영국 의회는, 1720년에 전통 산업인 모직물 공업을 보호하기 위해 인도산 면포의 국내 사용을 금지하였고, 22년 이후가 되자 대부분의 면포를 국내에서 사용하지 못하도록 하였다. 이 때문에, 영국에서 산출된 면포는 오로지 수출용으로 전환되었으며, 서아프리카에서의 노예 구입의 대가, 또는 대 아메리카 수출 상품이 되었다. 부드럽고 튼튼하며 흡습성이 높은 면포는 어디서든 환영받았다.

이렇게 인도산 면포의 수입 금지는, 영국 국내에서 수출용 면공업을 발전시키는 결과를 낳았고, 서인도 제도에서 재배된 면화를 원료로 하는 면포의 생산이 노예 무역항 리버풀의 배후지, 랭커셔 지방에서 활발해졌다. 대폭적으로 증가하는 제2의 세계의 면포 수요로 인하여 생산의 효율화와 대규모화가 필요하였고, 이윽고 1760년대 이후에 방사(紡絲) 공정에서 기계와 개량된 증기 기관이 결합되어, 산업 혁명이 시작된 것이다.

산업 혁명이 진전되자, 대서양을 둘러싼 유럽과 남북아메리카에 거대 도시군과 산업 사회가 모습을 드러내었고, 세계사를 이끌어가는 구도가 만들어졌다. 그 후 자본주의 경제의 성장과 더불어, 철도망과 증기선의 항로로 연결된 고속 네트워크가 지구상에 펼쳐지게 된다. 이렇게 근대 사회는 제2의 세계의 변화가 원동력이 되어 모습을 드러내게 된 것이다. 영국을 선두로 한 유럽 국가들은 자유 무역과 시장의 개방을 외치며 아시아 국가들의 변화를 요구했으며, 곧 아시아도 대서양 상권에 포함된다.

　자본주의 경제의 진전에 따라서 국제무역량이 비약적으로 확대되는 과정에서, 해상의 도로의 안전 항해가 전제가 된 것은 말할 나위도 없다. 영국 해군을 필두로, 상선단의 안전 항해를 지키는 해군력을 강화하였고, 지구 규모의 해상의 도로 확대가 진행되었으며, 해도를 정비하고 체계화하여, 저렴한 해도를 항해하는 선박에게 제공하는 일이 일상적인 과제가 되었다.

3. '제3의 세계'를 해도화한 제임스 쿡

쿡에 의한 오스트레일리아의 발견

제3의 세계의 전모가 대부분 드러나게 된 것은, 18세기 후반이 일이다. 산업 혁명이 시작될 무렵, 태평양의 규모와 실태를 밝히고자 하는 움직임이 빠르게 확산되어, 제3의 세계의 해도화가 급속도로 진행되었다. 그 대표 주자가 영국의 항해사 제임스 쿡(1728~1779)이었다. 쿡은, 폴리네시아의 섬 중 일부를 제외하고 태평양의 거의 전체를 해도화하는 위업을 달성했다.

뱃사람에서 항해사관(항해장)이 된 제임스 쿡은, 프렌치 인디안 전쟁(1755~1763) 중 퀘벡 포위전에 항해장으로서 참가하였고, 세인트로렌스 강 하구의 측량과 해도의 작성으로 그 수완을 평가받았다. 1760년대가 되자, 강풍이 불고 여름에도 해무로 뒤덮이는 뉴펀들랜드 섬을 5년간에 걸쳐 측량하여, 항해가 곤란한 해역에서 해도를 작성하는 공적을 남겼다. 쿡이 현장에서 익힌 뛰어난 측량 기술, 해도의 제작 기술은 영국 해군 본부와 영국 왕립 협회의 주목을 받았고, 이윽고 새로운 임무가 그에게 주어졌다.

1766년, 왕립 협회는 태양의 앞을 통과하는 금성을 관측한다는 계획을 세우고, 쿡을 관측선 인데버호의 선장으로 임명하여 남태평양에 파견했다. 관측의 목적은 금성과 태양 사이의 거리를 정확히 계산하는 것이었다. 명령을 받은 쿡은 1768년에 플리머스에서 출항하여, 대서양을 남하하여 남아메리카 남단의 혼 곶을 우회하여, 태평양을 횡단하는 대항해 끝에 타히티 섬에 도착했다. 그리고 3개월에 걸쳐 왕실 천문관의 금성 관측을 돕는 사명을 완수했다. 관측 종료 후, 쿡은 해군 본부의 지령으로 '프톨레마이오스의 세계지도' 이후 줄곧 수수께끼였던 '미지의 남방대륙(테라 아우스트랄리스 인코그니타)'의 탐험에 나섰다. 탐험의 진정한 목적은, '미지의 남방대륙'에 있을 것으로 생각한 황금의 획득이었다. 쿡은 타히티인을 안내인으로 삼아 남방 해역으로 출항하였고, 뉴질랜드의 남섬과 북섬 사이의 해협(쿡 해협)을 발견했다. 그리고 다시, 뉴질랜드의 해안선을 상세하게 해도화했다.

그 후에도 쿡은, 네덜란드의 테즈먼에 의해 발견된 판디멘즈랜드(테즈메니아)를 목표로 항해를 계속했다. 그러나 도중에 폭풍에 휩쓸려 테즈메니아 섬에는 도달하지 못하고, 오스트레일리아 남동부의 곶에서 북상하여, 많은 종류의 식물이 번성하는 보타니 만(식물의 만)에 상륙했다. 그것이 쿡의 제1회 항해(1768~1771)였다.

그 후 쿡은, 뉴질랜드나 오스트레일리아의 더 남쪽에 미지의 남방대륙이 존재한다고 생각한 왕립 협회의 의뢰를 받아, 제2회 항해(1772~1775)에 나섰다. 쿡은 희망봉보다 훨씬 남쪽 고위도의 해역으로 침로로 잡고, 73년에는 남극권에 돌입했다. 그러나 역시 대륙은 발견하지 못하였고, 미지의 남방대륙이 존재한다면 남극권밖에 없다는 사실을 증명했다. 바다의 면적이 80%를 차지하는 남반구의 해양 세계가 해명되어, 프톨레마이오스의 세계지도가 결정적으로 변경되었다. 참고로 이 제2회 항해에서, 쿡은 돌아가는 길에 이스터섬, 뉴칼레도니아 섬 등을 돌며, 남태평양의 상황을 해도상에 기록했다. 또한 이 항해는, 앞서 언급했듯이 크로노미터를 사용하여 정확한 경도를 측정하면서 행해진 최초의 과학적인 항해이기도 했다.

항해가 불가능했던 북서 항로

포르투갈, 스페인의 방해로, 희망봉 경유이나 혼 곶을 경유하는 항로에서 퇴출된 영국인은, 유라시아의 북쪽 해역에 짧은 거리로 아시아로 항해할 수 있는 루트가 틀림없이 있을 거라고 생각했다. 그 루트는 2개가 있다고 여겨서, 유럽에서 북서로 항해하여 북아메리카 북안을 거쳐 아시아로 이르는 항로가 '북서 항로', 유럽에서 동북을 향하여 시베리아의 북쪽을 지나서 아시아로 이르는 항로가 '동북 항로'라고 이름 붙였다. 북서 항로에 대해서는 역방향인 태평양에서 접근하는 루트를 탐색하기도 했다.

시대를 많이 거슬러 올라가, 아즈테카 제국을 멸망시키고 멕시코를 지배한 코르테스는, 1539년에 부하인 프란시스코 데 우요아에게 북아메리카의 탐험을 명령했다. 명령을 받은 우요아는, 아카풀코 항에서 출항하여 캘리포니아 만을 탐사하여 만의 최심부에 달했지만, 결국 성과를 내지 못하고 귀환했다. 그러나 그 탐험에 의한 애매한 정보로부터,

캘리포니아 반도는 섬으로 여기게 되었고, 캘리포니아 섬과 대륙 사이의 해협은 북아메리카 동안의 센트로렌스 만과 이어지는 아니안 해협의 남단에 있다고 하는 잘못된 통설이 생겨났다.

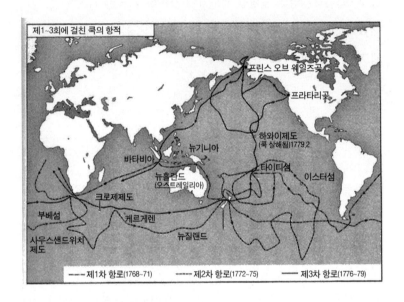

【그림 37】 제1~3회에 걸친 쿡의 항적

어떻게든 새로운 항로를 발견하고 싶었던 영국 정부는, 1775년에 북서 항로의 발견에 상금을 제공한다는 1745년에 의결된 법안의 기한을 연장했으며, 게다가 현상금을 2만 파운드까지 올렸다. 2만 파운드라는 금액에 모두 눈독을 들였다. 영국 해군 본부도 예외가 아니었다. 이 상금을 노리고, 은퇴한 쿡에게 북서 항로 발견의 탐험을 의뢰했다.

탐험을 의뢰받은 쿡은, 세 번째의 태평양 탐험에 나섰다. 이 항해에서 쿡은, 유럽인으로서는 최초로 하와이 제도에 도달했다. 그러나 그 후, 누트카 만(밴쿠버 섬의 서해안)을 북상하여 알래스카 반도를 우회하여 베링 만에 들어가기까지는 순조로웠지만, 북위 70도까지 나아가자, 빙산 때문에 더 이상 전진할 수가 없었다. 쿡은 일단 하와이 제도로 돌아가서 태세를 정비하려 고 했다. 그러나 거기서 도민과 다툼이 일어나, 허무하게 전사하고 만다. 남은 승무원은 선장이 죽은 뒤로도 다시 한번 베링 해협의 조사에 나섰지만, 북서 항로는 얼음으로 막혀있다는 것을 확인했을 뿐이었다.

그 후, 1791년부터 95년에 걸쳐, 쿡의 제2회의 항해에 참가한 영국 항해사관 조지 밴쿠버(1757~1798)는 브리티쉬, 콜롬비아를 중심으로 하는 북아메리카의 서해안의 항해선을 빈틈없이 조사하여, 베링 해협의 남쪽에는 북서 항로로 이어지는 수로가 존재하지 않는다는 사실을 최종적으로 확인했다. 결과적으로 앞서 언급한 북아메리카와 동남쪽으로 이어지는 아니안 해협의 전설은 최종적으로 부정되었다.

뜻을 이루지 못하고 불의의 죽음을 맞이한 쿡이었지만, 그는 뛰어난 측량사, 해도 제작자이기도 했다. 쿡이 가져온 태평양의 정보와 해도는 신뢰도가 높아서 제3의 세계의 개요가 확정되었다. 이것으로 프톨레마이오스의 세계지도를 바탕으로 하는 제3의 세계의 이미지는 완전히 없어졌다.

플린더스에 의한 오스트레일리아 연안의 해도화

쿡과 마찬가지로 영국 해군의 군인이며, 제3의 세계의 해명에 공헌한 인물이 있었다. 그 인물은 매튜 플린더스(1774~1814)였다. 그는 오스트레일리아 연안 전역의 해도를 완성시켰다.

플린더스는 15살에 영국 해군에 입대하였고, 17세에는 타히티로 향하는 항해에 참가했다. 그리고 21세에는 오스트레일리아의 포트 잭슨(오늘날의 시드니)으로 가는 항해에 참가했다. 그 사이에 그는 현장에서 독학으로 항해술을 배웠다.

플린더스는 24세에 테즈메니아 섬이 오스트레일리아 대륙과 이어지지 않는 섬이라는 사실을 확인했다. 24세가 되자 인베스티게이터호의 선장으로서, 2년간 동서부에서 시작해 오스트레일리아를 일주하며, 정밀한 해도를 작성했다. 그러나 그 후 불행히도 플린더스는 오스트레일리아를 일주하고 돌아오는 길에 타고 있던 배가 침수되어, 당시에 영국과 교전 중이었던 프랑스의 모리셔스 섬에 정박할 수밖에 없었고, 7년간 구속되었다.

겨우 영국으로 귀국한 플린더스는, 오스트레일리아 연안의 정밀한 해도의 집대성을 이루었다. 그리고 1814년, 죽기 전날에 2권의 『테라 아우스토랄리스로의 모험』이라는 대저작을 발간하고, 자신의 탐험과 조사, 해도 제작의 경과, 수로지 등을 공개했다. 이 책에서 그는 당시의 오스트레일리아의 정식 명칭이었던 '테라 아우스토랄리스'를, 간편하게 오스트레일리아로 바꿀 것을 제안했다. 1824년의 영국 해군법에 의하여 플린더스의 제안은 받아들여졌고, 오스트레일리아라는 대륙 이름이 정식으로 채용되었다.

4. 통계적인 측량을 기반으로 한 영국 해도

자유 무역이 연결한 '제1 세계와 제2 세계'

18세기 후반이 되자, 유럽 각국의 경제는 해외 시장이나 식민지와 깊게 연관되었으며, 지구 전체를 망라하는 해도가 필수불가결한 상황이 되었다. 이러한 상황 하에서 각국의 군대는 수로부를 설치하여, 수로의 측량과 해도의 정비를 조직적으로 진행했다. 수로부의 창설은 프랑스가 1720년으로 가장 빨랐으며, 그 다음 덴마크가 1784년에, 영국이 1795년, 한때 세계의 바다를 지배했던 스페인이 1800년으로 그 뒤를 이었다. 일본도, 메이지 유신 이후 얼마되지 않은 1871년에 수로부를 설치했다.

산업 혁명의 진전과 더불어 압도적인 경제력을 자랑하던 영국은, 자유 무역 정책을 걸고 대서양뿐만 아니라 인도양, 남중국해, 동중국해 등 세계의 바다로 진출했다. '세계의 공장'으로서 압도적인 우위에 선 영국은, 전 세계로 시장을 넓혔으며, 철도·항만과 같은 산업사회의 인프라를 정비했다. 대서양을 중심으로 하는 '제2의 세계'와 인도양을 중심으로 하는 제1의 세계가, 영국에 종속되는 형태로 연결된 것이었다.

예를 들면, 프랑스 혁명과 나폴레옹 시대에 독립을 빼앗긴 네덜란드의 힘이 약해지자, 1799년에는 네덜란드 동인도회사가 폐지되었으며, 자바 섬이 일시적으로 영국에 점령됐다. 영국은 같은 시기에 네덜란드가 지배하던 믈라카를 점령하자, 영국령 피낭 섬, 믈라카, 자유 무역항으로서 새롭게 건설한 싱가폴을 연결하고 믈라카 해협을 자유 경제의 장으로 바꾸었다. 아편 전쟁(1840~1842)에서 승리하자, 홍콩을 중국 진출의 발판으로 확보했다. 동남아시아에서 중국으로, 자유 무역을 위한 해상의 도로로 넓힌 것이다.

산업혁명은 필연적으로 영국 상선의 수를 증가시켰고, 상선을 지키기 위한 해군력의 증강을 야기했다. 해외에 파견된 영국 전함의 수를 보면, 1792년에 54척이었던 것이, 1817년에는 63척으로, 1836년에는 104척, 1848년에는 129척으로 증가했다. "브리타니아는 세계를 제패했다"라는 말이 있듯이 제2의 세계와 제1의 세계의 바다는, 19세기 초 이후 영국 해군의 지배하에 들어갔다. 영국 상선이 세계 곳곳으로 진출하고 식민지 지배가 진행되자, 대규모 측량에 기반한 해도 제작도 점점 더 박차를 가하게 되었다.

해군 수요의 증가

18세기 후반 이후 과학적인 측량이 가능해졌고, 그에 기반한 정확한 해도의 수요가 증대했다. 영국에서는 해도의 작성·판매를 처음에 민간 회사가 맡았으며, 런던을 중심으로 많은 해도 제작 회사가 탄생했다.

18세기 말이 되자, 스페인이 마닐라 갈레온 무역에 사용하던 해도가 비밀에 싸여 있었던 것을 제외하면, 대부분의 나라가 선박의 안전 항해를 지키기 위하여 해도를 공개했으며, 세계 규모로 항해 정보의 수집과 축적이 진행되기에 이르렀다. 각국이 해도를 공유하면서 온 세계를 안전하게 항해할 수 있도록 서로 협력하는 흐름이 만들어졌다. 그 선두에 선 것이, 말할 나위도 없이 자유무역주의로 세계 시장을 넓히려고 한 영국이었다.

영국에서는, 오랫동안 1600년에 창설된 동인도회사가 동인도 무역을 도맡고 있었다. 그래서 아시아 항로에 대해서는 동인도회사가 내부에 수로 측량부를 설치하여 해도 작성에 임했다. 영국 해군은 필요에 따라 동인도회사로부터 해당 해역의 해도를 구입하였다. 그러나 식민지가 세계 각지에 미치게 되자, 식민지의 지배, 통상 보호, 먼 지역에서 일어난 해전을 위해 지구 규모의 정확하고 상세한 해도를 구비할 필요가 있었으며, 또한 함대 지원을 위해서 측량 기사를 파견할 필요가 있었다. 군함이 정박하는 해안의 측량이나 함대의 운행에 도움이 되는 항로의 조사가 필요했던 것이다. 예를 들면, 1754년에 행해진 센트로렌스 강 주변의 측량은, 1759년의 퀘벡 점령 때 이용되어 큰 성과를 냈다.

이러한 이유 때문에 영국에서는 해군을 중심으로, 측량에 기반한 체계적인 해도 작성이 이루어졌다. 영국 정부는, 앞서 언급한 제임스 쿡에게 5년간 뉴펀들랜드 섬과 그 북쪽에 위치한 벨아일 해협을 측량토록 하였으며, 그 후 그의 능력을 인정하여 태평양 탐험에 파견했다.

1778년, 통계적인 측량에 기반한 해도를 대규모로 모은 『대서양의 해신(海神)』이, 영국 해군에 의해 간행되었다. 이 저작은, 센트로렌스 강에서 플로리다의 서해안에 이르는 북아메리카 동쪽 연안 지역의 해도, 평면도, 대경도(對景圖)가 포함된 방대한 것이었다.

해도 제작을 견인한 해군 수로부의 창설

프랑스 혁명 당시인 1795년, 프랑스와의 전쟁 때, 영국 측에서 악천후와 해도의 미비에 의한 조난으로 상실된 선박의 수가, 전투에 의해 상실된 선박 수의 약 8배에 이르렀다. 아직 해도를 만들기 위한 전문적 측량선이 존재하지 않아, 신뢰할만한 해도가 부족했다. 또한 민간의 출판업자에게 해도의 판매를 위탁한 것도 문제여서, 잘 팔리는 해도만 판매하고, 중요한 정정 부분을 포함한 새로운 해도도 오래된 해도가 다 팔릴 때까지 보완되지 못하는 일이 허다했다. 해상의 도로의 중요성을 아직 충분히 인식하지 못한 것이다. 이러한 상황을 타개하기 위해, 추밀원(樞密院)의 명령에 의거하여, 1795년에 영국 해군에 수로부가 설립되었다. 그때까지는 해군 내에서 측량 기술자의 지위가 낮았지만, 추밀원령이 발령되자 중요한 직책으로 다시금 인식되었다. 해군 함선의 해외 주둔 시에 도움이 되도록, 해군성에 수집된 해도를 정리하고 보존하는 것이 수로부 창설의 취지였다. 그러나 창설시의 수로부에서는 독자적인 측량도 제대로 이루어지지 않았으며, 기존의 해도를 쌓아놓는 단순한 창고로 취급되었다.

이러한 문제점을 인식한 해군 본부는, 연봉이 500파운드에 이르는 해도의 보관과 정리, 항해에 필요한 정보의 발간을 담당하는 수로부장 (Surveyor General of the Sea)이라는 자리를 만들어, 책임 지고 해군 수로부를 관할하도록 했다. 이 방안이 성공을 거두어 해군 수로부가 견인함으로써, 영국은 측량에 기반한 해도를 대량으로 발간하였고, 네덜란드를 대신할 세계의 해도업계를 지배하게 되었다.

영국 해군 최초의 수로부장은, 제임스 쿡에게 제1회 태평양 탐험의 지휘관 지위를 빼앗긴 왕립 협회의 지리학자 알렉산더 달림플 (1737~1808)이었다. 그러나 1808년에 그가 세상을 떠나자, 그 직책은 해군사관이 담당하게 되었다. 측량의 방법은 점차 표준화되었고, 수로부는 측량에 기반하여 영국 해협에 대한 일련의 해도, 프랑스 서해안, 스페인 해안의 해도 등을 간행했다.

영국 해도를 충실하게 만든 뷰포드

1829년, 수로학자로서 이름이 알려져 있던 해군 출신 프란시스 뷰포드(1774~1857)가 수로부장이 되자, 영국의 존망은 해도에 의해 지탱되는 상선과 해군의 항해에 달려 있다는 신념을 바탕으로, 관할 하에 있던 20척의 측량선을 동원하여 엄밀한 측량 매뉴얼에 기반한 대규모 측량에 나섰다. 뷰포드의 취임으로, 영국의 해도 세계는 그 모습을 일신하게 되었다.

뷰포드는 1774년 아일랜드에서 태어났으며 14세 때에 동인도회사의 견습 선원이 되어 수마트라 해의 측량에 종사했다. 그는 해군에 입대한 뒤로도 측량에 대한 관심이 강했고, 1805년에 측량함 울위치의 함장으로서 그리스 섬들의 관측에 종사했으며, 1806년에서 이듬해에 걸쳐 강바닥이 얕고 항로의 확정이 어려운 남미의 라플라타 강의 관측을 행하여 우루과이의 몬테비데오에 입항하기 위한 해도를 작성했다. 이 업적이 인정되어, 1810년에 측량함 플레데릭스스틴호의 함장이 되어 터키 연안의 측량에 관여하였고, 그 성과를 바탕으로 터키 연안을 항해할 때 필수적이었던 『칼라마니아』를 발간했다. 이러한 업적을 바탕으로, 뷰포드는 55세 때 수로부장의 자리에 올랐다.

뷰포드는 대영 제국이 세계에 세력을 뻗치는 시대에 필요한 정확한 해도를 계속 공급하게 된다. 그는 해도 제작의 기본원칙으로서, 선장들에게 "가장 우선시할 목적은 도서·정박지·얕은 여울·수심 등을 포함한 만의 개략을 파악하고 올바른 입항 방식을 확인하는 것이며, 가장 깊은 곳을 고르고 사주(砂洲)를 피해가기 위한 알기 쉬운 표식을 선원에게 가장 잘 전달할 수 있으려면, 항상 시각을 곤두세우는 것이 중요하다"라는 지시를 내리고, 배에서 육지를 스케치하도록 장려했다.

일련의 활동으로, 뷰포드는 '영국에서 가장 뛰어난 수로학자'라는 명성을 얻게 되었다. 뷰포드의 밑에서 1835년까지 최저 해면을 기준으로 하는 수심의 표시, 자기(磁氣) 편차를 기록한 방위, 표준화된 저질(底質) 표시, 등심선(等深線), 장식성이 없는 육지 표시 등을 특색으로 하는 영국 해도의 양식이 완성되었다. 뷰포드가 수로부장이었던 시대에 아시아에서는, 1834년에 동인도회사의 무역 독점권이 폐지되었고, 동인도회사의 선박은 매각되어 석탄 운반선 등으로 전용되었으며, 인도 항로에서 자유 경쟁이 진전되었다. 아시아의 해도 정비는 인도 해군이 담당했으며, 1838년에는 인도에서 수에즈 방면에 이르는 해역의 측량과 해도의 제작이 끝나고, 중국 루트의 해도 제작이 시작되었다. 아편전쟁 이후에는, 인더스 강 하구, 몰디브 제도에서 페르시아 만, 잔지바르 섬에 이르는 아프리카 동안, 동쪽은 벵갈 만, 믈라카, 수마트라 등의 넓은 해역에서 체계적인 측량과 해도의 제작이 행해졌다.

크림전쟁(1853~1856)이 시작되자, 뷰포드는 퇴직 시기를 늦추고, 흑해·발트해의 해도 제작에 전념하였다. 전쟁의 수행에도 정확한 해도의 작성이 필수적이었다. 1855년에 81세의 나이로 은퇴할 때까지, 뷰포드는 수로부에서 세계 각지의 새로운 해도 1,500장을 간행하여, 영국 해군 수로부(Admiralty Hydrographic Department)의 해도는 세계 최고의 해도로 평가되기에 이른다. 빈틈없이 처리한 일을 '해군 해도처럼 안전하게(safe as an Admiralty Chart)'라고 할 정도로, 해군 수로부의 해도는 절대적인 신뢰를 획득했다.

해도 측량선 비글호와 다윈

여담일 수도 있겠지만, 생물학자 찰스 다윈(1809~1882)이 진화론의 착상을 얻은 계기는 해군 수로부의 수로 측량선에 승선한 경험이라는 점은 잘 알려지지 않은 사실일지 모른다. 세계 규모로 해도가 필요하게 된 시대는, 전 세계의 항로가 다시 측량되는 대측량의 시대이기도 했다.

다윈이 탄 비글호는, 1831년에 플리머스 항에서 출항한 다음, 남아메리카의 동안을 측량하고 포클랜드 제도, 마젤란 해협을 거쳐 아메리카의 서해안을 북상하여, 당시에는 죄인을 유배하기 위한 유형(流刑) 식민지였던 갈라파고스 제도에 이르렀다. 거기서 태평양을 횡단하여, 뉴질랜드, 오스트레일리아의 시드니에 도착하였고, 이어서 인도양을 횡단하여 모리셔스 섬과 희망봉을 거쳐 대서양을 북상했다. 거기서, 베르데 곶 제도와 아소레스 제도를 거쳐, 1836년에 영국으로 돌아갔다. 해도의 제작과 함께 진행된 5년에 걸친 세계 일주의 대항해였다. 비글호는 대규모 수로 측량과 해도 제작에 종사한 해군의 측량선이었다.

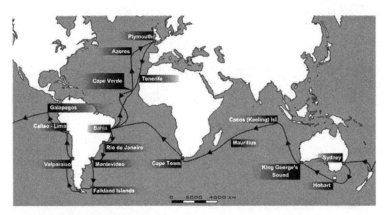

【그림 38】 비글호의 항해경로(역자)

전 세계에서 수로를 측량하고 정확한 해도를 제작한 영국 해군 수로부의 작업량은 방대했으며, 급속도로 규모가 확대되었다. 다윈이 영국에 돌아간 직후인 1837년부터 1838년까지, 해군 수로부는 2척의 증기선을 포함한 13척의 선박, 796명의 사관과 수병을 관할할 뿐이었지만,

1846년부터 1847년에는 7척의 증기선을 포함한 19척의 선박, 1,227명의 사관과 수병을 관할하는 부서가 되었다.

19세기 중엽의 10년간, 영국 제도의 해안선 대부분, 지중해, 아프리카 서해안, 서인도 제도, 북아메리카, 남아메리카 서안, 오스트레일리아의 북서안, 그레이트배리어리프, 포클랜드 제도, 아소레스 제도, 마데이라 제도, 중국의 해안선 측량이 이루어졌고, 해도가 만들어졌다. 이러한 꾸준한 노력이 빅토리아 여왕(재위 1837~1901) 시대의 '팍스 브리타니카'라고 불리는 번영의 기초를 구축한 것이다. 모든 해상의 도로는, 영국으로 통했다. 1862년에는 14만 장의 영국 해도가 인쇄되었고, 그 중 75,000장이 외국으로 판매될 정도였다.

자유무역주의에 기초한 세계 시장의 형성을 목표로 삼은 영국은 항해의 자유와 안전을 중시하여, 세계 규모의 해운 활성화를 위한 정확한 해도를 계속해서 공급했다. 해도의 판매에 관해서는, 해군 본부는 런던에 총대리인을 두고, 영국 각항에는 총대리인이 임명하는 부대리인이 배치되었다.

해도가 정정되면, 대리인의 수중에 있는 모든 인쇄물을 교체하기 위해 런던에서 인쇄된 새로운 해도가 공급되었고, 오래된 해도는 수로부에 의해 처리되었다. 원래 수로부의 직원 급여를 올리기 위해서 외국 상선에 대해서도 해도가 제공되었지만, 해상 교역의 활성화를 위해서 해도의 공유가 필요불가결하는 사실이 점차 드러났다. 해상의 도로 공유가 세계 자본주의의 토대가 된 것이다. 영국 해군 수로부는 세계 각국의 수로부에 해도의 공유를 요청하였고, 아메리카·프랑스 등의 지지를 얻었다. 세계 규모로 영국 해군 수로부의 해도가 보급된 것이다.

본초자오선을 둘러싼 영국과 프랑스의 마찰

이렇게 세계의 공유 재산으로서 해도가 보급되었지만 다만 이 시대에 오직 한 가지 큰 문제가 남아 있었다. 그것은 바로 본초자오선을 어디에 두느냐라는 문제였다.

19세기는 내셔널리즘의 시대였다. 해도의 세계에서도, 각각의 나라가 독자적인 본초자오선을 기준으로 해도를 만들었으며, 한때 프톨레마이오스의 세계지도에서도 설정하였던 단 하나의 본초자오선은 존재하지 않았다. 프랑스는 파리에, 스페인은 카디스에 본초자오선을 두는 등, 1881년에는 14종류의 서로 다른 본초자오선을 표시한 해도가 사용되었다. 기준이 되는 본초자오선이 전부 다르면, 지구 규모의 교역은 매우 불편할 수밖에 없었다.

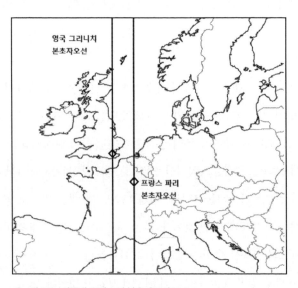

【그림 39】 영국과 프랑스의 본초자오선(역자)

그러나 그러한 분열 상황도 정확한 측량에 근거한 영국 해군 수로부의 해도에 대한 신뢰가 높아지면서 극복되었다. 런던 교외의 그리니치 천문대에 본초자오선을 두는 해도가, '팍스 브리타니카'라는 국제 환경 하에서 각국에 침투한 것이다.

19세기 후반에는 무역량이나 이민의 수가 급증하였으며, 내셔널리즘에 근거한 많은 종류의 자오선을 기준으로 하는 해도가 불편하다는 점에 대해서 모두가 동의하는 상황이 되었다. 그뿐만 아니라 해난 사고도 일어날 수 있었다. 그래서 동서로 경도 57도의 넓이를 가지는 대국인 미국의 요청으로, 1884년 10월에 25개국 대표가 참가한 가운데, 워싱턴에서 제1회 국제 자오선 회의가 개최되었다.

회의에서는 거의 전원 일치로 그리니치 천문대의 자오의(子午儀) 중심을 지나가는 선을 본초자오선으로 설정하고, 경도는 동서로 각각 180도로 나누도록 하는 내용을 승인하였다. 새롭게 통일된 본초자오선의 등장이었다. 당시 세계의 바다를 항해하는 선박의 7할 이상은 영국 선박이었으며, 미국이 그리니치 표준시를 기준으로 지방 시간을 계산했기 때문에 그리니치가 본초자오선이 되는 것은 자연스러운 흐름이었다.

그러나 프랑스만은, 파리가 유럽의 육상 표준시의 자리를 획득하고 있었기 때문에, 파리에 본초자오선을 두자고 강경하게 주장했다. 그러나 결국 다수의 동의를 얻지 못했으며, 오직 한 나라만 기권했다. 그 후에도 프랑스는 워싱턴 회의의 결정을 따르지 않고, 오랫동안 파리 천문대를 기준으로 삼았다. 그로부터 27년이 지난 후에, "파리 천문대의 평균시는 9분 21초 느리다"라고 표현하며, 그리니치의 본초자오선을 실질적으로 인정했다.

또한 그리니치가 기준이 되었다는 것은 긴 세월 동안 영향력을 가지고 있었던 프톨레마이오스의 세계지도의 카나리아 제도를 본초자오선을 보는 시각, 포르투갈과 스페인의 패권의 시대에 정해진 베르데곶 제도를 기준으로 하는 토르데시야스 조약, 사라고사 조약에 근거한 경선을 기준으로 하는 방식이 완전히 철폐되었으며, 런던 교외의 그리니치를 본초자오선으로 삼는 시대로 이행되었음을 의미했다.

해도가 표준화되고 공유되고, 안전하고 경제적인 해상의 도로가 확정됨으로써, 지구의 7할을 차지하는 바다의 국제화를 지지하는 네트워크가 만들어진 것이다.

5. 대서양 — 아시아로 루트를 바꾼 수에즈 운하

빠르게 가까워지는 유럽과 아시아

시간을 조금 거슬러 올라가보면, 1869년에 지중해의 포트사이드와 홍해의 수에즈를 연결하는 길이 약 162km의 수에즈 운하가 개통되었다. 그 결과 대항해시대 이후로 희망봉을 통하여 제2의 세계와 제1의 세계가 이어진다는 종래의 도식이 변화하여, 지중해가 인도양과 직결되었다.

수에즈 운하를 통과하면 영국의 런던과 인도의 봄베이(오늘날의 뭄바이) 사이의 거리는 5,300km나 단축되어, 항로가 약 3할로 줄어들었다. 그러나 수에즈 운하는 단순히 아시아로 가는 지름길이 아니었다. 수에즈 운하는 제2의 세계와 제1의 세계, 미국 대륙, 대서양, 유럽, 인도양, 아시아를 잇는 해상의 도로의 새로운 요충지가 되었다. 모습을 드러낸 대동맥은, 영국을 선두로 하는 유럽 세력이 패권을 확립하기 위한 인프라가 된 것이다.

수에즈 운하는 건설 초기에는 공공성이 강조되어, "만인에 대한 중

립적인 공도(公道)", "만인이 어떠한 차별 없이 이용할 수 있는 공도"라
고 불렸다. 그러나 운하의 건설 비용은 당초 예상보다 2배로 급격하게
늘어났으며, 건설을 맡은 이집트는 재정난에 직면했다. 1875년 대외 채
무를 우려한 이집트 수장 스마일이 가지고 있던 수에즈 운하 회사주(회
주식의 44%)를 팔아넘기자, 영국 수상 디즈레일리(1804~1881)는 유태인 재
벌인 로스차일드로부터 돈을 빌려 운하 회사주를 약 400만 파운드에 사
들인 다음, 3명의 감독을 파견하여 수에즈 운하 회사의 실권을 장악하
였다. 이후, 영국이 수에즈 운하라는 새로운 대동맥의 요지를 지배하게
된 것이다. 영국 선박을 중심으로 수에즈 운하를 통과하는 화물의 양은,
1870년부터 제1차 세계대전 직전인 1912년에 걸쳐 약 65배나 급증했다.

증기선의 시대와 엠파이어루트

19세기 전반은, 신흥국 미국에서 탄생한 가늘고 긴 선체와 높은 마
스트를 특색으로 하는 고속 범선 '클리퍼(clipper)'의 전성기였다. 3개의
마스트에 20장 정도의 횡돛을 갖춘 클리퍼는, 미풍에도 5노트에서 6노
트의 속도(시속 9km에서 11km)로 항해할 수 있었다. 그래서 1860년까지는
목조 범선이 일반적이었으며, 목재 자원이 풍부한 미국이 세계의 조선
업을 이끌었다.

【그림 40】 미국의 고속 범선 클리퍼(역자)

그러나 그 후 증기선으로 이행하면서 목조선에서 철선으로 전환된다. 철선은 중량이 목조선의 4분의3이고, 항해 중에 침수가 없으며, 화재에 강하고 선재를 쉽게 조달할 수 있는 등의 이점을 가지고 있었다. 1870년대에 "부드럽고 강인한" 강철이 종래의 선철(銑鐵)을 대체하자, 철선으로의 이행이 더욱 가속되었다. 1860년에는 영국 선박의 3할이 철선이었는데, 1916년이 되자 영국의 총 선박의 97%가 강철선으로 바뀌었다. 바람에 의지하지 않는 선박의 보급은, 보다 정확한 해도에 대한 수요를 높였다.

또한 증기선에는 대량의 석탄이 필요했으며, 배의 적재물의 대부분이 연료인 석탄이었기 때문에, 화물이나 인원을 많이 싣지 못하는 단점이 있었다.

그래서 석탄을 절약하기 위한 선박용 증기 기관의 개량이 이루어졌으며, 각지에 석탄의 저장소를 설치하여, 석탄을 보충하며 장거리를 항해하기 위한 시스템이 영국에 의해 만들어졌다. 항해 거리가 긴 인도양이나 태평양에서 증기선이 항해하기 위해서는, 적재용 석탄의 저장소가 반드시 필요했으며, 항로를 지키는 해군과 석탄 저장소를 지키는 해병대가 중요한 역할을 했다. 증기선 시대의 해상의 도로에는, 석탄을 보충하기 위한 중계 지점을 확보할 필요가 있었다. 태평양의 섬 등의 식민지화가 급속도로 진행된 이유가 바로 이 때문이었다. 증기선의 항해 루트가 확정되는 와중에, 제3의 세계의 윤곽도 확실해져 갔다.

1870년대 이후의 제국주의 시대를 바다에서 바라보면, 70년대에서 90년대까지 이어지는 유럽의 대공황을 배경으로, 열강이 석탄의 저장소의 네트워크 및 항로를 확보하기 위해서 해상의 도로의 주도권을 쟁탈하는 시대였다. 앞서 언급했듯이 증기 기관으로 움직이는 상선이나 군함의 항해에는, 석탄 저장소를 각지에 갖춘 해상의 도로가 반드시 필요했던 것이다. 영국의 3C정책과 독일의 3B정책의 대립도, 결국은 세계 바다의 네트워크를 둘러싼 전쟁이었던 것이다. 해상에서의 불온한 공기가 확대되자, 열강은 언제 어디서 일어날지 모르는 분쟁에 대비하여 해도 정비를 한층 강화했다.

한편, 범선에서 증기선으로 전환되는 환경에 뒤쳐지지 않으려고, 열강 정부는 우편물의 수송을 증기선 회사에 맡기고 그 대가로 보조금을 내는 방법으로, 범선에서 증기선으로 이행하도록 지원했다. 영국에서는 민간의 P&O사(Peninsular and Oriental Steam Navigation Company)가, 런던과 인도의 콜카타의 정기 항로를 개척했을 때에도, 월 1회 우편을 수송하는 대가로, 정부로부터 많은 보조금을 받았다. 1858년에 동인도회사가 해산되자, P&O사는 영국의 '제국의 길(엠파이어루트)'의 새로운 기수가 되었다.

변모를 강요받은 제2의 세계

19세기 유럽에서는 도시화의 움직임이 강해졌으며, 도시 인구가 현저하게 증가하였다. 게다가 인구가 1억 명으로 증가했다. 유럽으로서는 새로운 식량 공급기지의 확보가 중요한 과제가 되었다. 그 와중에, 바람에 좌우되지 않고 대량의 물자를 옮길 수 있는 증기선, 생선 식품을 썩히지 않고 수송할 수 있는 냉장선의 출현이, 대서양 너머의 남북아메리카의 미개척지를 유럽을 위한 플랜테이션, 대농장이나 육우 목장으로 바꾸는 데에 일조했다. 대서양을 사이에 둔 제2의 세계의 분할 체제가 급속하게 정비된 것이다. 팽창하는 유럽은 고속화된 해상의 도로를 통해서, 식량고로서 남북아메리카를 종속시켰다. 예를 들면, 방대한 수의 버팔로(들소)와 그것을 사냥하는 수렵민, 인디언의 생활의 장이었던 미국 중서부의 광대한 초원 지대가 순식간에 이민으로 개척되었으며, 수확기 등의 기계를 사용하여 대량으로 밀을 생산하는 대농장, 가시 철망으로 둘러싸인 대목장으로 모습을 바꾼 것이었다. 서부의 육우는 카우 보이가 몰아서 가까운 철도역까지 이동시킨 후, 시카고로 옮겨 대량으로 도살하고 정육하였다. 남미의 아르헨티나에서 브라질 남부에 이르는 '팜파스'라고 불리는 대초원도, 이탈리아인 이민 등에 의해 소와 양 등의 목장으로 바뀌고 유럽의 거대한 식량고로 변모했다.

이처럼 19세기 유럽인은, 인구가 희박했던 제2의 세계의 수렵·채집 사회에 대한 대규모 이주와 개발을 통하여, 단숨에 자신들에게 종속된 대농장과 목장을 만들어 갔다.

증기선이 활성화시킨 북대서양 항로

바람에 좌우되지 않고 항해할 수 있는 증기선의 보급은, 편서풍 해역을 포함한 광대한 해역에서 대규모 이민이 가능하도록 해주었다. 19세기 후반의 대서양은 '이민의 바다'로 바뀌었으며, 유럽과 남북아메리카와의 연결이 강화되었다.

19세기는 세계사상 최대 규모로 해상을 통한 민족이동이 이루어진 시대였다. 1820년에서 1920년의 100년간, 유럽에서 3,600만 명이 미합중국 등의 북미로, 360만 명 이상이 아르헨티나 등의 남미로, 200만 명이 오스트레일리아·뉴질랜드로 이주했으며, 아프리카와 아시아의 각지로도 이주가 진행되었다. 이른바 세계의 유럽화였다. 아시아에서는 플랜테이션이나 광산의 노동자로 다수의 인도인, 중국인이 쿨리[21] 무역

---

21 19세기에서 20세기 초까지의 중국, 인도인을 중심으로 하는 아시아계 노동자

에 의해 동남아시아, 미국, 아프리카 등지로 이동하였다.

남북전쟁 후에 미합중국이 급격한 경제적 성장을 이루자, 유럽과 미국 사이에 쌍방향으로 물자·돈·사람의 이동이 활발해지면서 해운업이 활황을 이루었고, 특히 대서양에서 '대형 객선(passenger ship)'을 위한 해상의 도로가 성장했다.

또한 객선의 항로도 세계 규모의 성장을 이루었는데, 그 중심이 된 것은 미대륙이라는 신천지에서 성공(아메리칸 드림)을 꿈꾸는 사람들이 쇄도한 북대서양이었다. 일약 인기 항로가 된 북대서양에서는, 1860년대 이후 여러 선박 회사가 공동으로 주최하는 특별한 대회가 열리게 되었다. 가장 빠른 평균 속력으로 대서양을 횡단한 배에게, 가장 높은 마스트에 가늘고 긴 파란 리본을 달 권리를 준다는 것이었다. 블루리본상이었다. 가장 빠른 배를 소유하는 일이야말로 선박회사에게 있어 최고의 선전수단이 되었다.

6. '제3의 세계' 개척의 흐름을 만든 머핸

서부 개척과 미국의 경이적 경제 성장

20세기에 영국을 대신해 세계의 바다를 제패한 것은 미국이었다. 태평양의 본격적인 개발은 대서양보다도 약 300여 년 뒤늦게 시작되었다. 미국이 세계 전략으로서 태평양 지배를 목표로 한 20세기에 들어서서, 겨우 본격화된 것이다. 광대한 태평양에서는, 미국이 해양세력(Sea Power)으로서 중국 시장으로 이어지는 항로의 개발에 나섰으며, 많은 석탄 보급 거점이 정비되고 해상의 도로가 만들어짐으로써, 제3의 세계가 모습을 갖추게 되었다.

미국은 새로운 나라였다. 1776년의 독립 선언으로 영국에서 독립한 미국은, 19세기 전반에 급속도로 영토를 확대하여, 대륙국가로서의 모습을 갖추었다. 그 후에도, 괴멸적인 타격을 입은 내전인 남북전쟁(1861~1865)을 극복하고, 대규모 이민을 통한 서부 개척을 축으로 급격한 경제 성장을 이루었다. 이러한 국가 형성의 과정에서, 서부의 프론티어

(미개척지)의 개발이 경제 성장의 원동력이 되었다. 프론티어의 개척이 현재의 대국, 미국의 토대를 만들었다고 할 수 있다.

남북전쟁 후의 미국은, 경제가 급격한 성장을 이루는 시대에 들어섰다. 이는 서부의 철도 건설, 미개척지의 대규모 개발에 의한 측면도 있었다. 서부 개척의 에너지는, 링컨(재임 1861~1865)이 남북전쟁 중에 서부의 지지를 얻기 위해서 내놓은 "5년간 서부의 국유지에 살고 개척에 종사하면 등기 비용만 부담해도 20만 평의 토지를 무료로 사유할 수 있다"라는 자영농지법(홈스테드 법)이 불러일으킨 것이었다. 실로 아메리칸드림이었다. 도중에 증기선 시대에 돌입하기도 해서, 꿈을 좇아 약 3천만 명 이상의 이민이, 유럽 각지에서 대거 쇄도했다.

그러한 흐름에 대응하여, 미국은 서부의 철도 건설 등의 인프라를 정비하였고, 순식간에 세계 제1위의 공업국으로 성장했다. 남북전쟁 후, 소설가 마크 트웨인(1835~1910)의 동명의 소설에서 비롯된 '금도금 시대'라고 불리는 욕망이 소용돌이치는 경제 성장 시대가 도래한 것이었다.[22]

---

22 1873년 미국의 풍자 작가 마크 트웨인이 『도금 시대(Gilded Age)』란 책을 썼다. 도금 시대는 대체로 1870~1914년 사이의 시기로서 철도와 석유를 중심으로 거대 독점이 출현하고, 이들이 수단과 방법을 가리지 않고 돈을 끌어모으던 시대였다. 당연히 미국의 빈부 격차는 심해졌다. 마크 트웨인은 그 특유의 풍자 정신으로 '금을 처바른 시대'라고 표현했다.

제3의 세계에 미래를 맡기다

그러나 1890년의 국세 조사에서 프론티어가 소멸된 사실이 밝혀지자, 서부의 개척에 의존해 온 미국 경제도 대전환기에 직면하게 되었다.

그러한 전환의 시대에, 미국의 새로운 성장 전략을 주장한 한 명의 인물이 있었다. 해군 대학교의 교관이자 해군 대령 알프레드 세이어 머핸(1840~1914)이었다. 그는 제3의 세계를 중심으로 한 새로운 바다의 시대의 지침이 되는 『해상권력사론』을 저술하여, 미국의 새로운 성장 방향을 제시함으로써 명성을 얻게 되었다.

해양대국이 된 네덜란드와 영국의 역사를 연구한 머핸은, 식민지의 지배 및 식민지와 본국을 잇는 해상 무역이 부의 원천이라는 결론을 얻었다. 머핸은, 바다를 활용하는 상선대와 그것을 지키는 함대를 해양력(Sea Power)이라고 하여 이를 중시하고, 국토의 지리적 조건, 국토 면적, 인구, 국민문화(해양성, 항해 기술), 정부의 성질(정부의 해양 전략)이 해양력을 결정한다고 주장했다. 또한 해양력은 해군력, 상선대, 항만 시설, 해도 제작 능력 등이 통합된 힘이라고 여겼다. 한때 '팍스 브리타니카'라고 불린 시대도, 해양력에 의해 구축된 시대라고 본 것이다. 머핸의 머릿속에는, 지표의 7할을 차지하는 해양 세계를 복권시키려는 강한 이미지가 들어있었다. 새로운 해상의 도로를 지구상에 깔아 놓으면, 세계의 역사를 바꿀 수 있다는 논리였다.

머핸은 시대의 전환기를 맞이하여, 증기선 시대의 석탄 보급 거점을 갖춘 새로운 해상의 도로를 상정하고, 그러한 바다의 시대의 리더십을 장악하기 위해서 미국이라는 국가가 나아가야 할 길을 제시했다. 미국이 해양 제국이 되기 위한 해도를 제시한 것이다.

앞서 언급했듯이, 제3의 세계는 태평양을 중심으로 하는 광대한 해상 세계였으며, 그 광대함 때문에 범선의 시대에는 거의 방치된 상태였다. 그런데, 증기선 시대가 되자 사정이 바뀌었다. 태평양의 항해가 종래보다 더 용이했던 것이었다. 이러한 변화를 감지한 머핸은, 지표의 3분의 1을 차지하는 제3의 세계야말로 20세기 미국의 생명줄이라고 주장했으며, 제3의 세계와 이에 접한 중국 시장을 주목했다. 그 때문에, 머핸은 제2의 세계와 제3의 세계의 연결점이 되는 카리브 해를 중시했다. 카리브 해야말로 제3의 세계의 동쪽 관문이라고 생각한 것이다.

머핸은 "지금 필자의 눈앞에는, 북대서양 및 남대서양의 한 폭의 해도가 있다. 이 해도에는 주요한 무역품의 방향을 나타내는 선과, 각 무역로를 통과하는 선박의 톤수 비율이 선의 굵기로 표시되어 있다"라는 유명한 문장을 시작으로, 북대서양에서 영국 해협, 영국 제도에서 지중해와 홍해를 경유하여 아시아로 간선 항로의 넓은 띠가 뻗어 있으며, 그 4분의 1정도 굵기의 항로가 희망봉 경유, 혼 곶 경유로 아프리카와 남미의 중간의 적도에서 만난다고 하며, 또한 나폴레옹 시대의 영국 무역의 4분의 1을 차지한 서인도 제도에서 영국으로 이어지는 항로도 있다는 사실을 강조하며, 국제적인 관점에서 세계의 모습을 제시했다. 그리고 19세기 말의 세계의 해상의 도로 규모와 중요성을 개관한 후에, 중미에 지협 운하가 개통되면 대서양과 태평양이 이어져, 카리브 해역이 세계 무역의 중심이 될 것이라고 역설했다. 머핸의 해양 전략은, 미국이 중미에 지협 운하를 개통하고 해양력을 육성하여 제3의 세계를 세력 하에 두고, 이를 통해서 제2의 세계에서 그 지위를 높이는 것이었다.

미국의 세계 정책이 된 제3의 세계 진출

머핸은, 미국의 우위성을 대서양과 태평양이라는 2개의 대양 중간에 있다는 사실에서 찾았으며, 미국은 제2의 세계와 제3의 세계를 잇는 해양 제국으로의 변신을 도모해야 한다고 역설했다. "미국은 동서양의 구세계와 마주하고 있으며, 동양이 태평양에, 서양이 대서양에 접한 것에 비해, 미국은 양 대양에 접해 있고 그 파도가 각각 서부와 동부의 해안선에 닿는 유일무이한 지세를 가지고 있다"고 논했다. 즉 머핸은, 미국이 태평양이라는 새로운 대양을 사용하여 아시아에 간선 항로를 구축함으로써 제3의 세계와 중국이라는 광대한 배후지를 회득할 수 있으며, 19세기의 패권을 쥐고 있었던 유럽을 능가할 수 있다고 주장했던 것이다.

머핸의 제안을 바탕으로 세계 정책을 만든 미국은, 제3의 세계의 본격적인 개발에 나섰다. 물론, 태평양 끝에 중국이라는 거대 시장을 겨냥하고 있었다. 미국은 카리브 해의 서쪽에 운하를 파고, 석탄의 보급 기지가 되는 태평양 상의 섬들을 차지함으로써, 거대한 아시아 시장에 이어지는 제3의 세계를 모두 지배하려 했다.

1898년, 마침내 그 순간이 왔다. 같은 해 카리브 해상의 스페인 최대 거점인 쿠바에서 반스페인 봉기가 일어나자, 미국은 미국인 보호를 구실로 최신예함인 메인호를 아바나 항에 파견했다. 그리고 1898년 11월 15일, 메인호가 의문의 폭침을 당하고 266명이 희생되자, 이번에는 그것을 이유로 스페인에 대해 쿠바에서 즉시 철수할 것을 요구했다. 미국의 술수에 당한 스페인이 미국에게 선전 포고하자, 미국은 기다렸다는 듯이 미서전쟁을 일으켰다.

후에 이때의 국무장관 존 헤이(1838~1905)가 '훌륭한 작은 전쟁'이라고 부른 점에서도 알 수 있듯이, 불과 4개월의 전쟁으로 미국은 스페인을 물리치고, 곧바로 카리브 해의 쿠바와 푸에르토리코를 세력 하에 두었으며, 게다가 태평양의 괌과 필리핀 군도까지 얻게 되었다. 미국의 아시아 함대는, 마닐라 만에 정박하고 있었던 스페인 함대를 철저하게 괴멸시켰다. 또한 전쟁 중이던 1898년에 미국은 해병대의 지원 하에 미국인 이민자가 공화국을 건설했던 하와이를 병합했다. 머핸이 "하와이 제도는, 샌프란시스코, 사모아, 마르키즈 제도(타히티 섬의 북동)에서 같은 거리에 있는, 그야말로 태평양의 일대 기지이며, 미국에서 오스트레일리아, 중국에 이르는 교통로의 거점"이라고 지적한 전략상의 요지였다. 미서전쟁의 결과, 미국이 계획하는 제3의 세계를 향한 해상의 도로의 윤곽이 잡힌 것이다.

1907년이 되자, 미국에서 태평양 함대가 창설되었다. 그 결과, 카리브 해, 하와이, 괌, 필리핀이라는, 동아시아와 오스트레일리아를 향한 해상의 도로가 강화되었다. 태평양에서 상선과 석탄 저장소를 지키는 해군과 해병대의 확충이 미국의 가장 중요한 과제가 된 것이다.

새로운 해상 국가론에 관한 머핸의 주장은, 의외로 유럽에 있는 신흥국 원수에게도 영향을 주었다. 대표적인 인물이 독일 제국의 젊은 황제인 빌헬름 2세(재위 1888~1918)이었다. 빌헬름 2세는, 머핸의 주장을 적극적으로 받아들여 대해군을 만들고, 인도양 지배를 중심으로 하는 영국의 패권에 도전하며, '신항로 정책'을 국가 전략으로 세웠다. 빌헬름 2세는 머핸의 주장을 받아들여, 제1의 세계의 해양 지배를 놓고 영국과 다투는 모습을 보인 것이다. 이윽고 영국과 독일은, 함선 경쟁에 돌입하면서 긴장을 격화시켰다. 그 결과 제1차 세계대전이 일어났다고 한다. 제1차 세계대전은 '총력전'이었다. 그리고 결과적으로 유럽의 대국 영국과 독일이 함께 쓰러지고 만다. 머핸이 주장한 세계 전략은, 부차적으로 유럽의 몰락과 미국 패권의 길을 열어주었던 것이다.

제3의 세계로의 관문, 파나마 운하

제3의 세계에 대한 지배를 노리는 미국에게 있어서 무엇보다 중요한 과제는, 대서양과 태평양을 잇는 운하의 건설이었다. 그것이 완성되면, 제2의 세계와 제3의 세계의 해상의 도로가 직결된다.

머핸은 카리브 해와 태평양을 잇는 운하의 중요성에 대해서, "현재로는 단순한 통상로의 종점에 불과하고, 국지적인 무역의 장, 혹은 기껏해야 단속적이고 불완전한 항로에 불과한 카리브 해가, 단숨에 세계의 대교통로 중 하나가 될 것이다"라고 말했다. 운하의 건설을 통해서, 카리브 해는 제2의 세계의 종점인 동시에, 제3의 세계의 기점이 될 가능성이 있었던 것이다.

머핸은 또한 "이 운하의 개통으로 인해서 종래의 무역로의 방향이 바뀌고, 카리브 해에서의 통상 활동이나 운송업이 크게 활발해질 것은 명백하다. 그리고 현재로는 선박의 왕래도 비교적 뜸한 이 대양의 한 구석(카리브 해)이 곧바로 홍해와 같은 일대 항로가 되고, 우리들이 아직 본 적도 없는 무역의 중심이 되어 해양 국가들의 관심과 야심을 끌어들일 것이 분명하다. 카리브 해상에서 미국이 어떠한 위치를 점하든, 그것은 통상상, 군사상 극히 중요한 가치를 가질 것이며, 중미 운하 자체가 가장 중요한 전략상의 거점이 될 것이다"라고도 말했다. 대단히 구체적으로 제3의 세계를 향한 관문인 카리브 해의 중요성을 지적한 것이다.

1899년, 미국 의회는 운하 건설의 후보지를 선정할 목적으로 '지협 운하 위원회'를 설치했다. 위원회는 처음에, 니카라과(스페인 식민 당초의 족장 니카라오에서 유래)를 운하의 후보지로 삼았다. 그러나 실은 같은 시기에, 프랑스도 카리브 해에서의 운하 건설을 모색하고 있었다. 이를 선도한 것은, 한때 수에즈 운하를 개통시켜 명성을 얻은 레셉스(1805~1894)이었다. 레셉스가 눈독을 들인 것은 파나마였다. 그런데, 막대한 지출을 견디지 못하고 파나마 운하의 개발 작업은 실패로 끝나고, 파산한 레셉스는 정신 장애를 일으켜, 비극적으로 인생을 끝맺고 말았다. 당시에 파나마 운하의 건설에 실패한 레셉스의 프랑스 운하 회사가 4천만 달러로 자산 매각을 신청했던 것 때문에, 급격히 위원회의 방침이 변경되었다.

이러한 과정을 거쳐 미국은, 파나마 지협의 폭 9.5km의 지역을 콜롬비아에서 빌려 운하를 건설하게 되었다. 미국 정부는 콜롬비아 정부와 교섭하여, 일시금 1천만 달러, 매년 지불액 25만 달러를 내용으로 하는 조약을, 1903년에 체결하려 했다. 그러나 콜롬비아의회는 미국 정부가 제시한 금액에 불만을 품고 조약의 비준을 거부하고 만다.

그러자 어떻게든 파나마 지협을 확보하고자 하였던 미국은, 다시 강경 수단에 나선다. 같은 해 11월, 콜롬비아의 파나마 주에서 대지주가 반란을 일으키자, 미국은 파나마 해에 군함을 파견하여 콜롬비아 정부군의 상륙을 저지하고, 파나마 공화국이 콜롬비아에서 분리·독립하는 것을 도왔다. 그 후, 미국은 파나마 공화국과 조약을 체결하고, 파나마의 독립을 보장하는 동시에, 폭 16km의 운하 지대의 영구 조차권을, 일시금 1천만 달러, 13년 이후 매년 25만 달러를 지불하는 조건으로 획득하였다.

지협 운하 위원회는, 1905년에 갑문식 운하의 건설을 결정한다. 힘든 공사 끝에, 제1차 세계대전이 개시된 2주 후, 카리브 해의 리몬만의 크리스토발에서 파나마만의 바르보아에 이르는 전장 82km, 수심 약 13m, 최소 폭 약 92m의 파나마 운하가 완성되었다. 추산 1억 3,400만㎥의 땅을 굴삭하는 대공사였다. 파나마 운하가 수에즈 운하와 함께 세계의 해상 교통에 중요한 역할을 하는 운하이며, 미국의 태평양, 동아시아 진출의 관문이 된 것은, 지금은 누구나 알고 있는 사실이다.

파나마 운하의 개통으로, 미국의 해양 전략은 기세가 높아졌다. 제1차 세계대전 후의 워싱턴 회의에서 영일동맹이 폐지되자, 동아시아에 대한 기득권익의 유지·확대를 도모하는 일본과 태평양 및 중국으로 진출하고자 하는 미국 사이의 대립이 격화되었다. 이러한 대립이, 이윽고 태평양 전쟁으로 이어졌다. 참고로 파나마 운하 건설의 국고 부담은 3억 7천만 달러로 급등했다. 그러나 운하의 개통으로 동해안의 뉴욕에서 서해안의 LA 사이의 거리가 마젤란 해협을 경유하는 것보다 약 2.5분의 1로 단축되었다.

파나마 운하에 의해, 미국의 공업생산의 중심지인 동부 해안과 태평양이 연결되어 머핸이 주장한 태평양의 해양 제국 건설이 바로 눈앞으로 다가왔다. 미국이 해군을 앞세워 추진한 제3의 세계의 개발은, 거리의 단축을 추구하였던 서부 개발의 연장선상에 있었으며, 미국 문명의 색채가 짙게 배어 있었다. 미국이 최종적으로 노린 것은, 어디까지나 중국 시장이 자국 경제권으로 들어오는 것이었다. 그러나 그 시대에는 중국 대륙에서는 신해혁명 후의 군벌 간의 혼전, 국민당과 공산당의 대립이 있었으며, 제2차 세계대전 후에도 국공 내전, 6.25전쟁 등이 있었기 때문에 미국의 의도대로 되지는 않았다. 20세기 말이 되어 냉전이 끝나고, 겨우 목표가 달성된다.

미·중 양국이 협력 관계를 이루자, 겨우 서쪽으로 제3의 세계가 제1의 세계와 연결되었다. 미·중의 관계는 위태롭긴 하지만, 그것이 현재 지구 시대의 한 축을 이룬다.

7. 두 차례의 세계대전과 해도 공유의 시대

해양 대국 미국의 탄생

20세기 전반에 발발한 두 차례의 세계대전은, 영국의 패권 시대에서 미국의 패권 시대로 대전환을 초래했다. 두 번의 전쟁에서 승리함으로써, 전후에도 안정적인 경제 성장이 가능했던 미국은 대중 소비 사회를 구축했다. 그리고 그러한 대량 생산, 대량 소비의 흐름은 제2차 세계대전 후에 세계적으로 확산되어, 대량의 물자가 세계의 바다를 왕래하는 '대해운의 시대'가 도래하였다.

제1차 세계대전(1914~1918) 이전에는, 영국의 선박이 전 세계의 해상무역의 약 절반을 담당했을 정도로, 영국의 해운업은 압도적이었다. 미국은 영국에 이은 제2위의 해운국이었지만, 수송량은 세계 해상수송의 불과 10%에 불과했고, 영국에 크게 뒤처져 있었다. 또한 선박 자체도, 미국의 선박의 대다수는 영국의 조선소에서 건조되었다. 그런데 1차 세계대전으로 이러한 바다의 세계의 모습이 격변한다. 제1차 세계대전 때 전장이 되지 않았던 미국은, 세계의 병기창, 식량고가 되어 경이적인 경제 성장을 이루었다. 해운에 있어서도, 전쟁의 초기에는 물자 수송을 수입 상대국의 선박에 의존했었지만, 1916년에 선박법이 제정되자, 새롭게 설립된 '선박원'이 5천만 달러의 자금을 투입하여 국가 차원에서 조선소의 건설에 나섰다. 대전 전인 1913년에 미국의 조선소는 23만 톤의 외양선을 건조하는 정도에 그쳤지만, 1919년이 되자 300만 톤에 달했다. 제1차 세계대전 중에 세계의 약 1,200만 톤의 선박이 소실되었는데, 미국에서는 거꾸로 약 900만 톤의 상선이 건조되었다. 1920년이 되자 미국은 1,240만 톤의 대상선대를 가지는 해운국으로 변신했다. 제1차 세계대전이 미국을 해양 대국으로 만든 것이다.

또한, 빠르게 대상선대를 조직한 미국은 승무원 부족을 보충하기 위해, 석탄 대신에 효율이 높은 석유를 선박의 연료로 삼았다. 석유는 석탄과 비교해서 2분의 1의 부피로 동일한 화력을 얻을 수 있다는 장점을 가지고 있으며, 또한 중유를 이용하는 디젤 엔진의 선박은 석탄선의 약 3분의 1, 석유를 연소시키는 배의 약 절반의 비용으로 항해가 가능했다. 이윽고 세계적으로도, 석탄을 대신하여 석유가 외양선의 연료로 이용되었다.

또한 제1차 세계대전 후에는, 미국 대통령 윌슨의 '14개조의 평화원칙'을 근거로 '공해의 자유'가 국제적으로 인정되었다. 1919년에는 국제 수로 회의가 개최되었으며, 세계의 해도의 공통 단위로서 미터법의 채용이 의결되었고, 1921년이 되자 각국의 해도의 표현을 개량, 통일하여, 항해의 안전을 확립하는 목적으로 국제 수로 기구(IHO: International Hydrographic Organization)가 설립되었다.

제2차 세계대전과 미국의 해상 패권

1929년, 세계 공황으로 인해 세계경제가 심각해지는 가운데, 제2차 세계대전(1939~1945)이 발발했다. 제2차 세계대전은, 제1의 세계, 제3의 세계가 주전장이 된 세계사 최대 규모의 전쟁이었다.

제2차 세계대전은 일본군의 진주만 기습 공격을 구실로, 미국이 일본과 독일, 이탈리아에 선전 포고한 것으로, 아시아의 전쟁과 유럽의 전쟁이 연결되는 특이한 전쟁이었다. 미국군은 전쟁을 확대하여, 3개의 세계의 전쟁 주도권을 쥐게 되었다.

중일 전쟁(1937~1945)으로 막다른 길에 몰린 일본과 미국이 싸운 태평양 전쟁(1941~1945)은, 2차 세계대전의 일부로 여겨지는데, 제3의 세계에서의 패권과 중국 시장의 지배권을 다투는 그야말로 미국의 국가 정책과 연관된 전쟁이었다. 이 전쟁에서 물량에서 앞선 미국은, 태평양의 제해권과 제공권을 쥐고, 동경 대공습 등의 일련의 도시 공습으로 일본의 여러 도시에 괴멸적인 타격을 주었다. 미국은, 1945년 4월에서 6월의 오키나와 전에서, 발해, 황해, 동중국해로 이루어진 동아시아의 중심 해역의 입구에 위치하는 오키나와를 점령하여 군사거점으로 삼고, 그 후에 히로시마와 나가사키에 원폭을 투하해서 일본을 굴복시켰다. 이로 인해 제3의 세계에서 미국의 패권이 확립되었다. 미국의 해상의 도로가 중국까지 이른 것이다.

제2차 세계대전이 대규모의 소모전이었음에도 불구하고, 전쟁 중에 세계의 총 선박량은 증가하는 기묘한 현상이 일어났다. 1939년에는 총 톤 수 6,143만 톤이었는데, 1946년에는 7,292만 톤으로 증가했다. 전쟁 과정에서 약 3,470만 톤의 선박이 소실되었음에도 불구하고, 미국에서 그 이상으로 선박이 건조되면서 총 톤 수는 증가한 것이다. 1942년에서 45년 사이에, 미국은 탱커 651척을 포함한 5,592척의 상선을 건조하여 세계 각지에 막대한 군수 물자와 병력을 수송했다. 미국 상선대의 능력은, 전쟁 종료 3개월 이내에 광대한 전선에서 싸웠던 350만 명의 미국 병사를 본국으로 귀환시킨 사실에서도 알 수 있다.

제2차 세계대전 후, 미국은 1946년에 제정된 상선 매각법에 근거하여 전쟁 중에 건조된 약 5,600척의 선박을 각지로 매각하여, 자국의 잉여 선박을 정리함과 동시에, 세계의 해운을 회복시켰다.

제2차 세계대전 후, 대량 생산, 대량 소비의 대중 소비 문화가 세계적으로 확산되었기 때문에, 세계 무역은 비약적으로 증대되었다. 상선의 수는 1950년에서 2009년에 걸쳐 3.3배, 총 톤 수는 10.4배가 늘어났으며, 화물선의 수는 1950년에서 2009년에 걸쳐 1.7배, 총 톤 수는 4배로 증가했으며, 석유 탱커의 수는 1950년에서 2009년에 걸쳐 3.4배, 총 톤 수는 12.1배 증가했다. 현재 객선, 페리 등을 제외하고, 10만 2천 척 이상의 대형선이, 해도에 의지하여 세계의 바다를 항해하고 있다.

지구 세계를 지탱하는 영국 해도

제2차 세계대전 후, 경제의 국제화가 진행되는 와중에, 세계 규모로 해도를 공유하는 현상이 더욱 현저해졌다. 이 때문에 1967년에 국제 수로 기구 조약이 체결되어, 국제 수로 기구가 국가 간의 조약 기구가 되

었다. 사무국은 모나코에 설립되었으며, 5년에 한 번, 국제 수로 회의가
열리고 세계 규모의 해도 개량을 도모한다. 국제 수로 기구의 가맹국은,
2011년 현재 80개국에 달한다.

두 차례의 세계대전을 거치면서 바다의 패권은 영국에서 미국으로
옮겨졌는데, 19세기에서 20세기에 걸쳐 세계의 해도를 체계적인 측량
을 바탕으로 작성하고 공급해온 영국은, 해양에서의 패권을 지녔던 시
절부터 변함없이 해도 공급 체제를 유지하고 있다. 그리고 오늘날에도
영국 해도는, 세계의 해상의 도로를 항해하기 위한 유용한 도구로 중요
시되고 있다.

현재 영국 해군 수로부는, 표준 해도 약 3,300장의 발행을 유지하고
있으며, 그 해도는 지금도 전 세계의 선원들로부터 'BA(British Admiralty)
해도'로서 높은 신뢰를 얻고 있다. 영국의 해군 수로부는, 지금도 판매
대리점에 매주 3만 장에서 4만 장의 해도를 배송하고 있다고 한다.

해도는 일본, 미국, 캐나다 등 세계 각지에서 만들어지게 되었는데,
전 세계의 수역을 망라하는 BA 해도는 가장 대중적인 해도이며, BA 해
도를 보완하는 영국판『수로지』74편도 발간되어, 지구 규모의 선박 항
해를 돕고 있다.

제3의 세계를 좁힌 첨단 기술

제2차 세계대전 후, 바다의 패권을 쥔 미국은 첨단 기술을 도입하여,
항해 기술을 근본부터 혁신했다. 1970년대 이후, 미국은, 인공위성, 컴

퓨터 등의 첨단 기술을 선박 항해에 도입하여, 제3의 세계의 장대한 해상의 도로를 안정화시켰다.

미국 국방총성은, 1967년에 '해군 항해 위성 측위 시스템(NNSS)'을 민간에 개방하여, 70년대부터 시험 위성을 쏘아 올려서 고도 2만km에 지구 주위를 도는 6개의 인공위성의 궤도를 만들었다. 각각의 궤도에 4개, 총 24개의 GPS위성을 다시 쏘아 올려서, 지구상의 어느 지역에서도 배의 위치를 즉각 특정할 수 있도록 하였다. 또한 미국 국방총성은 약 120억 달러의 거액을 투입하여, 1989년부터 93년에 걸쳐 1년에 4개, 총 24개의 GPS 위성을 쏘아 올려, 지구상의 어떤 지역, 어떤 해역에서도 4개의 위성의 전파를 수신할 수 있는 체제를 정비했다. 그 결과, 오늘날에는 선박이 위치하는 정확한 위도·경도를 순식간에 측정할 수 있게 되었다. 이것은 프톨레마이오스의 세계지도가 중심이 된 시대, 애매한 해도, 측량 기구밖에 없었던 시대를 생각하면, 그야말로 항법의 혁명적 변화였다. 또한, 기상 위성이 보내는 여러 정보로 기후의 변화까지도 즉각 파악할 수 있게 되었다.

한편, 디지털 기술의 진보에 의해, 해도를 전자화하려는 시도도 이어지고 있다. 영국·미국 등에서 많은 전자 해도가 발행되었고, 1995년에 일본의 해상 보안청 해상 정보부(수로부가 2002년에 개칭되었다)도 국제 수로 기구의 국제 기준을 바탕으로, '해상용 전자 해도(EMC: Electronic Navigational Chart)'를 CD-ROM으로 발행할 수 있게 되었다. 1994년에는, 영국이 디지털 대양 수로 총감을 완성시켰다. 그러나 아직 종이를 사용한 아날로그 해도를 완전히 대체하지는 못하고 있다.

변하지 않는 해상의 도로와 해도의 관계

제2차 세계대전 후의 첨단 기술은, 세계의 이미지와 바다의 왕래를 근본부터 모두 갈아엎었다. 해도를 제외한 모든 것이 크게 바뀐 것이다. 부감적인 세계지도에 관해서는, 인공위성이 보내는 여러 정보가 더 이상 상상의 여지를 남기지 않을 정도로 현실적인 지구의 화상, 영상을 제공하게 되었다. 인공위성이 보내는 부감 사진, 혹은 영상 자료를 모아서, 정확도가 높은 세계지도를 만들 수 있게 되었다. 지금은 누구나 필요에 따라, 인터넷 상에서 간단한 세계지도, 지역지도를 볼 수 있다.

그러나 해도만은 아직 아날로그며, 낭만적이다. 과거의 해도의 역사가 연결되어 현재에 살아 있는 것이다. 해상의 도로는, 해도에 의해 항해마다 복원될 수밖에 없는 것이다.

마지막으로, 지금까지 설명한 해상 도로의 위치를 나타내는 해도의 자취를 간단하게 돌아보기로 하자. 해도의 역사는, 해상의 도로의 역사이기도 하다. 해도는 르네상스 시기에 포르톨라노의 출현으로, 광역을 시각화할 수 있는 견본 지도가 되어 세계지도에 근접했다. 대항해시대에는 고대의 프톨레마이오스의 세계지도가 제1의 세계와 제2의 세계, 제3의 세계를 발견할 때의 지침서 역할을 했는데, 항해의 결과는 포르톨라노에만 남겨졌다. 때문에, 포르투갈과 스페인은 새롭게 개척한 해역의 포트톨라노를 비밀로 함으로써, 교역의 독점을 어느 정도 실현할 수 있었다.

그러나 16세기 후반이 되자 대양의 항해가 일반화되었고, 적은 오차로 넓은 해역을 항해할 수 있는 지도, 해도의 존재가 필요하게 되었다. 그러한 요구에 응한 것이 플랑드르파였으며, 메르카토르 도법이었다. 이 시대에, 네덜란드는 해양의 자유를 외치며 '바다의 제국'인 포르투갈, 스페인에 도전하여, 인쇄 해도를 대량으로 발행했다. 메르카토르 도법은 대양의 해도 작성에 유리했으며, 대양에서 항로를 나타내는 메르카토르 도법의 해도와 비교적 좁은 해역에서 편리한 포르톨라노 해도를 결합시킴으로써, 간선과 지선의 항로가 체계화되었다.

18세기 이후, 세계의 바다를 지배한 영국은, 자유 무역을 실현하기 위해 적극적으로 지구 규모의 측량을 추진하여, 정밀한 해도 작성를 작성하고 이를 값싸게 제공하기 시작하였다. 체계적 측량에 의해 정비된 방대한 양의 해도가, 세계의 공용로인 해상의 도로의 안정성을 현저하게 향상시켜, 세계 규모의 사람과 물자의 이동을 가능케 했다.

오늘날에도 항해할 때마다 파도에 휩쓸리는 해상의 도로(해로)를 확인하는 작업은, 역사적으로 이어져 온 종이에 그려진 해도에 의지하고 있다. 설사 인공위성을 사용하더라도 해로를 부감할 수는 없으며, 해도가 지금까지도 해상의 도로의 위치를 나타내고, 국제화가 진행되는 세계를 보이지 않게 받쳐주고 있는 것이다.

2011년 1월 13일의 밤, 해도의 의미를 재확인하는 사건이 일어났다. 로마의 외항 치비타베키아에서 출항한 대형 크루즈선 코스타 콩코르디아호(승객 3천 명, 승무원 약 1,090명)가, 이탈리아 중부 토스카나 주의 질리오 섬 연안의 사주에서 좌초·전복하여, 30여 명이 사망한 사건이었다. 코스타 콩코르디아호는 전장 290.2m, 총 톤수 114,147톤의 매우 거대한 호화 여객선이었다. 기상은 양호했고, 크루즈선이 연간 52회나 주유하는 익숙한 관광 코스에서 일어난, 믿을 수 없는 사고였다.

좌초의 원인은, 해도상의 항로를 벗어나 배가 연안부에 너무 접근한 것이었다. 대형 크루즈선의 예기치 못한 좌초는, 배의 운항과 해도의 관계를 다시금 상기시키는 사건이었다. 첨단 기술에 의한 계기를 다수 탑재한 대형 크루즈선이 양호한 기상에서 전복된 사건은, 그다지 신경 쓰지 않는 해도의 힘을 재인식시켜주는 사건이었다.

이상으로 'world'의 확대를 책임져 온 해상의 도로의 위치를 나타내는 해도의 변천을 중심으로, 제1의 세계, 제2의 세계, 제3의 세계의 통합에 이르는 과정을 살펴보았다. 지금까지와는 다른 세계사가 보였다면, 이 책의 목적은 일단 이룬 것이다.

맺음말

세계사를 생각할 때, 프톨레마이오스의 『지리학』에 근거한 최초의 부감적 「세계도」는 매우 흥미로운 존재이다. 세계지도의 기초가 된 것은 인구 100만 명의 알렉산드리아가 축적한 지중해와 에리트라 해를 걸친 고대의 대상권의 해도와 상업 정보였다.

8세기 후반 이후 바그다드를 중심으로, 알렉산드리아의 대상권을 한층 크게 확장한 유라시아 규모의 대상권이 성장하자, 세계지도는 이슬람 세계에서 부활하였고, 몽골 제국의 시대에는 중국에도 영향을 끼쳤다. 명의 정화 함대의 해도에도 영향의 흔적을 찾아볼 수 있었다.

몽골 제국의 시대에 유럽에서는 아시아에 대한 관심이 높아졌고, 나침반이 지중해에 전해지고 원양 항법이 일반화되자, 지구 구형설에 근거한 프톨레마이오스의 세계지도도 부활했다. 1490년대에는, 콜럼버스, 캐섭, 바스코 다 가마의 항해가 연이어 행해져, 대서양의 넓이, 바람, 해류 등이 한꺼번에 밝혀졌다. 이어서 1520년대에는 마젤란의 항해로 태평양의 개요가 명백해졌는데, 이 항해는 모두 프톨레마이오스의 세계지도가 기초가 되었었다.

육지와 바다를 일체화하여, 지구 공간을 제1의 세계, 제2의 세계, 제

3의 세계로 나눠서 고찰하면, 콜럼버스, 마젤란의 항해의 의의가 한층 명확해진다. 항해사에 의한 해상의 도로의 개척이, 3개의 세계의 윤곽을 밝혀, 3개의 세계를 상호 연결한 것이다.

생각해 보면 프톨레마이오스의 세계지도가 그린 공간은, 세계의 불과 20%에 불과했다. 5000년 전에 문명이 시작된 이래 약 4500년간은 세계사가 극히 좁은 공간에서 전개된 것이다. 1490년에서 1520년대에 걸쳐 해상의 도로가 개척됨으로써, 세계사의 무대는 비약적으로 확대되었다고 할 수 있다.

지구의 표면은, 바다가 70%, 육지가 30%의 비율로 이루어져 있으므로, 해상의 도로가 압도적으로 중요함을 알 수 있다. 그러나 해상의 도로는 배가 나아감과 동시에 바다 속으로 잠겨버리고, 그 흔적이 남지 않는다. 그래서 종래의 세계에서는 해상의 도로의 중요성이 간과되었다고 할 수 있다. 그런데 해상의 도로를 복원시키는 데 필요한 수로지, 해도는 착실하게 축적되었으며, 게다가 이들 정보를 통합하는 과정에서 세계지도가 개편되었다. 이 책을 집필하는 중에, 해도와 세계지도의 변화 과정을 읽어내면, 해상의 도로의 광대함이라는 새로운 시점에서 세계사를 그려낼 수 있다는 사실이 분명해졌다.

해상의 도로의 역할은, 예를 들면 제2의 세계에서 산출된 값싼 은이 해상의 도로를 통해 유럽과 중국으로 흘러들어가 경제가 국제화되는 기점이 된 점, 스페인 사람들이 들여온 천연두로 인구가 격감한 남아메리카의 흑인 노예, 유럽인의 이주와 혼혈, 19세기 이후에 미합중국으로 흑인노예와 이민자가 대량 유입되면서 인종과 민족이 혼합되는 현대사회의 원형을 만든 점, 18세기에 카리브 해에서 설탕이 생산되면서 세계 자본주의가 만들어졌고, 대서양을 중심으로 한 삼각 무역의 융성이 영국에서 면포 생산에 기계·증기 기관의 도입을 촉진시키고 이를 계기로 산업 혁명이 시작된 점 등에서 확인된다.

참고로 인쇄된 해도, 지도를 발행하면서 메르카토르 도법에 의거하여 3개의 세계를 통합하는 세계지도를 제작한 네덜란드, 세계 규모의 자유 무역을 실현하기 위해 체계적인 측량에 근거한 해도를 값싸게 세계에 제공한 영국, 광대한 태평양에서 중국·아시아로의 진출을 세계 정책으로 삼고, GPS·기상 위성에 의한 기상 예보로 해상의 도로를 안정화시킨 미국은, 모두 해상의 도로에 의존하는 해양 패권 국가였다.

광범위하게 망라해야 하고, 막막한 상태에서 진행된 이 책의 집필을 이끈 것은, 선구자들의 여러 연구였다. 이 책은 그 성과를 통합한 것이다.

마지막으로, 끈기가 필요한 이 일을 정성껏 지지해주신 신조선서(新潮選書) 편집부의 이마이즈미 신이치(今泉真一)씨의 도움에 대해 감사의 말씀을 드리고 싶다.

역자 후기

역사는 현재의 의미있는 과거를 설명하는 학문이다. 우리나라의 각 항구에는 컨테이너를 실은 대형 선박들이 끊임없이 들락거린다. 우리 식탁에 오르는 먹거리도 대부분 배로 운반되어 온 것들이다. 칠레의 홍어, 스페인의 조기·갈치·꽁치, 러시아의 명태, 노르웨이의 고등어, 캐나다의 바다가재, 베트남의 한치, 태국의 새우. 이처럼 우리가 수입하는 먹거리는 끝이 없다.

먹는 것만 그런 게 아니다. 자동차에 넣는 기름이든 화장지의 재료인 펄프이든 다 바다를 통해서 건너온다. 본의 아니게 섬이 된 우리나라는 일부 공산품이나 조류독감으로 급하게 된 달걀같은 예외를 제외하면 대부분 바다를 통해서 운반해 올 수밖에 없다(99% 이상). 현재도 세계 각국 물동량의 70%는 바다로 운반된다.

지금은 지구 반대편에 있는 칠레의 홍어가 태평양을 쉽게 건너올 수 있다. 그러나 언제부터 그런 일이 가능했을까? 세계의 바다는 언제부터 하나로 연결되었을까? 왜 바스코 다 가마는 희망봉을 돌았을까? 왜 콜럼버스는 대서양을 건넜을까? 스페인은 어떻게 태평양을 횡단하는 항로를 만들 수 있었을까? 지금도 바다에 배를 띄우는 일은 쉽지 않다. 그런데 어떻게 사람들은 바다를 건널 수 있었을까?

이 책은 인간들이 왜 바다로 나갔고 어떻게 바다를 통해서 세계를 하나로 만들었는가를 설명하고 있다. 저자는 바다를 항해하기 위해서는 항로를 찾을 수 있는 해도가 필요했고, 항해를 통해서 해도를 보완하면서 세계가 비로소 하나로 연결되었고, 진정한 의미의 세계사가 시작되었다고 보았다.

이 책의 핵심적인 용어는 세계(제1의 세계, 제2의 세계, 제3의 세계), 지도, 해도, 해양, 해류, 바람, 설탕, 은, 플랜테이션, 자본주의, 세계사이고, 주요 등장인물은 에라토스테네스, 프톨레마이오스, 이드리시, 칸티노, 정화, 콜럼버스, 바스코 다 가마, 마젤란, 오르텔리우스, 메르카토르, 제임스 쿡, 우르다네타, 머핸 등이다.

이런 용어와 인물을 따라가다 보면, 네덜란드가 해양대국으로 성장한 배경에는 청어가 있었다거나, 자본주의는 카리브해의 설탕에서 시작되었다는 주장도 볼 수 있고, 미지의 바다로 배를 타고 나선 인간들의 황금에 대한 욕망도 읽어낼 수 있다. 왜 남아메리카의 브라질은 포르투갈어를 쓰고, 다른 나라들은 스페인어를 쓰는 지 알 수 있다. 미국이 어떻게 1999년까지 파나마운하를 독점하고 있었는지, 하와이가 왜 미국의 영토가 되었는지도 알 수 있다.

또 하나 이 책에 다루는 흥미로운 문제는 미국의 태평양 정책이다. 현재 우리 눈앞에서 미국과 중국이 동아시아의 바다에서 첨예하게 대립하고 있다. 미국을 일찍이 대서양과 태평양이라는 두 대양에 걸쳐 있는 지리적인 강점을 활용하려는 국가성장 전략을 준비하였고, 그 직접적인 결과가 일본과 태평양의 제해권을 두고 다툰 태평양전쟁이다. 지금까지 태평양전쟁으로 결정된 프레임으로 동아시아가 움직여 왔다면, 현재는 해양대국으로 굴기하려는 중국과 자국의 패권을 유지하려는 미국이 충돌하는 새로운 국면에 접어들었다. 이 책과 함께 중국의 '대국굴기'라는 다큐 프로그램을 보면, 중국과 미국이 충돌하는 이유를 절실하게 느낄 수 있을 것이다.

우리는 육지와 대륙을 중심으로 한 역사에 익숙하다. 그러나 근대는 바다에서 시작되었다. 몽골제국 이후에는 바다를 지배하는 나라가 제국을 이루었다. 그러므로 바다를 중심으로 한 역사에 눈을 돌려야 한다. 바다를 침략과 일탈의 통로로 인식하던 조선은 결국 자주적인 근대화로 나아가지 못했다. 지금도 마찬가지다. 우리 경제가 송두리째 바다에 의존하고 있다고 할 수 있는 데도 정작 바다의 중요성을 인식하지 못하고 있다. 해양수산부는 생겼다 없어지기도 하고, 국적선사였던 한진해운은 올해로 청산될 운명이다. 과연 우리는 바다가 무엇인지 진지하게 고민한 적이 있는가? 이 책은 바다를 보는 우리의 시각을 바꾸어 줄 지침서가 될 것이다.

참고문헌

이 책의 성격상 많은 저작을 참고하였지만, 양이 많아서 참고한 모든 책을
열거할 수 없었다. 그래서 많이 참고한 책들만 제시하였다.

合田昌史,『マゼラン: 世界分割(デマルカシオン)を体現した航海者』,
京都大学学術出版会, 2006. 青木康征,『ロンブス一大航海時代の起業
家』, 中公新書, 1989.

青木康征,『海の道と東西の出会い』, 山川出版社, 1998.

秋田茂編,『パクス-ブリタニ力とイギリス帝国』, ミネルヴァ書房,
2004.

麻田貞雄訳,『アメリカ古典文庫8 アルフレッド.T.マハン』, 研究社,
1977.

麻田貞雄訳,『マハン海上権力論集』, 講談社学術文庫, 2010.

浅田実,『商業革命と東インド貿易』, 法律文化社, 1984.

アズララ·カダモスト, 長南実他訳『西アフリカ航海の記録』, 岩波
書店, 1967.

アブ ザイド, 藤本勝次訳註『シナ.インド物語』, 関西大学出版広報
部, 1976.

アリステア マクリーン, 越智道雄訳,『キャプテン.クックの航海』,

早川書房, 1982.

RAスケルトン, 増田義郎・信岡奈生訳, 『世界探検地図』, 原書房, 1986.

飯島幸人, 『大航海時代の風雲児たち』, 成山堂書店, 1995.

飯島幸人, 『航海技術の歴史物語』, 成山堂書店, 2002.

生田滋, 『ヴァスコ.ダ.ガマ 東洋の扉を開く』, 原書房, 1992.

井沢実, 『太航海時代夜話』, 岩波書店, 1977.

石田幹之助, 『南海に関する支那史料』, 生活社, 1945.

イブン フルダーズべ, 宋峴訳, 『道里邦国志(諸道路と諸国の書)』, 中華書局, 1991.

ヴィンセントヴァーガ・アメリカ議会図書館, 川成洋・太田直也・太田美智子訳, 『ビジュアル 版地図の歴史』, 東洋書林, 2009.

HCフライエスレーベン, 坂本賢三訳, 『航海術の歴史』, 岩波書店, 1983.

エティエンヌ タイユミット, 増田義郎監修, 『太平洋探検史』, 創元社, 1993.

MNピアスン, 生田滋訳, 『ポルトガルとインド』岩波現代選書, 1984.

エリザベス アボット, 樋口幸子訳, 『砂糖の歴史』, 河出書房新社, 2011.

エルナンド コロン, 吉井善作訳, 『コロンブス提督伝』, 朝日新聞社, 1992.

Lパガ-ニ, 竹内啓一訳, 『プトレマイオス世界図–大航海時代への序章』, 岩波書店, 1978.

海野一隆, 『地図の文化史』, 八坂書房, 1996.

応地利明, 『「世界地図」の誕生』, 日本経済新聞出版社, 2007.

岡崎久彦, 『繁栄と衰退と–オランダ史に日本が見える』, 文春文庫, 1999.

織田武雄, 『地図の歴史 世界篇』, 講談社現代新書, 1974.

金七紀男,『エンリケ航海王子—大航海時代の先駆者とその時代』,刀水書房, 2004.

黒田英雄,『世界海運史』,成山堂書店, 1972.

ケネス ネベンザール,『シルクロードとその彼方への地図 東方探検2000年の記録』,ファイドン社, 2005.

神戸市立博物館,『古地図セレクション』,神戸市体育協会, 1994.

小林頼子,『フェルメール—謎めいた生涯と全作品』,角川文庫, 2008.

コロンブス,林屋永吉訳,『コロンブス航海誌』,岩波文庫, 1977.

コロンブス,アメリゴ,ガマ,バルボア,マゼラン,『航海の記録』,岩波書店, 1965.

佐藤圭四郎,『イスラーム商業史の研究』,同朋舎, 1981.

色摩力夫,『アメリゴ ヴエスプッチ—謎の航海者の軌跡』,中公新書, 1993.

シェイクスピア,中野好夫訳,『ヴェニスの商人』,岩波文庫, 1939.

C.クーマン,船越昭生監修,長谷川孝治訳,『近代地図帳の誕生—アブラハム オルテリウスと『世界の舞台』の歴史』,臨川書店, 1997.

Jクック,増田義郎訳,『クック太平洋探検1・2』,岩波文庫, 2004.

JB ヒューソン,杉崎昭生訳,『交易と冒険を支えた航海術の歴史』,海文堂, 2007.

ジョン ノーブル ウイルフォード,鈴木主税訳,『地図を作った人びと』,河出書房新社, 1988.

ジョン バロウ,荒正人・植松みどり訳,『キャプテン クック—科学的太平洋探検』,原書房, 1992.

杉山正明,『クビライの挑戦』,朝日新聞社, 1995.

杉山正明,『モンゴル帝国の興亡上・下』,講談社, 1996.

外山卯三郎,『南蛮船貿易史』,東光出版社, 1943.

フェリペ フェルナンデス アルメスト, 関口篤訳,『1492コロンブス逆転の世界史』,青土社, 2010.

フェリペ フェルナンデス アルメスト, 関口篤訳,『世界探検全史上・下』,青土社, 2009.

デーヴァ ソベル, 藤井留美訳,『経度への挑戦』,翔泳社, 1997.

デーヴィッド マカル, 鈴木主税訳,『海と海をつなぐ道-パナマ運河建設史』,フジ出版社, 1986.

田口一夫,『ニシンが築いた国オランダ』,成山堂書店, 2002.

デレク ハウス, 橋爪若子訳,『グリニッジ タイム』,東洋書林, 2007.

長澤和俊,『海のシルクロード史 四千年の東西交易』,中公新書, 1989.

中澤勝三,『アントウェルペン国際商業の世界』,同文舘出版, 1993.

永積昭,『オランダ東インド会社』,講談社学術文庫, 2000.

中村拓,『御朱印船航海図』,日本学術振興会, 1979.

ハウトマン フアン ネック, 生田滋・渋沢元則訳,『東インド諸島への航海』,岩波書店, 1981.

藤本勝次,『海のシルクロード-絹・香料・陶磁器』,大阪書籍, 1982.

フイリップ カーテイン, 山影進他訳,『異文化間交易の世界史』,NTT出版, 2002.

プトレマイオス, 中務哲郎訳,『プトレマイオス地理学』,東海大学出版会, 1986.

ボイス ペンローズ, 荒尾克己訳,『大航海時代旅と発見の二世紀』,筑摩書房, 1985.

ミシェル モラ デュ ジュルダン, 深沢克己訳,『ヨーロッパと海』,平

凡社, 1996.

　　増田義郎, 『コロンブス』, 岩波新書, 1979.

　　増田義郎, 『黄金郷に憑かれた人々』, NHKブックス, 1989.

　　増田義郎, 『マゼラン地球をひとつにした男』, 原書房, 1993.

　　マルコ ポーロ, 愛宕松男訳, 『東方見聞録1・2』, 平凡社東洋文庫, 1970.

　　宮崎正勝, 『イスラム ネットワーク』, 講談社選書メチェ, 1994.

　　宮崎正勝, 『鄭和の南海大遠征』, 中公新書1997.

　　宮崎正勝, 『ジパング伝説』, 中公新書, 2000.

　　宮崎正勝, 『海からの世界史』, 角川選書, 2005.

　　宮崎正勝, 『黄金の島ジパング伝説』, 吉川弘文館, 2007.

　　宮崎正勝, 『世界史の誕生とイスラーム』, 原書房, 2009.

　　宮崎正勝, 『風が変えた世界史：モンスーン・偏西風・砂漠』, 原書房, 2011.

　　宮紀子, 『モンゴル帝国が生んだ世界図』, 日本経済新聞出版社, 2007.

　　村川堅太郎, 『エリュトゥラー海案内記』, 中公文庫, 1993.

　　家島彦一, 『海域から見た歴史インド洋と地中海を結ぶ交流史』, 名古屋大学出版会, 2006.

　　山田篤美, 『黄金郷伝説―スペインとイギリスの探険帝国主義』, 中公新書, 2008.

　　横井勝彦, 『アジアの海の大英帝國 19世紀海洋支配の構圖』, 同文館出版, 1988.

　　リンスホーテン, 岩生成一・澁澤元則・中村孝志譯, 『東方案内記』, 岩波書店, 1968.

　　ワクセル, 平林廣人譯, 『ベーリングの大探險』, 石崎書店, 1955.

해도의 세계사

－해상의 도로가 역사를 바꾸다－

초판 1쇄 발행일 2017년 2월 28일

지은이 미야자키 마사카츠
옮긴이 이근우
펴낸이 박영희
편집 김영림
디자인 박희경
마케팅 임자연
인쇄·제본 태광인쇄
펴낸곳 도서출판 어문학사
　　　　서울특별시 도봉구 해등로 357 나너울카운티 1층
　　　　대표전화: 02-998-0094/편집부1: 02-998-2267, 편집부2: 02-998-2269
　　　　홈페이지: www.amhbook.com
　　　　트위터: @with_amhbook
　　　　페이스북: www.facebook.com/amhbook
　　　　블로그: 네이버 http://blog.naver.com/amhbook
　　　　　　　다음 http://blog.daum.net/amhbook
　　　　e-mail: am@amhbook.com
　　　　등록: 2004년 7월 26일 제2009-2호.

ISBN 978-89-6184-438-3 03900
정가 18,000원

이 도서의 국립중앙도서관 출판예정도서목록(CIP)은 e-CIP홈페이지(http://www.nl.go.kr/ecip)와
국가자료공동목록시스템(http://www.nl.go.kr/kolisnet)에서 이용하실 수 있습니다.
(CIP제어번호: CIP2017004701)